A1-A2

W0331758

gente hoy 1

Übungsbuch

Ein kommunikatives Spanischlehrwerk
mit handlungsorientiertem Ansatz

Ernesto Martín Peris
Pablo Martínez Gila
Neus Sans Baulenas

gente hoy 1

Übungsbuch

Autoren
Ernesto Martín Peris
Pablo Martínez Gila
Neus Sans Baulenas

Pädagogische Leitung
Carolina Domínguez

Beratung für die Neubearbeitung
Myriam Pradillo Guijarro, Instituto Cervantes de Bremen, Alemania; Javier Navarro Ramil, IC Hamburgo, Alemania; Carmen Pastor Villalba, Instituto Cervantes de Múnich, Alemania; Carmen Ramos Méndez, Hochschule für Angewandte Sprachen, Múnich, Alemania; Mercedes Rodríguez Castrillón, Universidad de Würzburg, Alemania; Eleonora Pascale Val, Instituto Cervantes de Sao Paulo, Brasil; Anna Sanvisens Farràs, Naciones Unidas, EE. UU; Silvia Canto Gutiérrez, Universidad de Utrecht, Holanda; Judith Gil Clotet, Instituto Cervantes de Nápoles, Italia; Juan Ramón García-Romeu Díaz, Instituto Cervantes de Praga, República Checa; Àngels Ferrer Rovira, Aurora Navajas Algaba, Carolina Domínguez Durán, Instituto Cervantes de Belgrado, Serbia

Projektleitung und Redaktion
Sergio Troitiño y Pablo Garrido

Deutsche Ausgabe
Anja Burkhardt

Beratung für die deutsche Ausgabe
Barbara Ceruti

Layout
NATURAL, Juan Asensio

Satz
Juan Asensio

Illustrationen
Pere Virgili, Àngel Viola (S. 9, 17, 26, 30, 33, 68, 88 und Selbstbewertung), Alejandro Milà (S. 8, 18, 23, 38, 43, 50, 53, 89, 102, 104, 108, 110, 119), Pere Arriaga, Angels Soler

Korrektur
Michael Krumm

Fotos
Lektion 1 S. 8 Kota, S. 14 S. Alberto Perdomo/Flickr, archer 10 (Dennis)/ Flickr, Nouhailler/Flickr 15, Edgar Claros Franetovic/Wikimedia Commons, Heather Cowper/Flickr, Nellu Mazilu/Wikimedia Commons, S. 15 theDLC/ Flickr, Reindertot/Flickr, BocaDorada/Flickr, politiken.dk, premiosnacionales. gob.ar, biblioelortondo.blogspot.com, diversomagazine.com, montanita.com, todotele.com, **Lektion 2** S. 18 Kota, Ignacio Saco, S. 34 und 35 Federica Dimatteo, **Lektion 3** S. 28 Surfglassy/Flickr, Victor Zastol`skiy/Dreamstime, Serban Enache/ Dreamstime, Maggiori-Zarlenga/Photaki, Album, S. 29 ngenespanol.com, hoteles. com, **Lektion 4** S. 38 Kota, S. 45 Andrés Rueda/Flickr, Alexmax/Dreamstime, Marilyn Gould/Dreamstime, Oleksandr Kalyna/Dreamstime, Aurinko/Dreamstime, Kingstars11/Dreamstime, Nireus/Dreamstime, **Lektion 5** S. 48 Kota, Antonio Guillem/Dreamstime, **Lektion 6** S. 58 Matias-Garabedian/Flickr, Bernat Rueda, Gonmi/Flickr, Rafael Ángel Irusta Machín/Photaki, Gonmi/Flickr, S. 64 sabor-umami.com, **Lektion 7** S. 68 Rafael Ángel Irusta Machín/Photaki, Wavebreak Media/Photaki, S. 76 clasianuncios.com, Plus69/Dreamstime, **Lektion 8** S. 78 Hotel Rosalía/Flickr, gaelx/Flickr, Google Maps, S. 85 Photochris/Dreamstime, Ggpalms/Dreamstime, **Lektion 9** S. 88 carlosfpardo/Flickr, Leandros World Tour/ Flickr, DavidBerkowitz/Flickr, Malatesta87/Flickr, S. 90 Justin Black/Dreamstime, S. 92 equitativa, S. 94 Rmarxy/Dreamstime, Olha Rohulya/Dreamstime, S. 95 Uli Danner/Dreamstime, Néstor Carrasco/Wikimedia Commons, Tupungato/ Dreamstime, S. 96 Tonylivingstone/Dreamstime, **Lektion 10** S. 98 Album, coleccionescaballero.com, picstopin.com, José Nieto Márquez, S. 99 Grueneman/ Flickr, Koi88/Dreamstime, Aspect3d/Dreamstime, fsochoa.es, diariofemenino. com, S. 105 hoycinema.com, extracine.com, **Lektion 11** S. 108 Emilia Conejo, habitacionmadrid.com, horizon.remax.es, m_martin_vicente/Flickr, S. 113 Google Maps, **Lektion 12** S. 118 Armand Mercier, Neus Sans Baulenas. **Umschlag** Kota, excepto: Ingrampublishing/Photaki, Adolfo López/Photaki, Ingrampublishing/ Photaki, IS2/Photaki, Silvana Tapia Tolmos, Séverine Battais, Ignacio Saco, Neus Sans Baulenas, Saul Tiff, sodaniechie/Flickr, noticiasusodidactico.com, Wikimedia Commons, Joan Sanz/Difusión, www.foroxerbar.com, vagabondjourney.com, Ludovica Colussi, Juan Asensio, Difusión, Luis Luján, García Ortega, Claudia Zoldan, Edith Moreno, Emilio Marill, Sergio Troitiño

Texte
© Gabriel García Márquez, *Cien años de soledad* (S. 125)

Audio-CD Impressum
Difusión, Estudios 103, CYO Studios. **Sprecher:** Silvia Alcaide, España; Maribel Álvarez, España; José Antonio Benítez Morales, España; Ana Cadiñanos, España; Fabián Fattore, Argentina; Laura Fernández Jubrias, Cuba; Montserrat Fernández, España; Agustín Garmendia, España; Paula Lehner, Argentina; Oswaldo López, España; Gema Miralles Esteve, España; Pilar Morales, España; Lourdes Muñiz, España; Pepe Navarro, España; Begoña Pavón, España; Albert Prat, España; Arnau Puig, España; Mª Carmen Rivera, España; Felix Ron da Rivero, Cuba; Rosa María Rosales Nava, México; Amalia Sancho Vinuesa, España; Neus Sans Baulenas, España; Clara Segura Crespo, España; Víctor J. Torres, España; Lisandro Vela, Argentina; María Vera, España; Carlos Vicente, España; Armand Villén García, España. **Musik:** Difusión, Juanjo Gutiérrez. **Effekte:** Freesound.org (sascha-burghard, bmoreno, mario1298, hcamilo)

Für die freundliche Unterstützung danken wir
Séverine Battais, Albert Borràs, Ana Campos, Ludovica Colussi, Ana Escourido, Isabel García, Oscar García, Xavier Guitart, Javier González Lozano, Ana Teresa Herrero, Tere Liencres, Luis Luján, Javier Llano, Carmen Mora, Edith Moreno, Yeray Nauset, María Pallarol, Chitina Pozuelo, Xavier Quesada, Laia Sant, Marta Sanahuja, Demetrio Sánchez, Silvana Tapia Tolmos

ISBN: 978-3-12-515711-8
Depósito legal: B 19830-2013
Nachdruck: dezember 2019

Druck: Imprenta Mundo
Printed in Spain

FSC
www.fsc.org
MIX
Papier aus verantwortungsvollen Quellen
FSC® C125125

Dieses Übungsbuch ist eine unentbehrliche Ergänzung zum Kursbuch und hat das grundlegende Ziel, die Kenntnisse und sprachlichen Fähigkeiten zu festigen, die der Schüler mit Hilfe des Kursbuches erlangt hat. Hierfür bietet es mehrheitlich individuelle Aufgaben an, die sich auf konkrete Aspekte der Sprache (Phonetik, Morphosyntax, Wortschatz, Rechtschreibung, funktionelle und diskursive Strukturen oder Textsorten etc.) beziehen, die im Kursbuch geübt werden.

Die Erfahrung von tausenden Lernenden, die die vorhergehenden Ausgaben benutzt haben und die dieses Übungsbuch und das Kursbuch als wichtiges Werkzeug im Lernprozess schätzen, hat uns erlaubt, diese neue Version von **gente** sowohl inhaltlich als auch grafisch zu verbessern.

gente
hoy

Wie funktioniert gente hoy?

Übungsbuch

PÁGINA DE ENTRADA - AUFTAKTSEITE

Diese Seite bietet eine Übersicht über die Aufgaben der Lektion und deren Zielsetzungen, sowie eine erste Übung zur Aktivierung des Wortschatzes, die für die Lektion benötigt werden.

„Primeras palabras" aktiviert den Wortschatz für die Lektion.

Hier finden Sie eine Liste mit allen Übungen der Lektion und deren wesentlichen Lerninhalten.

89-99

Diese Symbole zeigen an, welche Art von Arbeit in der Übung von Ihnen verlangt wird: mit den anderen Kursteilnehmern sprechen, eine Aufnahme anhören, Notizen machen, einen Text schreiben oder im Internet suchen.

LA 1

Dieses Symbol weist auf eine Aufgabe im Kursbuch hin.

EJERCICIOS - ÜBUNGEN

Auf diesen Seiten finden Sie eine Reihe von Übungen, die Ihre sprachlichen Fähigkeiten und verschiedene Inhalte (grammatikalische, lexikalische, kommunikative, pragmatische etc.), die im Kursbuch vorkommen, vertiefen und festigen.

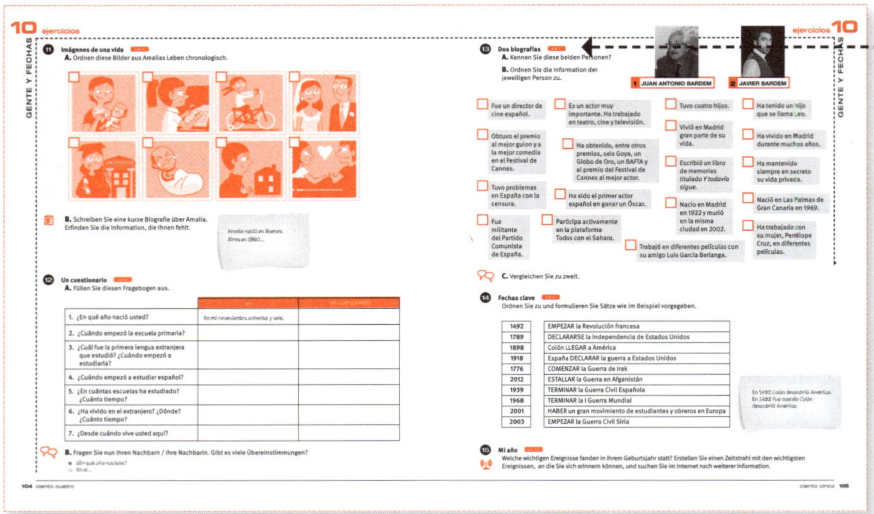

Das orangefarbene Zeichen zeigt Ihnen an, welche Aktivitäten des Kursbuches durch diese Übung erweitert werden.

So arbeiten Sie mit diesen Seiten

- Sie können fast alle Übungen in Einzelarbeit erledigen und entscheiden, welche Ihnen am besten helfen, um Ihre Kenntnisse des Kursbuches zu vertiefen.
- Einige Übungen können Sie auch im Kurs zu zweit oder in der Gruppe machen.

AGENDA - AGENDA

Die Doppelseite am Ende jeder Lektion bezieht sich auf die Zielsetzungen des Europäischen Sprachenportfolios (ESP), welches sowohl strategische Aspekte der Kommunikation als auch die Kontrolle des Lernprozesses beinhaltet.

Hier finden sie Tricks und Lernstrategien, um Ihre kommunikativen Fähigkeiten im Spanischen und Ihren eigenen Lernprozess zu verbessern.

Wir laden Sie dazu ein, Ihre Fortschritte sowie Ihre Einstellung zum Lernen zu bewerten.

Ein Vorschlag zur Reflexion über die Inhalte der Lektion hilft Ihnen, sich das Gelernte bewusster zu machen.

So arbeiten Sie mit diesen Seiten

- Probieren Sie die Tricks aus: Sie werden Ihnen helfen, effektiver zu lernen und sich besser auf authentische kommunikative Situationen vorzubereiten.
- Denken Sie daran, dass es nicht nur wichtig ist, eine Sprache zu lernen, sondern auch zu lernen, wie man besser Sprachen lernt.

GENTE QUE LEE - LEUTE, DIE LESEN

Am Ende des Arbeitsbuches finden Sie die Comic-Geschichte *Gente que lee*. Die 12 Kapitel entwickeln sich parallel zu jeder Lektion im Buch.

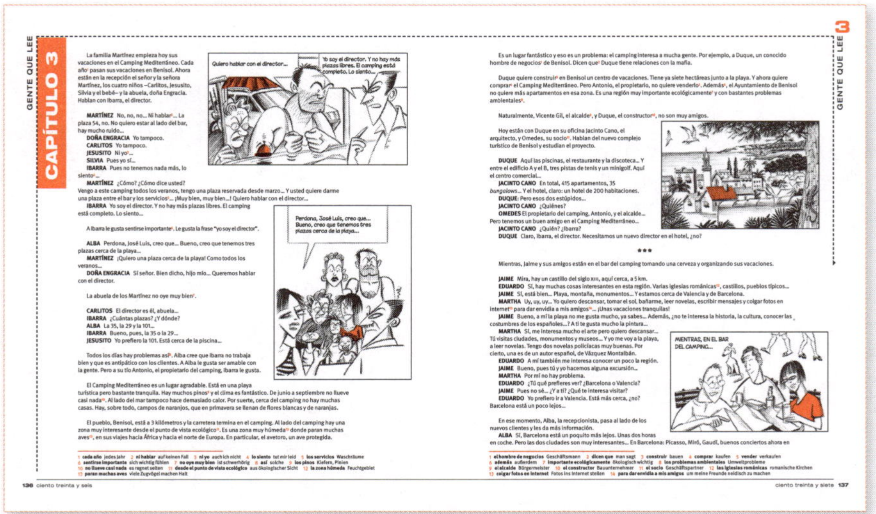

So arbeiten Sie mit diesen Seiten

- Sie können jedes Kapitel am Ende der entsprechenden Lektion lesen.
- Sie müssen nicht absolut jedes Wort verstehen: Schlagen Sie nur die unentbehrlichen Wörter nach, die Sie brauchen, um den Sinn des Textes zu verstehen.

1. gente que estudia español

2. gente con gente

3. gente de vacaciones

4. gente de compras

5. gente en forma

6. gente que come bien

1 gente que estudia español

1. **Primeras palabras.** Nützlicher Wortschatz für die Lektion.
2. **Nombres y apellidos.** Spanische Vor- und Familiennamen.
3. **Apellidos.** Die Buchstaben des Alphabets. Nachnamen.
4. **Intereses.** Wortschatz.
5. **En español.** Hilfreiche Fragen für den Unterricht.
6. **Sorteo.** Die Zahlen von 1 bis 9.
7. **a, be, ce...** Das Alphabet: Buchstabieren.
8. **Países.** Ländernamen. Aussprache der Vokale.
9. **¿Es una pregunta?** Betonung von Fragen und Aussagen.
10. **Esto es, este es...** Demonstrativpronomen.
11. **Preguntas de clase.** Hilfreiche Fragen für den Unterricht.
12. **Sustantivos.** Genus und Numerus der Substantive. Übereinstimmung mit dem bestimmten Artikel.
13. **Necesito un número.** Telefonnummern, Vor- und Nachnamen.
14. **Sonidos.** Aussprache von **j** und **g**: /χ/ und /g/.
15. **¿Cómo te llamas?** Persönliche Angaben.
16. **¿Y vosotros?** Personalpronomen. Informationen zur Person. **Ser** und **llamarse**.
17. **Más países.** Kulturelle Elemente aus lateinamerikanischen Ländern.

Agenda

1 Primeras palabras

A. Hier sehen Sie einige nützliche Wörter für die erste Lektion. Kennen Sie sie? Ordnen Sie sie Bildern zu.

escribir .... leer .... escuchar .... hablar ....
teléfono .... libreta .... nombre .... país ....
clase .... número .... profesor .... pizarra ....

B. Kennen Sie andere spanische Wörter, die Ihnen in der Lektion weiterhelfen? Schreiben Sie diese in Ihr Heft.

2 Nombres y apellidos LA 1

01

Hören Sie, wie jemand eine Namensliste vorliest. Markieren Sie (✓) das entsprechende Feld in der Tabelle an.

Cobos	Castaño	Miguel	María José	José María	Flores	Aguirre	Vázquez	Isabel	Domínguez	Pujante	
											Nombre
✓											1.er apellido
											2.º apellido
											No está en la lista

3 Apellidos LA 2

02

A. Welche Nachnamen werden buchstabiert? Hören Sie genau zu und notieren Sie die Nummern.

González 1	Hierro	Fernández 2	Fierro 7
Gonzalo	Campoy	Campos 6	Uranga 4
Rodríguez 3	Rodrigo	Hernández 5	Uriarte

B. Denken Sie an die gängigsten Familiennamen in Ihrem Land. Buchstabieren Sie drei dieser Nachnamen für zwei Kursteilnehmer.

Apellidos

1. ....
2. ....
3. ....

4 Intereses LA 3

A. Sehen Sie auf die Themenliste auf Seite 20 des Kursbuches. Gruppieren Sie die Themen in den folgenden drei Listen nach Ihrem eigenen Interessengrad. Gibt es noch andere Themen, die Sie besonders interessieren? Sie dürfen das Wörterbuch benutzen.

Para mí, esto es muy interesante:

....
....
....
....

Para mí, esto es interesante:

....
....
....
....

Para mí, esto no es interesante:

....
....
....
....

B. Tauschen Sie sich im Kurs aus und suchen Sie jemanden mit fünf ähnlichen Interessengebieten.

- *¿Qué es interesante para ti?*
- *Para mí, la naturaleza, las...*

5 En español LA 4

A. Sicher kennen Sie einige spanische Wörter und Ausdrücke. Notieren Sie, was diese in Ihrer oder in anderen Sprachen bedeuten, und tauschen Sie sich im Kurs aus.

gracias | adiós | mañana | chica | amigo | agua | ...

"Adiós" significa "Auf Wiedersehen".

B. Wahrscheinlich möchten Sie wissen, wie andere Dinge auf Spanisch ausgedrückt werden. Schreiben Sie die Fragen für Ihre/n Kursleiter/in oder die anderen Kursteilnehmer/innen auf.

¿Cómo se dice en español "sich verlieben"?

6 Sorteo LA 4

03

Sie hören Lotteriezahlen. Kreuzen Sie (☒) die gehörten Zahlen an.

2: ~~90 521~~

2	3	4
70 943	09 542	38 294
26 500	53 682	56 091
47 658	78 023	08 210
00 561	56 091	47 352

7 a, be, ce... LA 4

04

Die folgenden Wörter werden Sie nun buchstabiert hören. Notieren Sie die Reihenfolge.

1 playa	☐ naturaleza	☐ gente	☐ fiesta
☐ monumento	☐ ciudad	☐ ocho	☐ política

8 Países LA 4

05

In diesen Ländernamen fehlen die Vokale **a, e, i, o, u**. Ergänzen Sie sie und überprüfen Sie anschließend mit Hilfe der Aufnahme. Wiederholen Sie zum Schluss die Namen laut und achten Sie dabei besonders auf die Aussprache der Vokale.

1. G .U. .A. T .E. M .A. L .A.	**4.** .... R .... G .... Y	**7.** P .... R T .... R .... C ....
2. N .... C .... R .... G	**5.** M .... X .... C	**8.** .... L S .... L V .... D .... R
3. P .... R .... G .... Y	**6.** P .... R	**9.** .... C .... D .... R

9 ¿Es una pregunta? LA 5

06

Hören Sie die Sätze dieser beiden Listen. Setzen Sie die beiden Fragezeichen bei den Fragesätzen und einen Punkt nach den Aussagesätzen.

.¿. Esto es un libro .?.	.... Esto es una mesa	.... Esta es Shakira ....
.... Esto es un bolígrafo	.... Esto es Ecuador	.... Esta es Gloria Estefan ....
.... Esto es una clase	.... Esto es Cuba	.... Este es Salvador Allende ....
.... Esto es una pizarra	.... Este es Carlos Gardel	.... Esta es Frida Kahlo ....
.... Esto es una silla	.... Este es Picasso	.... Este es Juan Diego Flórez ....

10 Esto es, este es... LA 5

A. Verónica zeigt Javier ihre Urlaubsfotos. Über welches Foto spricht sie jeweils? Hören und markieren Sie (✓).

07

1

2

3

4

5

6

B. Sehen Sie sich die Sätze genau an und vervollständigen Sie die fehlenden Formen **este, esta, estos, estas** und **esto** im nebenstehenden Merkkasten.

– Mira, **este** es Julián.
– Y **esto** es Pedraza.
– **Estos** son María y Andrés.
– Y **esta** es Charo, la hermana de Julián.
– **Estos** son Jesús y Fermín.
– Y **estas** tres somos Charo, Julia y yo.

- Wenn Verónica von einem Mann spricht, benutzt sie ....
- Wenn sie von einer Frau spricht, benutzt sie ....
- Wenn sie von Männern oder Männern und Frauen spricht, benutzt sie ....
- Wenn sie von Frauen spricht, gebraucht sie ....
- Wenn eine Sache oder ein Ort gemeint ist, gebraucht sie ....

11 Preguntas de clase

Ordnen Sie zu.

¿Cómo se dice  en español?
¿Qué significa “cantante”?
¿Cómo se escribe 15, con cu o con ca?
¿“Mapa” es masculino o femenino?
¿Cómo se escribe 5, con ce o con zeta?

¿Cómo se dice  en español?
¿“Información” es masculino o femenino?

Con cu.
Casa.
Con ce.
Bicicleta.
Masculino.
Femenino.

12 Sustantivos LA 6

A. Sehen Sie sich diese Wörter genau an. Sind sie maskulin (m) oder feminin (f)? Schreiben Sie den entsprechenden Artikel **el** oder **la** dazu.

☐ ...... playa	☐ ...... libreta	☐ ...... política	☐ ...... mano
☐ ...... clase	☐ ...... comida	☐ ...... paisaje	☐ ...... cultura
☐ ...... monumento	☐ ...... tradición	☐ ...... negocio	☐ ...... fiesta

B. Schreiben Sie nun die Substantive und die Artikel im Plural.

- las playas
- ...

13 Necesito un número LA 7

08-12

Sie hören fünf Personen, die bei Telefonauskunft um eine Telefonnummer bitten. Notieren Sie die entsprechende Nummer.

1. Pedro Pérez Martín ....
2. Marcos Martínez Paz ....
3. Mario Mas Pérez ....
4. Milagros Martín Martín ....
5. Paula Mínguez Peralta ....

14 Sonidos LA 8

13

A. In dieser Lektion haben Sie Namen der spanischsprachigen Welt gesehen. Hören Sie weitere spanische Vor- und Familiennamen und ergänzen Sie die fehlenden Buchstaben.

1. **J**aime	6. **Gu**inea	11. Ar__ntina	16. __rcía
2. **G**erardo	7. **Gu**erra	12. __mez	17. Para__ay
3. **G**il	8. **Go**nzález	13. __vier	18. __la
4. **J**osé	9. **Gu**atemala	14. __vara	19. __árez
5. **J**uan	10. **G**argallo	15. __adalajara	20. Ara__n

B. Unterstreichen Sie die Namen, mit dem Laut /χ/ (wie in **gente**) und umkreisen Sie die, mit dem Laut /g/ (wie in **González**).

15 ¿Cómo te llamas? LA 9

A. In diesem Gespräch fehlen die Antworten. Wählen Sie die passende Antwort.

- ● ¿Cómo te llamas?
- ❍ ....

☐ Salvador. ☑ Salvador Villa.

- ● ¿Salvador es tu nombre o tu apellido?
- ❍ ....

☑ Es mi nombre. ☐ Es mi apellido.

- ● ¿Y cómo se escribe, con be o con uve?
- ❍ ....

☑ Se escribe con uve. ☐ Se escribe con be.

- ● ¿Y Villa?
- ❍ ....

☑ También con uve. ☐ También con be.

- ● ¿Cuál es tu número de teléfono?
- ❍ ....

☐ Es el 948 29 35 46. ☑ Mi número de teléfono es 948 29 35 46.

- ● ¿Y tu dirección de correo electrónico?
- ❍ ....

☐ Es Avenida de la Constitución, 50. ☑ Es salvavilla@dif.com

- ● Muy bien. Gracias.

B. Schreiben Sie zwei ähnliche Dialoge. Im ersten Gespräch heißt die Person Juana Arguedas. Erfinden Sie für den zweiten Dialog einen spanisch klingenden Namen.

- ● ¿Cómo te llamas?
- ❍ Juana Arguedas
- ● ...¿Cuál es tu número de teléfono?

Mi número de teléfono es 335578 9 ...
¿Y tu dirección de correo electrónico?
Es juanaarguedas@gmail.com
Muy bien. Gracias

¿Cómo te llamas?
Helena Benito
¿Cuál es tu número de teléfono?
Mi número de teléfono es 113355...
¿Y tu dirección de correo electrónico?
Es helenabenito@gmail.com
Bien. Gracias

16 ¿Y vosotros? LA 9

Ergänzen Sie die Formen der Verben **ser** und **llamarse** bzw. die Personalpronomen.

1.
- ● ....Yo........ soy brasileño, ¿y vosotros?
- ❍ Yo ...soy....... argentino, y .....ella....., italiana.

2.
- ● ¿Los señores Durán?
- ❍ Sí, ...somos.... nosotros.
- ● ¿Sus nombres, por favor?
- ❍ Yo me .... Eva, y .... , Pedro.

3.
- ● ¿Pablo Castellón?
- ❍ Soy ....

4.
- ● Perdón, ¿Juan María Fuster?
- ❍ .... él.
- ■ Sí, ... yo.

5.
- ● ¿Y cómo .... llamas?
- ❍ Alberto, ¿y tú?
- ● .... , Elisa.

6.
- ● Ustedes .... los señores Ribas, ¿verdad?
- ❍ Sí, y .... , Esmeralda Antón, ¿no?

17 Más países LA 10

Mit welchem Land oder Ländern verbinden Sie die folgenden Elemente? Sie können Informationen im Internet suchen.

UN GÉNERO MUSICAL

El bolero	La cumbia	La salsa
México, Cuba, Puerto Rico	Colombia	Cuba, Puerto Rico

UN PAISAJE

Argentina

Mexico

Bolivia

UNA BEBIDA

Südamerika

España

Chile

UN DIRECTOR DE CINE

Andrés Wood	Fernando Trueba	Alfonso Cuarón
Chile	España	Mexico

UNA COMIDA

LAS PUPUSAS

España

EL AJIACO

Colombia

EL GAZPACHO

España

UN ESCRITOR

ROBERTO BOLAÑO

Chile

ANA MARÍA SHUA

Argentina

MARIO VARGAS LLOSA

Perú

UN CANTANTE

RUBÉN BLADES

Panamá

JULIETA VENEGAS

México

ALEJANDRO SANZ

España

SO LERNEN SIE BESSER

18 Palabras nuevas

A. Sehen Sie die letzten Buchstaben dieser Wörter an, ohne auf deren Bedeutung zu achten. Sind sie maskulin oder feminin? Schreiben Sie den Artikel **el** oder **la** davor.

...... mesa	...... calle	...... tren
...... cantidad	...... medicina	...... café
...... escuela	...... teléfono	...... madre
...... juego	...... doctor	...... libro
...... suerte	...... siesta	...... autor
...... televisión	...... avión	...... señor
...... universidad	...... comunicación	...... profesor

B. Schlagen Sie nun im Wörterbuch nach. Haben Sie alles richtig gemacht? Stellen Sie die Regel auf.

Los nombres terminados en	son generalmente: m. (masculinos)	f. (femeninos)	pueden ser m. o f.
-o			
-a			
-ción, -sión			
-dad			
-e			
-or			

libertad = Freiheit

el coche = Auto

In den vorhergehenden Aufgaben haben Sie auf Ihr Augenmerk die Besonderheiten der Sprache gerichtet und eine Regel aufgestellt. Dies hilft Ihnen, besser und schneller zu lernen: Dinge, die man selbst entdeckt, erlernt man leichter!

SELBSTBEWERTUNG

IM ALLGEMEINEN				
Meine Teilnahme am Unterricht				
Meine Hausarbeiten				
Meine Fortschritte im Spanischen				
Meine Schwierigkeiten				

IM EINZELNEN					
Grammatik					
Wortschatz					
Phonetik und Aussprache					
Lesen					
Hören					
Schreiben					
Kultur					
Mündlicher Ausdruck					

LERNTAGEBUCH

Nach dieser Lektion kann ich über die spanische Sprache in der Welt und über meine Interessengebiete sprechen; ich weiß auch, wie die spanischen Vor- und Nachnamen klingen. Außerdem kann ich .... , ... und .... An dieser Lektion interessieren mich am meisten die Aufgaben .... und ....; am wenigsten interessieren mich die Aufgaben .... , ... und .... Ich sollte (die Zahlen / die Grammatik / das Buchstabieren / ....) mehr üben.

2 gente con gente

1

2

3

4

5

1 Primeras palabras

A. Für diese Lektion werden Ihnen folgende Wörter nützlich sein. Kennen Sie sie? Ordnen Sie sie den Bildern zu.

madre ...5... hablar inglés .... familia ...4... hijo/a ....
simpático/a ...5... años .... soltero/a .... hablar español ....
jugar al tenis ...1... música ...2... profesión ...3/5... estudiante ...5...

B. Denken Sie an andere Wörter, die Ihnen zu diesen Themen weiterhelfen können.

2 Números LA 1

14

Lesen Sie die Zahlen laut vor. Hören Sie dann genau zu und notieren Sie die, die genannt werden.

☑ 24 ☐ 25 ☐ 35 ☐ 42 ☑ 49 ☑ 52 ☐ 58 ☑ 74 ☑ 85 ☐ 92 ☐ 93 ☐ 94

3 Lotería LA 1

15

A. Kreuzen Sie acht Zahlen auf dem Lotterieschein an und notieren Sie sie in Worten. Hören Sie nun die Aufnahme. Viel Glück!

Mis números son: ....

....

....

....

....

10	11	12	13	14	15
16	17	18	19	20	21
22	23	24	25	26	27
28	29	30	31	32	33
34	35	36	37	38	39
40	41	42	43	44	45
46	47	48	49	50	

B. Hatten Sie Glück? Hören Sie erneut und schreiben Sie die Gewinnerzahlen in Ihr Heft.

4 ¿De quién hablan? LA 2

16

Über wen sprechen die Personen jeweils? Beachten Sie die Endungen der Adjektive. Vorsicht: Einige Adjektive sind mehrfach anwendbar.

1. Juan es: - muy serio,
 - soltero
 - muy deportiste.
2. Carolina es: activa
 - muy deportista
 - nada simpática.
3. Luis y Blanca son:
 - muy simpáticos
 - suecos.
4. Julia y Carmen son:
 - muy alegres
 - viudas.
5. Pablo y Javi son:
 - muy simpáticos
 - muy traviesos.

5 Es muy importante LA 2

A. Sie sollen sich einen Arbeitskollegen aussuchen. Wie wichtig sind folgende Eigenschaften?

	1	2	3
Simpático			✓
Serio		✓	
Sociable		✓	
Travieso		✓	
Inteligente			✓

	1	2	3
Trabajador			✓
Perezoso		✓	
Amable	✓		
Pedante		✓	
Alegre	✓		

	1	2	3
Callado		✓	
Tímido		✓	
Independiente		✓	
Pesimista	✓		(crossed out)
Optimista			✓

1 No es nada importante.
2 Es importante.
3 Es muy importante.

B. Tauschen Sie sich im Kurs aus. Sind sie sich einig?

- *Yo creo que ser simpático es muy importante.*

6 Termina en -a LA 3

Ergänzen Sie die Tabelle mit den Adjektiven der vorhergehenden Übung. Suchen Sie danach weitere Adjektive für die restlichen Endungen.

masculino singular	femenino singular	masculino plural	femenino plural
-o	**-a**	**-os**	**-as**
activo	activa	activos	activas
simpático	simpática	serios	serias
-or	**-ora**	**-ores**	**-oras**
trabajador	trabajadora	trabajadores	
-e		**-es**	
inteligente		inteligentes	
pedante		pedantes	
-ista		**-istas**	
pesimista		pesimistas	
optimista		optimistas	

7 Vive en la calle Picasso LA 4

Schauen Sie auf Seite 30 und 31 des Kursbuches und schreiben Sie den vollständigen Namen jeder Person.

a. Estudia en la universidad.
No está divorciada.
Hace deporte.
No toca el piano.

Nombre: Raquel
Apellidos: Mora Villar

b. No es soltera.
Trabaja en casa.
No es nada pedante.
Es mayor.
No baila flamenco.

Nombre: Tecla
Apellidos: Riaño Santos

c. No está casado.
Toca un instrumento musical que no es la batería.
No es español.
No es nada antipático.

Nombre: Uwe
Apellidos: Scherling

d. Toca un instrumento musical que no es el piano.
No estudia en la universidad.
No es muy hablador.
No es soltero.

Nombre: José Luis
Apellidos: Baeza Puente

8 Palabras que van juntas LA 4

A. Suchen Sie in der Übung „Calle Picasso" (im Kursbuch) nach Ausdrücken, die mit diesen Verben verbunden sind.

Tocar...	Jugar a...	Hacer...	Estudiar...
- el saxofón	- el fútbol	- punto	- inglés
- el piano	- el squash	- deporte	- historia
- la guitarra	- el tenis	- fotografías	

B. Wie werden Ihre Hobbys auf Spanisch bezeichnet? Fügen Sie weitere Wörter mit Hilfe des Wörterbuchs hinzu.

9 Así son LA 4

Ergänzen Sie die Beschreibungen mit diesen Wörtern. Überprüfen Sie anschließend mit Hilfe der Texte aus „La gente de la calle Picasso“.

trabajadora · española · tenis · periodista · estudia · argentino · cariñoso · colecciona · fotógrafo

Beatriz Salas Gallardo

Es española.

Es periodista.

Juega al tenis y estudia inglés.

Es muy trabajadora.

Jorge Rosenberg

Es fotógrafo.

Es argentino.

Colecciona sellos.

Es muy cariñoso.

10 Presentaciones LA 6

Helfen Sie diesen Personen, sich einander vorzustellen! Wählen Sie die jeweils passende Information und schreiben Sie sie in der 1. Person in die Sprechblasen.

- Son novios.
- Habla español, catalán, inglés, alemán y un poco de francés.
- Es traductora, pero está jubilada.
- Estudian arquitectura.
- Tiene 40 años.
- Habla español y un poco de inglés.
- Tiene 68 años.
- Habla inglés y español.
- Trabaja en un estudio de diseño.
- Son de Granada, pero estudian en Sevilla.
- Tiene 23 años.
- Se llaman Pepe y Celia.
- Se llama Julián y vive en Burgos.
- Se llama Marta.
- Vive en Barcelona, pero es de Zaragoza.
- Se llama Margaret y vive en Madrid.

11 ¿Qué falta? LA 6

A. Ergänzen Sie die Tabelle mit den Verben aus der vorherigen Übung und vervollständigen Sie sie anschließend.

	ser	estudiar	hablar	llamarse
yo	soy	estudio	hablo	me llamo
tú	eres	estudias	hablas	te llamas
él, ella, usted	es	estudia	habla	se llama
nosotros/as	somos	estudiamos	hablamos	nos llamamos
vosotros/as	sois	estudiáis	habláis	os llamáis
ellos, ellas, ustedes	son	estudian	hablan	se llaman

B. Schreiben Sie (mit Hilfe der Tabelle und Übung 10) Dinge über Ihre Familie und sich selbst.

Mi padre... tiene sesenta años y es médico.
Lleva 26 años casado con mi madre

Mi madre... tiene ~~seis~~ cincuenta y seis años.

Unos tíos míos...

Y yo...

12 Esta es mi gente LA 6

A. Denken Sie an zwei Personen (Verwandte, Freunde, Arbeitskollegen oder Nachbarn) und ergänzen Sie die beiden Karteikarten mit den entsprechenden Angaben.

Nombre: María
Apellidos: Jover Pino
Estado civil: soltera
Edad: 31
Profesión: trabaja en una empresa de informática
Aficiones: fotografía, teatro
Carácter: muy inteligente y muy activa
Relación contigo: vecina

Nombre: ....
Apellidos: ....
Estado civil: ....
Edad: ....
Profesión: ....
....
Aficiones: ....
Carácter: ....
....
Relación contigo: ....

Nombre: ....
Apellidos: ....
Estado civil: ....
Edad: ....
Profesión: ....
....
Aficiones: ....
Carácter: ....
....
Relación contigo: ....

B. Sprechen Sie zu zweit nach diesem Modell über Ihre Karteikarten. Machen Sie sich dabei Notizen für eine kurze Beschreibung.

- ● ¿Cómo se llama?
- ○ María.
- ● ¿Es una amiga?
- ○ No, es una vecina.
- ● ¿Y cuántos años tiene?
- ○ 31.
- ● ¿Está casada?
- ○ No, soltera.
- ● ¿A qué se dedica?
- ○ Trabaja en una empresa de informática.
- ● ¿Y cómo es?

13 Un árbol genealógico LA 6

Lesen Sie die Information über diese Familie und ergänzen Sie den Stammbaum.

- Elisa tiene tres hijos, dos hijos y una hija. También tiene cinco nietos.
- El abuelo se llama Tobías.
- Mario tiene dos hijos, un hijo y una hija.
- La mujer de Carlos se llama Teresa.
- Candela es la mujer de Mario.
- Ana no tiene hijos.
- El hijo de Candela es Jaime.
- La hermana de Jaime es Gala.
- Las niñas de Teresa se llaman Inés, Berta y Susana.
- El cuñado de Carlos se llama Luis.

14 ¿De dónde son? LA 7

Woher kommen diese Persönlichkeiten? Finden Sie gemeinsam im Kurs heraus, wer die meisten richtigen Antworten hat.

Hergé: belga

Carla Bruni: Italia

Napoleón y Josefina: Francia

Vladimir Putin: Rusia

Van Gogh: ~~Países Bajos~~ Holanda

Marlene Dietrich: Alemania

Haruki Murakami: Japana

Kylie Minogue: Australia

Shakira: Colombia

Neymar: Brasil

Beyoncé y Jay-Z: America

Los Rolling Stones: Inglaterra

Paul McCartney: Inglaterra

Dolce & Gabanna: Italia

Nelson Mandela: Sudáfrica

15 Un juego de geografía LA 7

A. Wie viele Nationalitäten sind Ihnen aus jedem Kontinent bekannt? Notieren Sie mit Hilfe eines Wörterbuches.

África: Malí, libio, ugandés .

América: Boliviano, argentino, cubano .

Asia: chino, camboyano, japonés .

Europa: alemán, belga, español .

Oceanía: australiano, neozelandés .

B. Schreiben Sie nun diese Nationalitäten in der femininen Pluralform in Ihr Heft.

16 Mi perfil LA 7

Ergänzen Sie Ihr Profil. Schreiben Sie die Angaben auf einen Zettel und geben Sie ihn Ihrem/r Kursleiter/in. Erraten Sie danach gemeinsam im Kurs, um wen es sich jeweils handelt.

Perfil

EDAD
Tengo 18 años

ESTADO CIVIL
Soy
☒ soltero/a
☐ casado/a.
☐ viudo/a.
☐ divorciado/a.

CARÁCTER
Soy muy ....
Soy bastante ....
Soy un poco ....
No soy nada ....

IDIOMAS
Hablo alemán y inglés

AFICIONES
....
....
....
....

fotos — guardar

17 Respuestas LA 8

Hören Sie die Fragen und markieren Sie (✓) die passende Antwort.

17

a.
☒ No, yo soy periodista.
☐ Sí, trabaja en un banco.

b.
☒ Sí, inglés y francés.
☐ Sí, estudiamos idiomas.

c.
☐ Me llamo Laura, ¿y tú?
☒ Laura.

d.
☐ Estudio en la universidad.
☒ Es biólogo.

e.
☒ Carla, de Segovia, y yo, de Ávila.
☐ María, de Ávila, y Carla, de Segovia.

f.
☒ Sí. Ana, biología y yo, física.
☐ No, es camarero en un bar.

18 Preguntas LA 8

Ergänzen Sie die entsprechende Frage zu jeder Antwort.

1.
- Son profesores
- ❍ No, Magdalena es bióloga y yo soy periodista.

2.
- ....
- ❍ ¿Carlos? 30 o 32.

3.
- ¿Cómo se llaman tus padres?
- ❍ Mi padre, Antonio y mi madre, Carmen.

4.
- ¿Estás bien?
- ❍ No, ¿y usted?

5.
- ¿Qué idiomas habla?
- ❍ Bueno, yo hablo un poco de inglés y Marta habla inglés y alemán.

19 ¿Tú o usted? LA 8

Ergänzen Sie die entsprechenden Fragen.

Tú	Usted	Respuestas
• ¿Cuál es tu nombre?	• ¿Cómo se llama?	○ Javier Odriozola.
• ¿Cuántos años tienes?	• ¿Cuántos años tiene?	○ 42.
• ¿A qué escuela vas? →	•	○ En una escuela de idiomas.
• ¿En qué trabajas?	• ¿Qué hace usted?	○ Soy profesor.
• ¿De dónde eres? →	•	○ Andaluz, de Granada.

20 ¿Eso es una pregunta? LA 8

18

A. Hören Sie genau zu und markieren Sie (✓), welche der beiden Optionen Sie hören.

1.
- ☒ **a.** Se llama Raquel.
- ☐ **b.** ¿Se llama Raquel?

2.
- ☒ **a.** Es de Málaga.
- ☐ **b.** ¿Es de Málaga?

3.
- ☐ **a.** Tiene 18 años.
- ☒ **b.** ¿Tiene 18 años?

4.
- ☒ **a.** Trabaja en un banco.
- ☐ **b.** ¿Trabaja en un banco?

5.
- ☒ **a.** Vive en la Plaza Mayor.
- ☐ **b.** ¿Vive en la Plaza Mayor?

6.
- ☐ **a.** Son italianos.
- ☒ **b.** ¿Son italianos?

B. Hören Sie die Sätze erneut und wiederholen Sie sie mit der gleichen Betonung.

C. Lesen Sie sich gegenseitig Sätze im Kurs laut vor und sagen Sie, ob es eine Frage oder eine Aussage ist.

21 Cosas en común LA 9

Schreiben Sie zehn Sätze über diese Personen, in denen Sie **el/la mismo/a** und **también** verwenden.

Ignacio es aficionado al tenis y Elvira, también.
Juanjo e Ignacio hablan los mismos idiomas.
- Laura tiene 26 años y Raúl también
- Maribel habla inglés y Laura también
- Elvira y Raúl son de la misma ciudad

SO LERNEN SIE BESSER

22 **Mis nuevas palabras**
Ergänzen Sie das Mindmap mit den neuen Wörtern dieser Lektion.

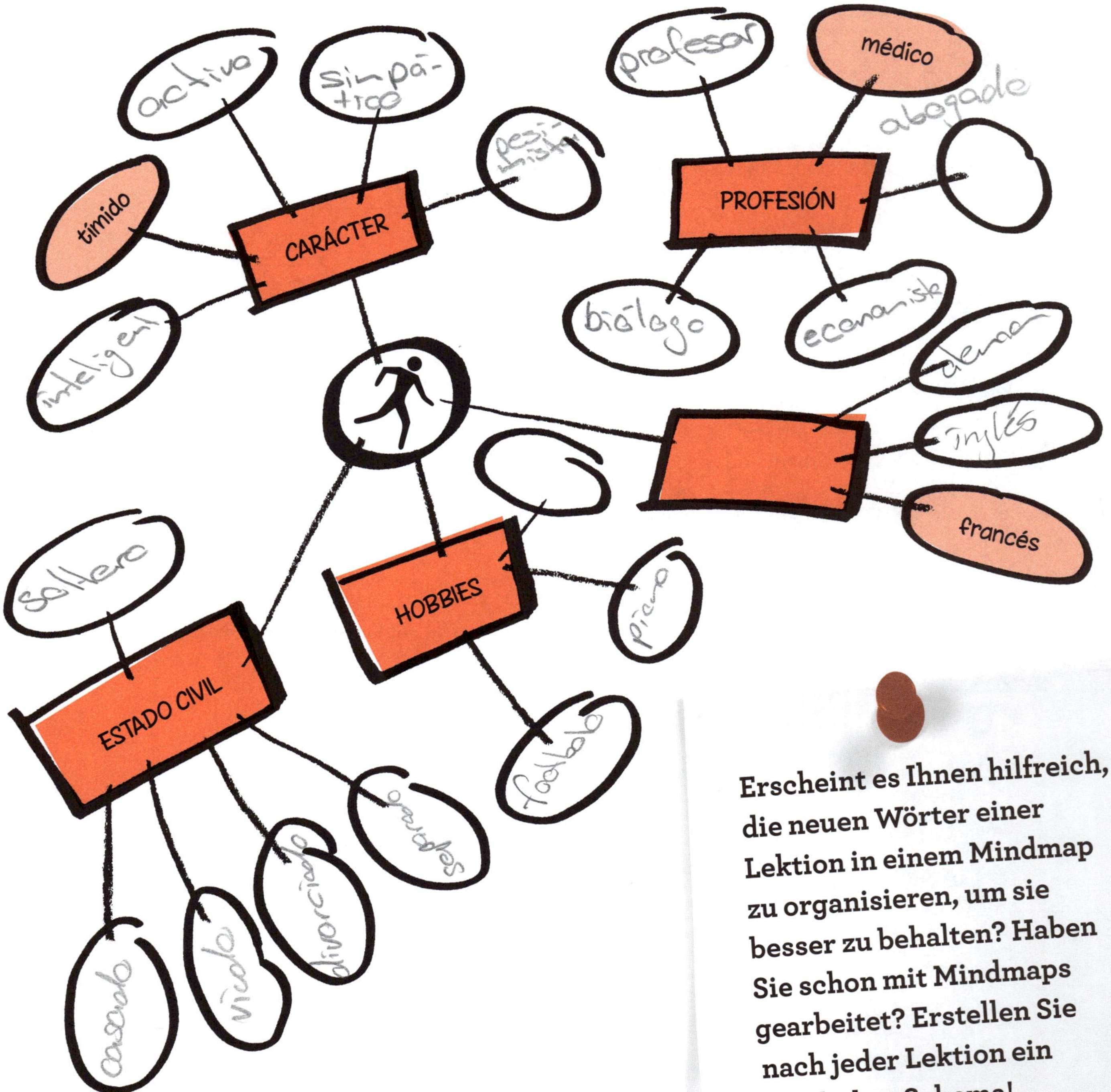

Erscheint es Ihnen hilfreich, die neuen Wörter einer Lektion in einem Mindmap zu organisieren, um sie besser zu behalten? Haben Sie schon mit Mindmaps gearbeitet? Erstellen Sie nach jeder Lektion ein ähnliches Schema!

SELBSTBEWERTUNG

IM ALLGEMEINEN				
Meine Teilnahme am Unterricht				
Meine Hausarbeiten				
Meine Fortschritte im Spanischen				
Meine Schwierigkeiten				

IM EINZELNEN					
Grammatik					
Wortschatz					
Phonetik und Aussprache					
Lesen					
Hören					
Schreiben					
Kultur					
Mündlicher Ausdruck					

LERNTAGEBUCH

Die Themen dieser Lektion sind (sehr / ziemlich / nicht sehr) interessant. Für mich ist .... am leichtesten und .... am schwersten. Jetzt kann ich die Zahlen von 20 bis 100 (sehr gut / gut / nicht so gut) verstehen, und es fällt mir (leicht / nicht so leicht / schwer), diese zu wiederholen. Auch kann ich verschiedene europäische Nationalitäten verstehen und nennen. Andere Dinge, die ich gelernt habe, sind .... und .... Ich glaube, dass ich .... noch mehr üben sollte.

3 gente de vacaciones

1. **Primeras palabras.** Nützlicher Wortschatz für die Lektion.
2. **Anuncios de viajes.** Interessengebiete und Vorlieben.
3. **Vacaciones ideales.** Vorlieben: Transportmittel, Orte, Jahreszeiten usw.
4. **¿Gusta o gustan?** Übereinstimmung von **gustar**.
5. **¿De qué están hablando?** Übereinstimmung von **gustar**.
6. **¿Te gusta o te encanta?** Wortschatz für Neigungen und Vorlieben. **Interesa/n, gusta/n** und **encanta/n**.
7. **A ellos les encantan.** Pronomen **me / te / se / nos / os / les** mit **gusta/n** und **encanta/n**.
8. **¿Cómo continúa la frase?** Der Gebrauch von **gustar, interesar, querer** und **preferir**.
9. **Un típico pueblo español.** Der Gebrauch von **está / hay** und der auf die Stadt bezogene Wortschatz.
10. **De visita en Linares del Río.** Fragen mit **¿dónde está?** und **¿hay un/una ...?**
11. **Tu barrio y tú.** Wortschatz zum Thema Stadt.
12. **Un apartamento en Tenerife.** Wortschatz, um über eine Wohnung zu sprechen. Gebrauch von **hay** ohne Artikel.
13. **Un apartamento en España.** Fragen und Wortschatz zu einer Wohnung.
14. **A mí también.** Die Formen von **a mí / yo**. Gebrauch von **también / tampoco** als Ausdruck von Zustimmung.
15. **¿De acuerdo? A mí / yo** und **también / tampoco**.
16. **Tus nuevas palabras.** Wiederholung.
17. **El mapa de Sudamérica.** Geografische Lage.
18. **Un test sobre tu carácter.** Wiederholung von **gustar, interesar, preferir** und Adjektive zur Charakterbeschreibung.

Agenda

1

2

3

4

5

1 Primeras palabras

A. Für diese Lektion werden Ihnen die folgenden Wörter nützlich sein. Kennen Sie sie? Ordnen Sie sie den Bildern zu.

viajar .... museo .... visitar ....
barco .... monumento .... hotel ....
verano .... playa .... montaña .... excursión ....
paisaje .... pueblo ....

B. Welche anderen Wörter zum Thema Urlaub möchten Sie wissen?

2 Anuncios de viajes LA 3

Welche Reise kann welche dieser Personen interessieren: A oder B?

A.

B.

Foro viajar
11:23 — Preferencias de vacaciones
RAQUEL A mí me gustan la tranquilidad y el sol. No me gustan los viajes organizados, en autocar y con guías.
B

Foro viajar
20:52 — Preferencias de vacaciones
MIGUEL A mí me gustan los viajes con todo organizado: los hoteles, el avión, todo. No tengo tiempo para organizarlo yo.
A

Foro viajar
14:50 — Preferencias de vacaciones
CRISTINA Nosotros queremos ir de vacaciones con nuestros hijos, pero este año no tenemos mucho dinero.
B

Foro viajar
17:33 — Preferencias de vacaciones
FRANCISCO Yo quiero viajar al extranjero. Me interesan las culturas diferentes, el arte y todo eso.
A

Foro viajar
23:15 — Preferencias de vacaciones
ENCARNA Yo prefiero conocer países nuevos, conocer gente, ciudades y visitar monumentos.
A

3 Vacaciones ideales LA 4

A. Wie reisen diese Personen am liebsten? Zum Antworten können Sie den Modelltest zum Urlaub im Kursbuch verwenden.

1

Le gusta viajar solo, en bicicleta...

2

los viajes organizado

3

con los ijos

4

en tren y a la montaña

B. Mit welcher dieser Personen würden Sie am liebsten verreisen?

- Prefiero ir de vacaciones con los personajes de la imagen 4 porque a los tres nos gusta la aventura.

4 ¿Gusta o gustan? LA 4

Ergänzen Sie die Dialoge mit **gusta** oder **gustan**.

1. ● Me gusta muchísimo vivir en el centro.
   ❍ ¿Sí? A mí me gustan más los barrios tranquilos.
2. ● ¿Quieres ir en moto? ¿Vamos a dar un paseo?
   ❍ ¡Uy! No, gracias. A mí me gusta más andar.
3. ● ¿Te gusta la comida mexicana?
   ❍ Sí, muchísimo.
4. ● A mí, las playas con mucha gente no me gustan nada.
   ❍ A mí tampoco, la verdad.
5. ● ¿Te gusta Madrid?
   ❍ Bueno, es que en general las ciudades grandes no me gustan mucho.

5 ¿De qué están hablando? LA 4

19

Hören Sie die Gespräche und markieren Sie, worüber sie jeweils sprechen.

1.
- ☐ **a.** unas fotos de las vacaciones
- ☐ **b.** una moto nueva

2.
- ☐ **a.** una novela
- ☐ **b.** unos poemas

3.
- ☐ **a.** unas canciones
- ☐ **b.** un disco de música clásica

4.
- ☐ **a.** un coche
- ☐ **b.** unos chicos

5.
- ☐ **a.** una exposición de pintura
- ☐ **b.** unas casas

6 ¿Te gusta o te encanta? LA 4

Ergänzen Sie Ihre Vorlieben zu diesen Themen mit **me interesa/n, no me interesa/n, me encanta/n, me gusta/n mucho, no me gusta/n nada**, etc.

.... viajar en moto	.... el cine americano	.... la historia de España
.... las tapas	.... las discotecas	.... Bach y Vivaldi
.... la política	.... trabajar	.... aprender idiomas
.... leer poesía	.... el jazz	.... las playas desiertas
.... jugar al rugby	.... la televisión	.... la música pop

7 A ellos les encantan LA 4

Bilden Sie Sätze mit diesen Elementen.

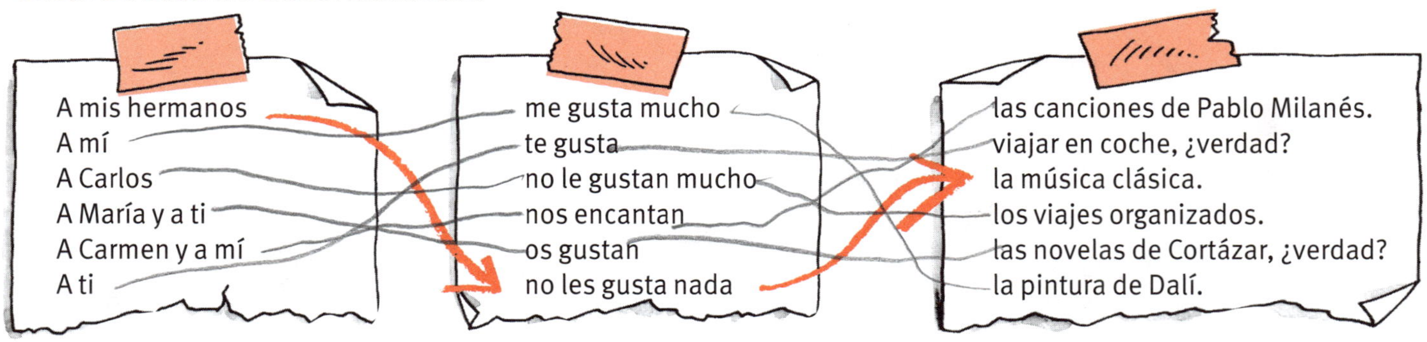

8 ¿Cómo continúa la frase? LA 4

20

Hören Sie die Satzanfänge und markieren Sie die entsprechende Fortsetzung.

a. ..1.. porque nos interesa mucho Hispanoamérica.
b. ...... prefiero viajar con mis amigos.
c. ...... prefiero viajar en coche o en tren.
d. ...... porque me gusta mucho la naturaleza y andar.
e. ...... preferimos ir a la playa unos días en verano.
f. ...... no me gusta nada ir con mi familia.

9 Un típico pueblo español LA 6

A. Sehen Sie sich den Stadtplan von Linares del Río genau an und markieren Sie mit richtig oder falsch.

V	F	
☒	☐	1. La estación está en la plaza de España.
☐	☒	2. Hay dos farmacias en el pueblo.
☒	☐	3. Hay un hotel en la avenida de la Constitución.
☒	☐	4. La iglesia y el ayuntamiento están en la plaza de España.
☐	☒	5. La farmacia está en la calle Mayor.
☐	☒	6. El camping y el teatro están en el parque.
☐	☒	7. El cine está al lado de la piscina.
☒	☐	8. El polideportivo está muy cerca de la piscina, al lado.
☒	☐	9. Hay un supermercado cerca de la escuela.
☐	☒	10. El campo de fútbol está en la calle Mayor.

B. Berichtigen Sie nun die falschen Aussagen.

La farmacia no está en la calle Mayor.
No hay dos farmacias en el pueblo
La caja de ahorros no está en el parque

10 De visita en Linares del Río LA 6

Besucher dieses Dorfes benötigen eine Auskunft und fragen die Passanten. Ergänzen Sie die Dialoge mit **hay** oder **está**.

1. ● Perdone, ¿dónde ...está... la oficina de Correos?
   ○ (pl. España) ...En la plaza de España... .
2. ● ¿ ...Hay... una farmacia por aquí?
   ○ (parque) ....
3. ● ¿ ...Hay... hotel en este pueblo?
   ○ (avda. Constitución) ....
4. ● ¿Dónde ...está... el hospital, por favor?
   ○ (no/ambulatorio/parque) ....
5. ● Perdone, ¿ ...Hay... una agencia de viajes en el pueblo?
   ○ (no) ....
6. ● ¿ ...Hay... un camping en el pueblo?
   ○ (piscina) ....

11 Tu barrio y tú LA 6

Ergänzen Sie diese zwei Listen mit Hilfe des Kursbuches oder eines Wörterbuches.

10 COSAS QUE HAY CERCA DE MI CASA
En mi barrio hay:

1. un cine
2. una farmacia
3. dos supermer-
4. cados
5. ....
6. ....
7. ....
8. ....
9. ....
10. ....

5 COSAS QUE FALTAN EN MI BARRIO
En mi barrio no hay:

1. polideportivo
2. parque
3. hoteles
4. ....
5. ....

12 Un apartamento en Tenerife LA 6

21

Jemand ist an dieser Ferienwohnung auf Teneriffa interessiert und ruft im Reisebüro an.
Hören Sie genau zu und markieren Sie die entsprechende Information.

EL APARTAMENTO ESTÁ...
- ☑ cerca de la playa.
- ☐ cerca de un campo de golf.
- ☐ lejos del aeropuerto.
- ☐ cerca de la ciudad de Santa Cruz.
- ☐ en una zona muy tranquila.

EN LOS APARTAMENTOS HAY...
- ☐ aire acondicionado.
- ☐ teléfono.
- ☐ televisión.
- ☐ cinco habitaciones.
- ☐ parking.
- ☐ piscina.
- ☐ pistas de tenis.

13 Un apartamento en España LA 3

A. Suchen Sie im Internet eine Anzeige einer Ferienwohnung oder eines Ferienhauses in Spanien. Besprechen sie diese gemeinsam im Kurs.

B. Schreiben Sie einen Text, um weitere Informationen darüber zu erhalten.

14 A mí también LA 9

A. Zeichnen Sie zu jeder Aussage das entsprechende Emoticon.

1.
- ● Me gusta la naturaleza.
- ❍ A mí también.
- ■ A mí no.

2.
- ● Quiero visitar museos.
- ❍ Yo también.
- ■ Yo no.

3.
- ● No me gustan las grandes ciudades.
- ❍ A mí tampoco.
- ■ A mí sí.

4.
- ● No quiero caminar demasiado.
- ❍ Yo tampoco.
- ■ Yo sí.

B. Sehen Sie sich die Ausdrucksweise für Einverständnis oder Ablehnung im ersten Teil der Übung genau an und ergänzen Sie.

● Quiero conocer Andalucía.	● No tengo vacaciones en agosto.
○ Yo también.	○ Yo sí
■ Yo no	■ Yo no
● Me gusta muchísimo el teatro.	● No me interesa nada el golf.
○ A mí también	○ A mí sí
■ A mí no	■ A mí no

15 ¿De acuerdo? LA 9

22

A. Hören Sie die acht Sätze und notieren Sie den Buchstaben der entsprechenden Antwort.

a. a mí también b. a mí tampoco c. yo también d. yo tampoco

1. b 2. d 3. b 4. c 5. a 6. c 7. a 8. d

B. Notieren Sie nun Ihre eigene Meinung zu jeder Aussage in Ihrem Heft.

16 Tus nuevas palabras

Erstellen Sie ein ähnliches Schema mit dem neuen Wortschatz aus dieser Lektion.

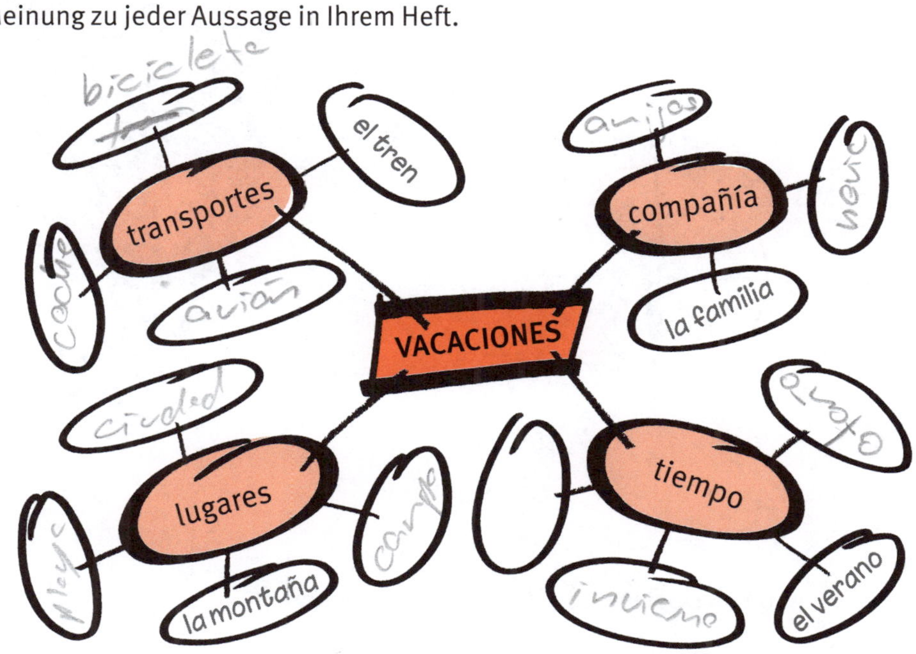

17 El mapa de Sudamérica LA 2

A. Suchen Sie die Bedeutung und notieren Sie sie in Ihrer Sprache.

Es un río.		Está al norte.	Norden	Está cerca de...	
...un lago.	See	...al sur.	Süden	...lejos de...	
...una ciudad.	Stadt	...al este.	Osten	...entre .... y	
...una montaña.	Berg	...al oeste.	Westen		
...una isla.		...en el centro.			

B. Betrachten Sie die Landkarte Südamerikas und ergänzen Sie.

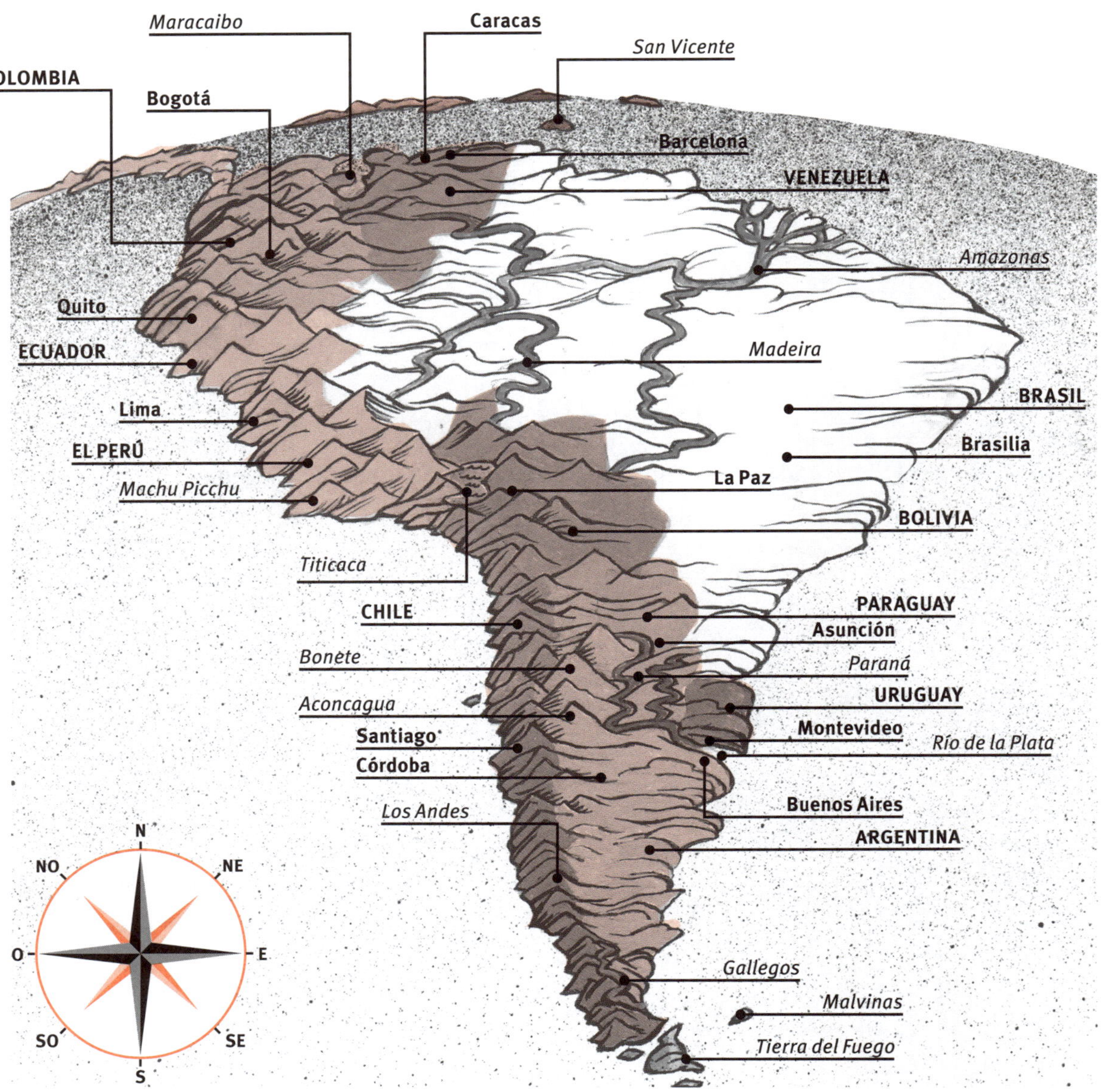

1. Son unas islas que están al sureste de Argentina: Las Malvinas
2. Es un lago que está al oeste de La Paz: El Titicaca
3. Es la capital de El Perú y está al noroeste del país: Lima
4. Es un río que pasa por el norte de Argentina: El Paraná
5. Es una ciudad que está al este de Caracas: Barcelona
6. Es un río que está entre Argentina y Uruguay: Río de la Plata

C. Beschreiben Sie diese Orte:

1. Machu Picchu:
es una montaña que está al oeste del lago

2. Amazonas:
es una ciudad que está al suroeste de Santiago

3. Córdoba:
es una ciudad que está al suroeste de Santiago

4. San Vicente:
~~Sa~~ es una isla que está al noreste de Barcelona

D. Zu zweit: Denken Sie an einen bestimmten Ort und geben Sie so lange Hinweise, bis er erraten wird.

18 Un test sobre tu carácter LA 4

Beantworten Sie diesen Test und schauen Sie danach die Lösungen an. Sind Sie mit dem Ergebnis einverstanden?

¿ERES SOCIABLE?

1. Cuando voy de vacaciones me gusta...

- [ ] **a.** ir solo/a o con mi novio/a. Ni amigos, ni familia.
- [x] **b.** ir con la familia o los amigos, pero también solo/a o con mi novio/a. Depende.
- [ ] **c.** ir con un grupo grande de amigos o con toda la familia.

2. Y cuando estoy en el lugar elegido...

- [ ] **a.** me interesa más visitar los museos, ir a la playa o pasear.
- [ ] **b.** me gusta descansar pero también conocer las costumbres del lugar.
- [x] **c.** me encanta hablar con la gente para conocer sus costumbres y sus tradiciones.

3. Me gusta viajar...

- [x] **a.** en mi coche o en mi moto.
- [ ] **b.** en coche, en tren, en avión o en autobús.
- [ ] **c.** en autoestop para conocer gente nueva.

4. Para estudiar o trabajar prefiero...

- [ ] **a.** estar solo/a en casa, con mi música y mis cosas.
- [x] **b.** generalmente solo/a, pero estudiar con gente también es divertido.
- [ ] **c.** no me gusta nada trabajar solo/a: prefiero estar con amigos para estudiar o trabajar bien.

5. Y ahora, sinceramente: ¿Eres...

- [ ] **a.** serio/a, callado/a, tímido/a y perezoso/a para hablar con la gente?
- [ ] **b.** un poco tímido/a pero activo/a y sociable?
- [x] **c.** muy simpático/a, sociable y cariñoso/a?

Mayoría de respuestas a.
No eres sociable, claro, pero eres muy independiente. Una pregunta: ¿no te aburres un poco?

Mayoría de respuestas b.
Eres una persona muy normal. Eres sociable, abierto/a y seguramente tienes muchos y buenos amigos.

Mayoría de respuestas c.
¡Enhorabuena! Tú no tienes problemas para conocer gente: donde quieres y cuando quieres. Eres muy, muy sociable... ¿demasiado?

SO LERNEN SIE BESSER

19 **Dos estilos de vacaciones muy diferentes**

A. Sehen Sie sich Tere und Rodolfo gut an. Wie stellen Sie sich ihren Urlaub vor? Schreiben Sie die Initialen (T oder R) neben die Dinge, die Sie mit ihnen verbinden.

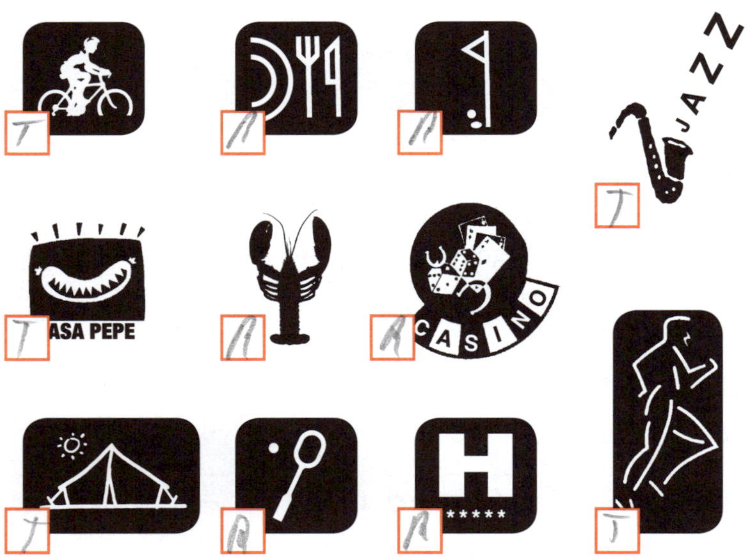

Der Kontext und Ihre Kenntnisse über Personen und die Welt helfen Ihnen, Vermutungen über das Gehörte oder Gelesene anzustellen. Diese Vermutungen erleichtern Ihnen das Verständnis beim Hören und Lesen, sowohl im Unterricht als auch außerhalb.

23

B. Hören Sie sich nun an, was Tere und Rodolfo über ihren Urlaub erzählen. Waren Ihre Annahmen richtig?

SELBSTBEWERTUNG

IM ALLGEMEINEN				
Meine Teilnahme am Unterricht				
Meine Hausarbeiten				
Meine Fortschritte im Spanischen				
Meine Schwierigkeiten				

IM EINZELNEN					
Grammatik					
Wortschatz					
Phonetik und Aussprache					
Lesen					
Hören					
Schreiben					
Kultur					
Mündlicher Ausdruck					

LERNTAGEBUCH

Ich spreche (gern / nicht so gern) mit den anderen Kursteilnehmern über meinen Urlaub. Es ist (sehr / nicht sehr) interessant, ihre Neigungen und Vorlieben zu erfahren. Nun kann ich (sehr gut / gut / nicht so gut) über meinen Urlaub sprechen und kann (sehr gut / gut / nicht so gut) beschreiben, was es in meiner Stadt oder meinem Wohnviertel zu sehen gibt. Die Aufgabe(n) .... gefällt / gefallen mir sehr, weil .... Ich verstehe (sehr gut / gut / nicht so gut) den Unterschied zwischen está/n und hay. Und ich kann (sehr gut / gut / nicht so gut) meinen Geschmack und meine Vorlieben mit den Verben gustar und preferir ausdrücken.

4 gente de compras

1 **Primeras palabras**

A. Hier sehen Sie einige nützliche Wörter für diese Lektion. Kennen Sie sie? Ordnen Sie sie den Bildern zu.

centro comercial .... precio .... camiseta ....
tarjeta .... farmacia .... comprar .... negro ....
chaqueta .... zapatos .... tienda .... flores ....

B. Gibt es noch andere Wörter, die Sie zum Thema Einkäufe wissen müssen?

2 Listas de la compra LA 2

Hier sind drei Einkaufslisten. Zu welchen Läden von Gentishop müssen die Personen gehen?

una novela para Alicia
desodorante
aspirinas
dos periódicos: El Mundo y El País
un secador de pelo

pasteles
un libro
dos botellas de vino
pelotas de tenis
una corbata

unos zapatos
dos revistas: Hola y El Jueves
unas postales
espuma de afeitar
una cafetera

RAMÓN TIENE QUE IR A...
....
....
....
....

ANAMARI TIENE QUE IR A...
....
....
....
....

ALBERTO TIENE QUE IR A...
....
....
....
....

3 ¿Dónde compro...? LA 2

Und wo können Sie diese Sachen kaufen? Ergänzen Sie.

1. Las flores, en la floristería.
2. ....
3. ....
4. ....
5. ....
6. ....

1

3

5

2

4
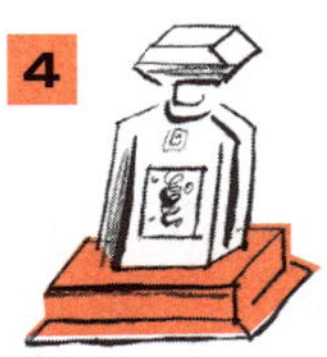
6

4 Tener o no tener LA 2

Ergänzen Sie die richtige Form von **tener**.

1.
- Oye, Jaime, ¿ .... cámara de fotos?
- ❍ Yo no, pero mi mujer .... una.

2.
- ¿Cuántos años .... ?
- ❍ Yo .... veintidós, y Gloria, veinte.

3.
- Los padres de Javier .... muchísimo dinero.
- ❍ Sí, creo que .... un yate de lujo.

4.
- ¿Celia y tú .... hijos?
- ❍ Sí, ... dos niñas, Ana y Bea.

5 Tengo que... LA 2

Schreiben Sie fünf Dinge auf, die Sie diese Woche erledigen müssen und fünf Dinge, die andere Personen machen müssen.

YO	OTRAS PERSONAS
Tengo que hacer un examen de Historia.	Mi hermana tiene que ir a clase de español.

6 A mí me gustan estas LA 3

A. Schauen Sie sich diese Gesprächsteile genau an. Welchen Wörtern der Liste entsprechen die Formen **este, esta, estos, estas**?

1. **Este** es un poco fuerte, ¿no?
2. A mí me gusta **esta**.
3. **Estas** son muy caras.
4. Y **estos**, ¿cuánto valen?

- ☐ unos calcetines
- ☐ una chaqueta
- ☐ unas botellas de cava
- ☐ un perfume

24

B. Hören Sie und markieren Sie (√), worüber jeweils gesprochen wird.

1.
☐ una americana
☐ un pañuelo

2.
☐ un libro
☐ unas pilas

3.
☐ una botella de vino
☐ unas revistas

4.
☐ un perfume
☐ unos calcetines

5.
☐ unas flores
☐ unos pasteles

6.
☐ una guitarra
☐ un disco de jazz

7.
☐ una novela
☐ un reloj

8.
☐ una botella de leche
☐ un paquete de café

9.
☐ unos zapatos
☐ una cámara de fotos

10.
☐ una cafetera
☐ unas pelotas de tenis

7 Monedas LA 4

A. Ergänzen Sie mit **el** und **la**. Können Sie noch andere Währungen hinzufügen?

1. ......la...... rupia
2. ......el...... yen
3. .... euro
4. .... rublo
5. .... dólar
6. .... real
7. .... peso
8. .... dírham
9. .... libra
10. .... corona
11. .... yuan
12. .... sol
13. ....
14. ....
15. ....

B. Schreiben Sie die Preise in Worten. Beachten Sie das Genus der Währung!

1. 3500 ......tres mil quinientas...... rupias
2. 200 ......doscientos...... yenes
3. 685 .... euros
4. 3790 .... rublos
5. 269 .... dólares
6. 820 .... reales
7. 1020 .... pesos
8. 1100 .... dírhams
9. 52 .... libras
10. 441 .... coronas
11. 830 .... yuanes
12. 175 .... soles
13. ....
14. ....
15. ....

8 ¿Cuánto cuesta? LA 5

A. Erfragen Sie den Preis dieser Sachen. Achten Sie auf **cuesta/n** und **este/a/os/as**.

1 
- ¿Cuánto cuestan estos pantalones?
- 205 euros.

2 
- ....
- 95 euros con 50 céntimos.

3 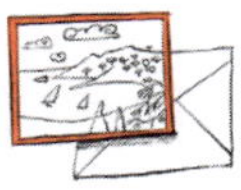
- ....
- 60 céntimos.

4 
- ....
- 1600 euros.

5 
- ....
- 3 euros.

6 
- ....
- 19 euros.

7 
- ....
- 24 euros.

8 
- ....
- 16 euros.

B. Finden Sie diese Sachen teuer oder preiswert? Benutzen Sie **un poco**, **bastante**, **muy**, **demasiado**.

Los pantalones son demasiado caros.

9 Gentilandia LA 5

25

A. Gentilandia ist ein erfundenes Land mit wenigen Einwohnern und der offiziellen Währung *el pesito*. Hören Sie die Information und unterstreichen Sie die gehörten Zahlen.

444 000 20 000 50 600 3,55 10 000 44 000 650 000 6000 3500 355 000

B. Hören Sie nochmals und beantworten Sie die Fragen.

1. ¿Cuántos habitantes tiene Gentilandia? ....
2. ¿Cuántas mujeres viven en este país? ....
3. ¿Cuánto cuesta una cerveza en un bar? ....
4. ¿Cuánto puede costar comer en un restaurante? ....
5. ¿Cuál es el número de teléfono de la Oficina de Turismo? ....

10 Para no repetir LA 6

Sehen Sie sich den Gebrauch von **lo** an und ergänzen Sie die Formen **la, los, las** entsprechend.

1. ● ¿Dónde tienes **el coche**?
   ○ Tengo ~~**el coche**~~ en casa → **Lo** tengo en casa.
2. ● ¿Necesitas **la moto** este fin de semana?
   ○ Sí, necesito **la moto** el sábado para ir a una fiesta.
3. ● ¿Traes **los deberes** hoy?
   ○ Sí, traigo **los deberes** hoy.
4. ● ¿Dónde compras **las manzanas**? Son muy buenas.
   ○ Pues siempre compro **las manzanas** en el supermercado de Gentishop.

11 Las usas para pagar LA 6

A. Wovon wird jeweils gesprochen? Ordnen Sie zu.

1. Lo puedes comprar en una joyería.
2. Los comes en las fiestas y son de nata, de chocolate, etc.
3. Los necesitas para ir a trabajar, para ir a clase...
4. La gente la compra normalmente en el supermercado.
5. Las puedes leer en casa, en el autobús, en la peluquería...
6. La usas para pagar, pero no es dinero.
7. Normalmente lo llevan las mujeres y no es una falda.
8. Las puedes comer en un restaurante o en casa.

- [1] reloj
- [ ] vestido
- [ ] pizzas
- [ ] zapatos
- [ ] comida
- [ ] pasteles
- [ ] tarjeta de crédito
- [ ] revistas

B. Suchen Sie fünf weitere Dinge im Kursbuch und beschreiben Sie sie mit **lo**, **la**, **los**, **las**. Lesen Sie die Beschreibungen im Kurs vor, die anderen Kursteilnehmer/innen müssen raten.

Lo compras en el supermercado o en la perfumería y lo usas después de la ducha.

12 Regalos de Navidad LA 7

Ergänzen Sie das Gespräch über Weihnachtsgeschenke mit **le** oder **les**. Die kursiv gedruckten Wörter können Ihnen helfen.

1.
- ● *A la tía Alicia* .... compramos una novela, ¿no?
- ○ Sí. Y *a la tía Mari*, no sé. ¿Otra novela?
- ● Vale, ... regalamos una novela *a las dos*.

2.
- ● *El primo Gonzalo* quiere unas gafas de esquí.
- ○ Bueno, pues .... compramos unas gafas.

3.
- ● ¿Y *a los tíos Rodrigo y María*?
- ○ No sé, ... regalamos entradas para el teatro.
- ● ¿Otra vez? No, mejor otra cosa.

4.
- ● Y *a la abuela*, ¿qué .... compramos?
- ○ *A la abuela* .... compramos un reloj de pared.

13 ¿Tienes cámara de fotos? LA 8

A. Sehen Sie die Gespräche genau an und notieren Sie die entsprechende Nummer in der Erklärung.

1.
- ● ¿Tienes cámara de fotos?
- ○ No, no tengo. Hago fotos con el móvil.
- ■ Sí, tengo una cámara réflex.

2.
- ● ¿Tienes la cámara de fotos?
- ○ No, no la tengo aquí.
- ■ Sí, la tengo en la mochila.

- [ ] Wir meinen etwas Konkretes.
- [ ] Wir meinen eine Kategorie.

B. Beantworten Sie die Fragen.

1. ¿Tienes reloj? ....
2. ¿Tienes gafas de sol? ....
3. ¿Tienes moto? ....
4. ¿Tienes guitarra? ....
5. ¿Tienes internet? ....
6. ¿Tienes televisor? ....

14 **Prendas de ropa** LA 9

A. Schreiben Sie die spanische Bezeichnung der Kleidungsstücke auf die Etiketten.

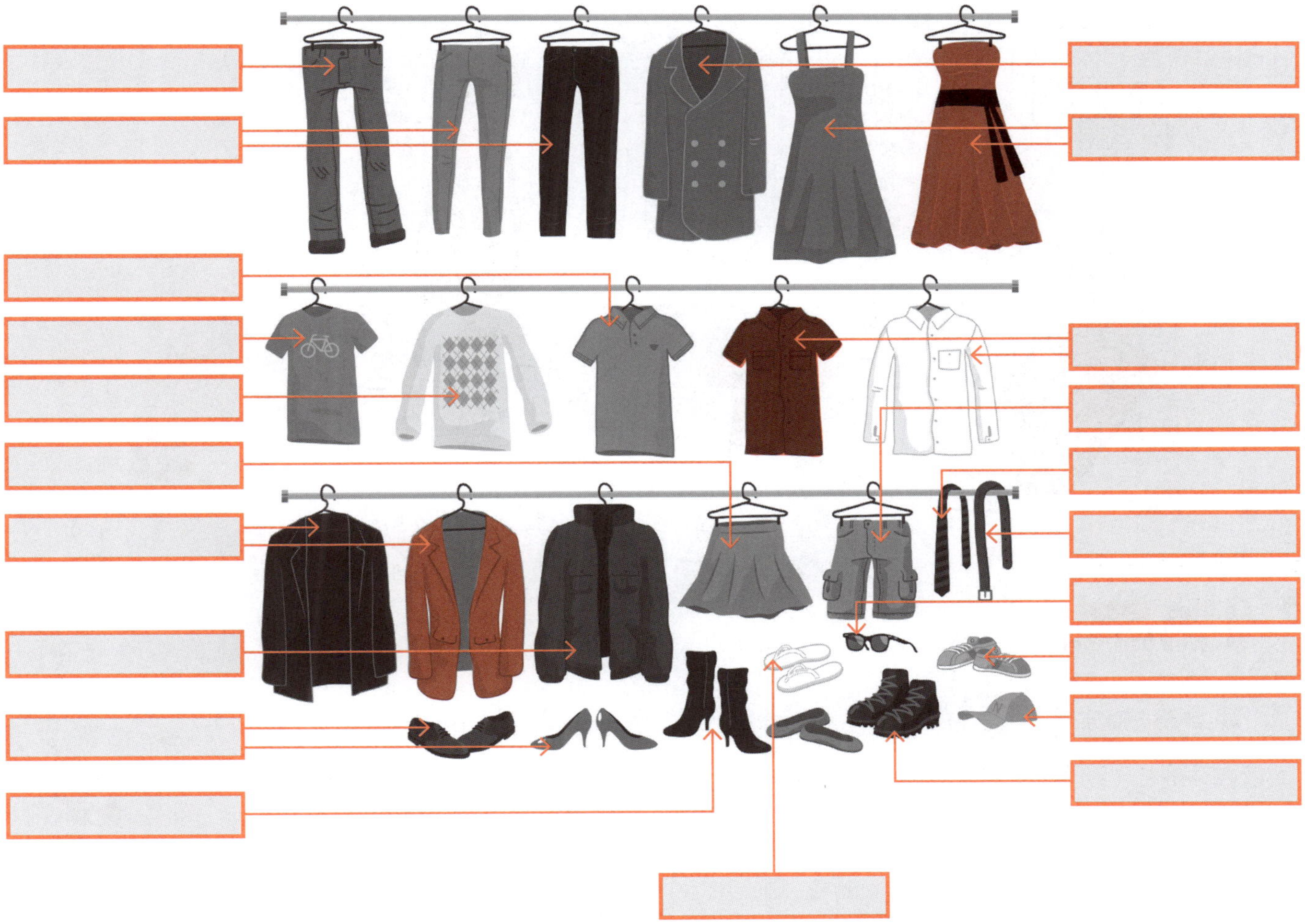

B. Welche Kleidungsstücke müssen Antonia und Saúl anziehen, um diese Dinge zu tun?

ANTONIA

SAÚL

- para llamar la atención en una fiesta
- para conocer a los padres de su pareja
- para pasar un día en la playa
- para ir a la ópera o al teatro
- para ir a clase de pintura
- para jugar con sus sobrinos en el parque

Para conocer a los padres de su pareja, Saúl tiene que ponerse...

serio/a
nuevo/a
viejo/a
clásico/a
llamativo/a
juvenil
informal
elegante

15 Rebajas LA 9

26

Hören Sie die Angebote von Gentishop und notieren Sie die Ausverkaufspreise.

16 Colores LA 9

A. Welche Dinge fallen Ihnen zur jeweiligen Farbe ein? Benutzen Sie ein Wörterbuch.

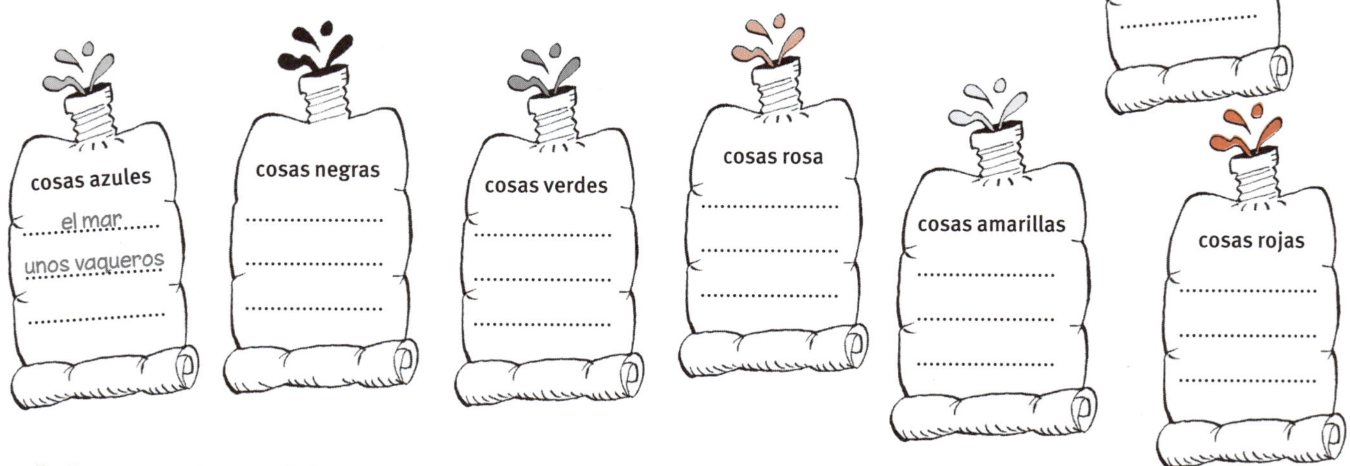

B. Ergänzen Sie nun diesen Kasten mit allen Formen der Farben, die Sie kennen.

masculino singular	femenino singular	masculino plural	femenino plural
-o rojo	**-a** roja	**-os** rojos	**-as** rojas
-e		**-es**	
-a		**-as**	
-consonante **(-l, -n, -s)**		-consonante **+ e (-les, -nes, -ses)**	
-a			

17 ¿Qué le regalo? LA 10

27

Ergänzen Sie die Liste mit Personen, denen Sie ein Geschenk machen wollen (Ihre Eltern, Ihrem/r Partner/in, einem/r Freund/in, ...). Hören Sie sich die Vorschläge an und reagieren Sie darauf.

1. Mi hermana .... No, un pañuelo de seda, no. Mejor un libro de arte, que le gustan mucho.
2. ....
3. ....
4. ....
5. ....
6. ....

18 ¿Cuál compramos? LA 9

A. Sehen Sie sich genau an, wie die Formen **que**/**cuál** und **este**/**esto** in den beiden Beispielen benutzt werden und notieren Sie die entsprechende Nummer zu jeder Erklärung.

1. ¿**Cuál** compramos, **este** o **este**?

2. ¿**Qué** compramos, **esto** o **esto**?

☐ Wir sprechen von Dingen derselben Kategorie.
☐ Wir sprechen von Dingen unterschiedlicher Kategorien.

B. Betrachten Sie die Sachen und schreiben Sie den passenden Satz dazu. Achten Sie dabei auf Genus und Numerus.

1. ....

2. ....

3. ....

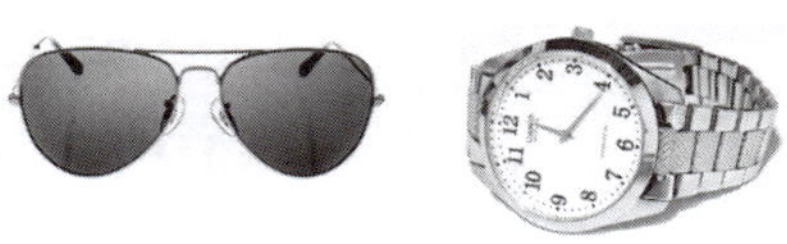

4. ....

5. ....

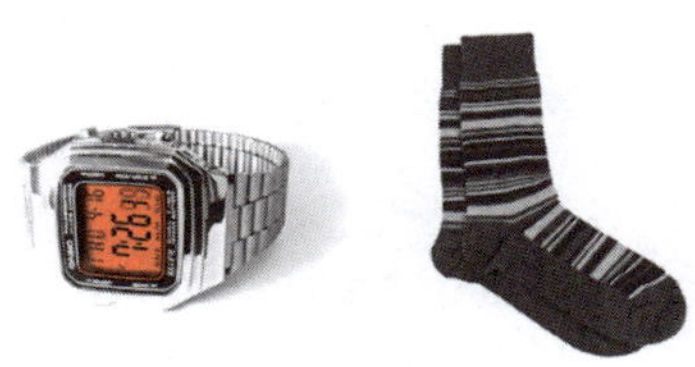

6. ....

SO LERNEN SIE BESSER

19 **Falsos amigos**

A. Hier sind einige Wörter aus dieser Lektion. Kreuzen Sie mit ≠ die „falschen Freunde“ an und mit = die Wörter, die in beiden Sprachen ähnlich sind.

☐ los electrodomésticos	☐ los libros	☐ las bebidas	☐ blanco
☐ la comida de gato	☐ las joyas	☐ las flores	☐ rosa (color)
☐ los medicamentos	☐ los zapatos	☐ las postales	
☐ la ropa de hombre	☐ la ropa	☐ las revistas	
☐ los pasteles	☐ los cosméticos	☐ las novelas	

B. Tragen Sie weitere Wörter mit den Zeichen = und ≠ ein. Dieser Trick hilft Ihnen beim Spanischlernen.

☐	☐ ....
☐	☐ ....
☐	☐ ....

20 **¿Quién? ¿Qué? ¿A quién? ¿A dónde?**

A. Diese Fragen helfen Ihnen herauszufinden, wie die Verben funktionieren:
Auf diese Weise wissen wir, ob ein Verb ein direktes

regalar
¿Quién regala? — *Una persona.*
¿Qué regala esa persona? — *Una cosa.*
¿A quién regala la persona esa cosa? — *A otra persona.*

necesitar
¿Quién necesita? — *Una persona.*
¿Qué necesita esa persona? — *Una cosa o a otra persona*.*

ir
¿Quién va? — *Una persona.*
¿A dónde va? — *A un lugar.*

(DO) oder indirektes (IO) Objekt bzw. Pronomen oder eine Präposition führen kann (oder muss):

¿Qué? ⟶ OD *¿A dónde?* ⟶ preposición
¿A quién? ⟶ OI

B. Kennen Sie andere Verben, die wie **regalar** funktionieren? Und wie **necesitar**? Und wie **ir**? Schreiben Sie diese auf.

Es gibt spanische Wörter, die Wörtern in Ihrer (oder einer anderen Ihnen bekannten) Sprache ähneln. Das kann Ihnen helfen oder aber Probleme verursachen, wenn die beiden Wörter in ihrer Bedeutung nicht ganz gleich oder gar sehr unterschiedlich sind. Bei diesen „falschen Freunden“ ist Vorsicht geboten.

Ein spanisches Verb kann einem Verb Ihrer (oder einer Ihnen bekannten) Sprache ähneln, es kann aber auch grammatikalische Unterschiede aufweisen: DO oder IO oder präpositionale Ergänzungen ... Deshalb ist es so wichtig, die Bedeutung eines Verbs zusammen mit dessen Ergänzungen zu lernen.

SELBSTBEWERTUNG

IM ALLGEMEINEN	☼	☼☁	☁☼	☁
Meine Teilnahme am Unterricht				
Meine Hausarbeiten				
Meine Fortschritte im Spanischen				
Meine Schwierigkeiten				

IM EINZELNEN					
Grammatik					
Wortschatz					
Phonetik und Aussprache					
Lesen					
Hören					
Schreiben					
Kultur					
Mündlicher Ausdruck					

LERNTAGEBUCH

Diese Lektion ist (sehr / ziemlich) interessant, besonders die Serie Mundos en contacto, wo von .... und von .... die Rede ist. In meinem Land sind die Sitten (gleich / ähnlich / sehr unterschiedlich). Die Geschäfte auf den Anfangsseiten der Lektion im Kursbuch sind (gleich / ähnlich wie / ganz anders als) die in meinem Land. Es ist auch eine sehr interessante Lektion, weil ich jetzt von Geschenken, Kleidungsstücken und Preisen sprechen kann. Auch kann ich .... Mir fällt .... am schwersten.

5 gente en forma

1. **Primeras palabras.** Nützlicher Wortschatz für die Lektion.
2. **Trabaja demasiado.** Wortschatz zu gesunden Gewohnheiten. Mengenangaben.
3. **Como mucho pescado.** Häufige Wortverbindungen von Verben und Nomen. Mengenangaben.
4. **Muy diferentes, muchas diferencias.** Der Gebrauch von **muy** und **mucho**.
5. **Erre que erre.** Die schriftliche Wiedergabe der Laute /ɾ/ und /r/.
6. **Los hábitos de Gloria.** Beschreibung von Gewohnheiten. Die Formen **muy** und **mucho/a/os/as.**
7. **El cuerpo.** Wortschatz zu den Körperteilen und ihren Bewegungen.
8. **Es bueno para...** Wortschatz zur Bewegung von Körperteilen. Ratschläge mit **es bueno para**.
9. **¿Yo, tú, él...?** Konjugation von Verben.
10. **Rutinas.** Regelmäßige und unregelmäßige Verben zur Beschreibung der alltäglichen Routine.
11. **Me acuesto pronto.** Regelmäßige und unregelmäßige Verben zur Beschreibung der alltäglichen Routine.
12. **Perdone, señora.** Interviews über gesunde Gewohnheiten.
13. **¿Unas vacaciones aburridas?** Eine E-Mail über den Urlaub. Regelmäßige und unregelmäßige Verben.
14. **Consejos.** Formen von **hay que, tienes que, es bueno / necesario / importante** mit **para** und **si**.
15. **Tengo un problema.** Ratschläge erteilen mit **tener que** und **poder** + Infinitiv.
16. **Un día en la vida de Milagros.** Reflexive und nicht reflexive Verben.
17. **Palabras que quiero recordar.** Lernstrategien.

Agenda

1

2

3

4

5

1 Primeras palabras

A. In dieser Lektion werden Ihnen die folgenden Wörter hilfreich sein. Kennen Sie sie? Ordnen Sie sie den Bildern zu.

salud .... alimentación .... hábitos .... ejercicio ....
estrés .... brazos .... dormir .... trabajar ....
fumar .... comer .... equilibrio .... cuerpo ....

B. Denken Sie an andere Wörter, die Ihnen für dieses Thema nützlich sein können.

2 Trabaja demasiado LA 1

Markieren Sie, auf welche dieser drei Personen diese guten und schlechten Gewohnheiten zutreffen.

1

2

3

-come demasiado ..3...
-bebe demasiado alcohol .....
-come muy poco ......
-come mucha fruta ......
-trabaja demasiado ......
-no toma azúcar ......
-duerme poco ......
-hace mucho deporte ......
-hace yoga ......
-toma demasiado café ......
-come muchos dulces ......
-fuma demasiado ......
-anda bastante ......
-no fuma ......
-va en bici ......
-juega al golf ......
-se acuesta muy tarde ......
-está mucho tiempo sentado/a ......

3 Como mucho pescado LA 1

A. Ergänzen Sie die folgenden Verben mit den entsprechenden Nomen. Es sind gebräuchliche Ausdrücke über gesunde Gewohnheiten.

~~pescado~~ alcohol agua fruta
carne café deporte
té gimnasia azúcar chocolate
yoga fibra dulces

COMER: ...pescado...
BEBER: ....
TOMAR: ....
HACER: ....

B. Welche dieser Gewohnheiten haben Sie? Formulieren Sie Sätze mit **mucho/a/os/as, bastante/s, poco/a/os/as, demasiado/a/os/as.**

No hago mucho deporte.

4 Muy diferentes, muchas diferencias LA 1

A. Leo und Félix sind zwei sehr unterschiedliche Personen. Ordnen Sie zu.

1. No tiene **mucho** tiempo libre. ....Leo........
2. Camina **mucho**. ....
3. Come **mucho**. ....
4. Tiene **muchos** animales. ....
5. Se va al campo **muchos** fines de semana. ....
6. Conoce a **mucha** gente importante. ....
7. Es **muy** ecologista. ....
8. Viaja **mucho** al extranjero. ....
9. Habla **muy** poco. ....
10. Hace **mucho** deporte. ....
11. Es **muy** simpático. ....
12. Le gustan **mucho** las plantas. ....
13. Habla lenguas extranjeras **muy** bien. ....
14. Lleva una vida **muy** sana. ....
15. Tiene **mucho** estrés. ....
16. Mira una pantalla **muchas** horas al día. ....

B. Sehen Sie sich die **fett gedruckten** Wörter genau an. Ergänzen Sie die Regeln und notieren Sie Beispiele dazu.

– .... benutzt man mit Adjektiven und Adverbien und es ist unveränderlich.
Zum Beispiel: ....

– .... benutzt man mit Substantiven. Es muss dem Genus und Numerus angepasst werden.
Zum Beispiel: ....

– .... benutzt man mit Verben und es ist unveränderlich.
Zum Beispiel: ....

C. Wählen Sie eine Person von den Bildern des Kursbuches aus und beschreiben Sie diese mit **muy, mucho, mucha, muchos, muchas**. Arbeiten Sie zu zweit und erraten Sie die Personen. Sie können auch mit einem/r Partner/in zusammen arbeiten und raten.

5 Erre que erre

28

Hören Sie die Wörter und achten Sie genau auf die Aussprache von **r** und **rr**. Sie werden bemerken, dass die Zunge ein oder mehrere Male vibriert.

carne deporte raqueta beber verdura
cintura querer aburro dormir dinero regular
horario Roma Rodríguez

6 Los hábitos de Gloria LA 1

Sehen Sie sich das Bild genau an und notieren Sie die Informationen, die Sie über Gloria herausfinden, mit **muy, mucho, mucha, muchos, muchas.**

7 El cuerpo LA 2

A. Wie heißen diese Körperteile? Suchen Sie nach neuen Wörtern.

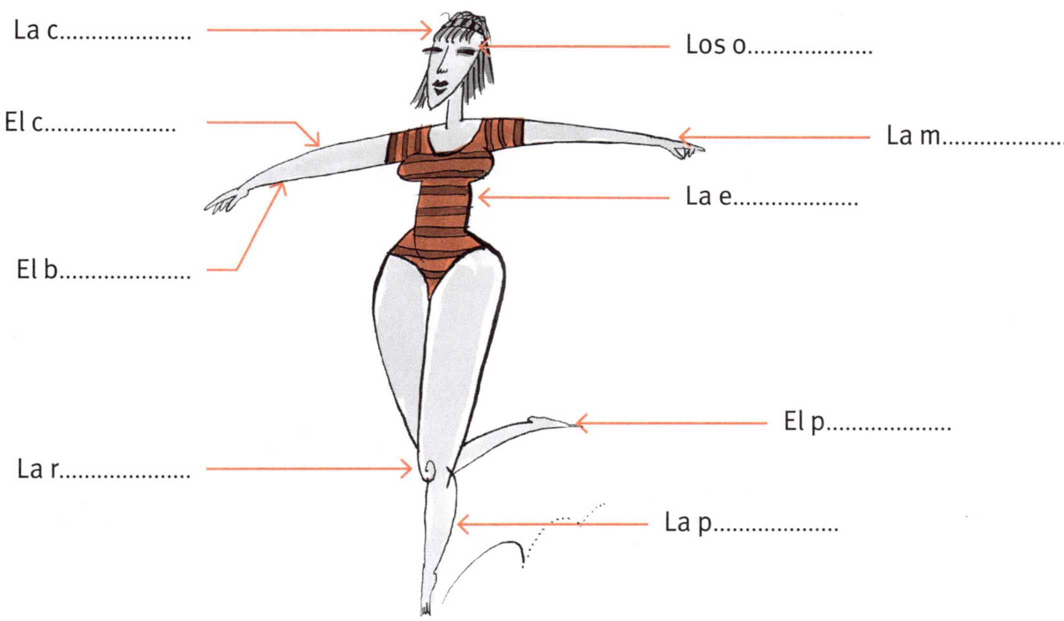

29

B. Hören Sie das Radioprogramm „Todos en forma“ und markieren Sie, welche Körperteile genannt werden.

C. Hören Sie die Aufnahme noch einmal und ordnen Sie zu.

 ☐ 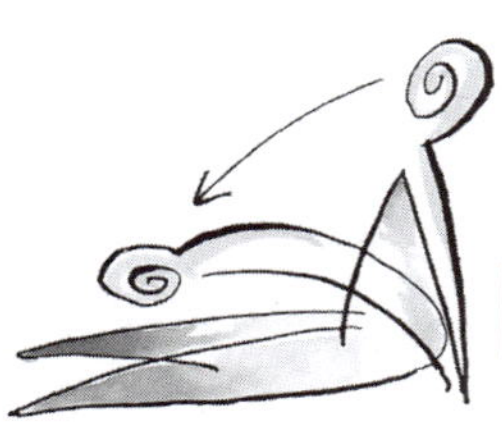 ☐  ☐

Primer ejercicio – 1
Segundo ejercicio – 2
Tercer ejercicio – 3

8 Es bueno para... LA 2

Welche Aktivität ist für welches Körperteil gut? Ordnen Sie zu und notieren Sie die Sätze.

ir en bicicleta →	la cintura
nadar	los brazos
jugar al ajedrez	la espalda
dar un paseo	las piernas
bailar	el corazón
jugar al golf	la mente
jugar al tenis	la circulación
hacer yoga	todo el cuerpo

Montar en bicicleta es bueno para las piernas. Y también subir escaleras y...

9 ¿Yo, tú, él...? LA 4

30

Hören Sie die acht Sätze und markieren Sie die grammatikalische Person.

	1	2	3	4	5	6	7	8
yo								
tú								
él, ella, usted								
nosotros/as								
vosotros/as								
ellos/as, ustedes								

10 Rutinas LA 4

A. Sehen Sie sich die Personen genau an und ordnen Sie die Beschreibungen zu.

1. Los jueves **se levanta** a las siete para ir al mercado. **Da** un paseo todos los días y **se acuesta** siempre a las once. Tiene dos hijos y seis nietos. ....
2. Los fines de semana **va** a un club de jazz. Cada semana **escribe** un correo electrónico a su madre, que es alemana. No **hace** mucho deporte, pero a veces va al gimnasio. ....
3. Los martes **juega** al fútbol con sus amigos del colegio. **Duerme** siempre más de ocho horas. Por la tarde **estudia** en casa y **ve** la tele. ....
4. **Quieren** comprar un coche, pero ahora no **tienen** dinero. **Comen** siempre juntos en casa: él **cocina** muy bien. **Piensan** demasiado en el trabajo. ....

B. Notieren Sie nun die jeweilige Infinitivform der **fett gedruckten** Verben.

se levanta ⟶ *levantarse*

11 Me acuesto pronto LA 4

Ergänzen Sie mit der passenden Verbform. Es darf aber kein Verb wiederholt werden.

ir | levantarse | empezar | acostarse | tener | hacer | preferir | ducharse | bañarse | ver

1. ● ¿A qué hora .... vosotros normalmente?
   ○ Yo, a las ocho, pero María, a las siete y media porque .... clase en la universidad a las nueve.
2. ● Carlos .... a las diez y media de la noche, porque .... a trabajar a las seis de la mañana.
3. ● Y tú, Marta, ¿Qué .... normalmente en vacaciones?
   ○ Bueno, nada especial, mi marido y yo .... al apartamento de mis padres en Benidorm.
4. ● ¿Qué .... , ducharte o bañarte?
   ○ Bueno, pues normalmente .... , pero a veces, especialmente los fines de semana, ...
5. ● ¿Y tus hijos .... mucho la televisión?
   ○ ¡Uf! Muchísimo, dos o tres horas cada día.

12 Perdone, señora LA 6

31-32

Hören Sie das Radioprogramm und markieren Sie (in der Tabelle), wer die jeweilige Auskunft gibt.

	LA SEÑORA	EL SEÑOR
Anda mucho: una hora diaria.		
Fuma y toma café.		
Juega al tenis.		
No toma café.		
Come mucha fruta.		
Juega al golf.		
Come mucha verdura.		
Toma mucha fibra.		

13 ¿Unas vacaciones aburridas? LA 6

A. Arturo erzählt, wie er einen normalen Urlaubstag verbringt. Entspricht das Ihrem idealen Urlaub? Warum?

De: arturo.dominguez@tucorreo.dif
Asunto: ¿Cómo van las vacaciones?

Querido amigo:
¿Qué tal? Te escribo desde Marazuela, el pueblo de mis padres. Estoy aquí de vacaciones con la familia. Es un lugar muy bonito y muy tranquilo: ideal para descansar y olvidar el estrés. Todas las mañanas voy con mi madre a hacer la compra al mercado. Después vamos todos a la piscina municipal. Luego comemos siempre en casa y más tarde duermo la siesta. Por las tardes doy un paseo, tomo una cervecita y juego a las cartas con algún amigo o voy al cine. Como ves, no hago nada especial. Bueno, no todo es tan aburrido: algunos días hacemos excursiones y, a veces, nos bañamos en un río que está cerca. La verdad es que me aburro un poco. ¿Quieres venir tú unos días aquí a aburrirte conmigo? ¡Aburrirse es bueno contra el estrés!
Un montón de besos,
Arturo

B. Ergänzen Sie die Verbformen aus Arturos Email aus und vervollständigen Sie die Tabelle.

		aburrirse	querer			hacer	dar			estar	ser
yo											
tú				duermes				tomas			
él, ella, usted			quiere		juega				va		
nosotros/as											
vosotros/as	os bañáis										
ellos/as, ustedes						hacen	dan				

C. Sehen Sie sich die Tabelle genau an und ergänzen Sie die Regeln des Präsens der spanischen Verben im Indikativ.

Im Spanischen gibt es drei Verbgruppen: Verben, die auf **–AR**, auf **–ER** und auf **–IR** enden. Viele dieser Verben sind regelmäßig (*tomar*, *comer*, ...), es gibt aber auch unregelmäßige:

– Bei Verben mit **e** wird dieser Vokal zu .... in den Formen von **yo, tú, él/ella** und ....

Zum Beispiel: *querer*, ... , ...

– Bei Verben mit **o** (oder **u**) wird dieser Vokal zu .... in den Formen von *yo*, ..., ... und ....

Zum Beispiel: .... , ... , ...

– Verben, bei denen die 1. Person Singular unregelmäßig ist.

Zum Beispiel: *hacer*, ... , ...

D. Beantworten Sie Arturos Nachricht und erzählen Sie ihm, wie Sie den Urlaub verbringen.

De: arturo.dominguez@tucorreo.dif

Asunto: ¿Cómo van las vacaciones?

Querido Arturo:

¡Qué ilusión tu correo! Por aquí todo va muy bien...

14 Consejos LA 7

Notieren Sie Ihre persönliche Meinung zu diesen Ideen.

hay que | es bueno | tienes que | es necesario | es importante

1. Si quieres aprender español...
2. Si quieres comer bien...
3. Para tener buenos amigos...
4. Si quieres ganar mucho dinero...
5. Para conseguir un buen trabajo...
6. Para ser feliz...
7. Para no tener problemas con la pareja...
8. Para ahorrar/no gastar energía...

Si quieres aprender español tienes que ver películas hispanas en versión original y...

15 Tengo un problema LA 7

Geben Sie diesen Personen einen praktischen Rat. Sie können **tener que** + Infinitiv oder **poder** + Infinitiv benutzen.

1. ● Últimamente siempre estoy cansado.

   ○ ....

2. ● Necesito un ordenador, pero estoy mal de dinero para comprarlo.

   ○ ....

3. ● Mi suegra es viuda y está siempre en mi casa. ¡No tengo vida privada!

   ○ ....

4. ● Quiero aprender español, pero ahora no puedo ir a España.

   ○ ....

16 Un día de la vida Milagros LA 9

Ergänzen Sie den Text mit dem Reflexivpronomen **se** – aber nur dort, wo es notwendig ist.

Milagros ...se... despierta, ... ducha, ... viste a eso de las 7:30 h. Después .... despierta a su hijo Nicolás, le ayuda a vestir .... y, entonces, ... desayunan juntos. A las 8:30 .... salen de casa, ... van hasta la parada del autobús y, allí, Milagros .... despide de Nicolás con un beso. A las 9:00 h .... llega a la oficina y .... pone a trabajar hasta la hora de la pausa, las 11:00 h más o menos. A esa hora, ... sale a desayunar algo, normalmente un bocadillo en el bar de la esquina. A las 12:00 h .... sienta otra vez a trabajar en su escritorio, hasta las 14:00 h. Como .... trabaja lejos de casa, ... queda a comer cerca de la oficina, en un restaurante de menú. Después de la comida, ... continúa trabajando. A las 17:00 h .... va de la oficina. Algunas tardes .... hace la compra y .... limpia la casa y otras .... juega al tenis con unas amigas, mientras su madre .... ocupa de Nicolás. A las 21:00 h .... prepara la cena para todos. A las 23:30 h .... relaja un rato viendo la tele hasta la hora de dormir.

17 Palabras que quiero recordar

Notieren Sie fünf Wörter dieser Lektion, die erinnernswert erscheinen, zusammen mit ihrer Bedeutung.

SO LERNEN SIE BESSER

18 **Las palabras en su contexto** LA 7

A. In diesen beiden Textauszügen fehlen einige Wörter. Können Sie den allgemeinen Sinn verstehen?

EL EJERCICIO FÍSICO Y LA ALIMENTACIÓN

[...] No es necesario hacer ejercicios físicos (a) xxxxxxx o violentos. Un (b) xxxxxxx paseo diario de una hora es tan bueno como media hora de bicicleta. Es importante (c) xxxxxxx el ejercicio físico de forma (d) xxxxxxx y constante: todos los días, o tres o cuatro veces por semana. [...]

EL EQUILIBRIO ANÍMICO

[...] unos hábitos regulares (e) xxxxxxx también una (f) xxxxxxx ayuda: acostarse y levantarse cada día a la (g) xxxxxxx hora, y tener horarios regulares diarios para el (h) xxxxxxx, la comida y la cena.

B. Versuchen Sie nun, das Wort oder die Wörter aufzuschreiben, die in der Lücke passen könnten. Es gibt mehrere Möglichkeiten.

a. .... e. ....
b. .... f. ....
c. .... g. ....
d. .... h. ....

C. Sehen Sie sich die nummerierten Wörter im Text an und finden Sie ein spanisches Synonym oder eine ähnliche Wendung in Ihrer Sprache. Überprüfen Sie anschließend Ihre Vermutungen mit Hilfe des Wörterbuches.

[...] La (a) preocupación por las enfermedades y por la muerte (b) contribuye a (c) aumentar las emociones negativas. Ver la vida de forma positiva y (d) evitar los sentimientos de (e) culpabilidad puede ser una buena ayuda para (f) conseguir el equilibrio psíquico. [...]

a. .... d. ....
b. .... e. ....
c. .... f. ....

Wenn wir etwas in einer Fremdsprache lesen, fühlen wir uns unsicher und möchten alles ganz genau verstehen. Es sind jedoch nicht alle Wörter wichtig, um Sinn zu verstehen.
Die Bedeutung vieler Wörter und Redewendungen kann man aus dem jeweiligen Kontext erschließen: das Thema des Textes oder die Wörter, die jeweils davor oder danach stehen.
Manchmal hilft uns auch die Ähnlichkeit mit Wörtern aus anderen Sprachen weiter.

SELBSTBEWERTUNG

IM ALLGEMEINEN				
Meine Teilnahme am Unterricht				
Meine Hausarbeiten				
Meine Fortschritte im Spanischen				
Meine Schwierigkeiten				

IM EINZELNEN					
Grammatik					
Wortschatz					
Phonetik und Aussprache					
Lesen					
Hören					
Schreiben					
Kultur					
Mündlicher Ausdruck					

LERNTAGEBUCH

In dieser Lektion erscheint mir .... am interessantesten, hingegen finde ich .... nicht so interessant. Ich glaube, dass ich jetzt viel besser ...., obwohl ich immer noch einige Probleme habe. Hinsichtlich der Aufgabentypen ziehe ich im Allgemeinen .... vor, aufgrund ....: Die Aufgaben .... erscheinen mir sehr nützlich. Auf einigen Seiten ist vom Alltag der Spanier die Rede; im Vergleich zu uns finde ich, dass sie ...., während wir ....

6 gente que come bien

1. **Primeras palabras.** Nützlicher Wortschatz für die Lektion.
2. **Me gusta muchísimo.** Mengenangaben. Wortschatz zu Nahrungsmitteln.
3. **La lista de la compra.** Wortschatz: Maßeinheiten und Verpackungen.
4. **En la sección de lácteos.** Wortschatz: Gemüse, Fisch, Fleisch.
5. **Hacer la compra.** In Geschäften nach dem Preis fragen. Gespräche in einem Laden.
6. **Test sobre alimentación saludable.** Ernährungsgewohnheiten. Adverbien der Häufigkeit.
7. **Soy alérgico a los frutos secos.** Redemittel zu Fragen nach den Beschaffenheiten einer Speise.
8. **Platos típicos.** Redemittel zur Beschreibung von Speisen. Rezepte spanischer und lateinamerikanischer Gerichte.
9. **De primero...** Vorspeise, Hauptgericht und Nachspeise.
10. **En el restaurante.** Grundlagen einer Unterhaltung im Restaurant.
11. **Cosas de cocina.** Wortschatz: Küchengeräte.
12. **Puré de manzana.** Rezepte. Die unpersönliche Form **se**.
13. **¿Cómo se comen?** Wortschatz zur Zubereitung von Speisen.
14. **Pollo con ciruelas.** Rezepte. Die direkten Objektpronomen **lo/la, los/las**.
15. **Un producto típico español.** Wortschatz zu Maßeinheiten. Erläuterungen.
16. **Pepe y Elvira.** Wiederholung des Wortschatzes.

Agenda

1 Primeras palabras

A. Kennen Sie die Bedeutung dieser Wörter? Ordnen Sie sie den Bildern zu.

chorizo .... lata de refresco .... menú .... sartén ....
aceite .... dieta .... tortilla de patata .... postre ....
pescado .... receta .... verdura .... huevos .... patatas ....

B. Notieren sie weitere Wörter, die Ihnen für diese Lektion nützlich erscheinen.

2 Me gusta muchísimo LA 1

A. Klassifizieren Sie die Produkte auf den Seiten 68 und 69 des Kursbuches nach Ihren Vorlieben.

Me gusta muchísimo...	Me gusta bastante...	No me gusta mucho...	No me gusta nada...
el queso			
Me gustan muchísimo...	**Me gustan bastante...**	**No me gustan mucho...**	**No me gustan nada...**

B. Notieren Sie weitere Beispiele. Benutzen Sie das Wörterbuch oder fragen Sie ihre/n Kursleiter/in.

3 La lista de la compra LA 2

A. Ergänzen Sie die beiden Einkaufslisten mit den entsprechenden Mengeneinheiten.

paquetes · docena · cartón · litros · barra · kilos · gramos · latas · paquete · botella

2 .... de leche
1 .... de azúcar
3 .... de cerveza
1 .... de huevos
2 .... de manzanas

1 .... de leche
1 .... de vino tinto
250 .... de queso
3 .... de macarrones
1 .... de pan

B. Suchen Sie im Kursbuch oder im Internet Produktbezeichnungen, die sich mit den folgenden Wortgruppen kombinieren lassen.

Un paquete de	Una botella de ....
Un litro de	Una lata de ....
Un cartón de	Una jarra de ....
Una barra de	Un kilo de ....
Un tarro de	200 gramos de ....

Bei der Internetsuche können Sie die Suche auf ein Thema begrenzen. Schreiben Sie in das Suchfeld das Thema, das Sie suchen, und den Satz in Anführungszeichen, zum Beispiel: *comida „una botella de"*.

4 En la sección de lácteos LA 2

A. Helfen Sie dem neuen Angestellten des Supermarktes „La Cesta" bei der Zuordnung der Produkte!

chorizo · leche · cerveza · truchas · jamón · garbanzos · gambas · sandía · yogur · naranjas · cava · limones · cordero · espárragos · manzanas · cerdo · cebollas · vino · pollo · sardinas · queso · guisantes

VERDURA	LEGUMBRES	EMBUTIDO	PESCADO	CARNE
		chorizo		

B. Ergänzen Sie weitere Nahrungsmittel.

5 Hacer la compra LA 2

33

A. Hören Sie und markieren Sie die entsprechenden Antworten.

1. ¿Qué dice el cliente para preguntar el precio de un producto?
   - ☐ ¿Cuánto valen las fresas?
   - ☐ ¿A cuánto están las fresas?
   - ☐ ¿Cuánto cuestan las fresas?

2. ¿Y para preguntar el precio total?
   - ☐ ¿Cuánto es todo?
   - ☐ ¿Cuánto vale todo?
   - ☐ ¿Cuánto cuesta todo?

3. ¿Qué artículos compra?
   - ☐ Fresas, huevos y azúcar.
   - ☐ Jamón, azúcar y fresas.
   - ☐ Leche, jamón y huevos.

B. Ergänzen Sie den Dialog in einem Laden.

● Hola, buenos días. ¿Qué le pongo?

❍ ....

● Pues sí, tenemos estos, que son fantásticos.

❍ ....

● Un kilo, muy bien. ¿Algo más?

❍ ....

● A dos euros la docena.

❍ ....

● Pan no tenemos. Lo siento.

❍ ....

● A ver, son... 3 euros con 20 céntimos.

❍ ....

● Gracias a usted. Hasta luego.

❍ ....

6 Test sobre alimentación saludable LA 4

A. Beantworten Sie die diesen Ernährungstest und vergleichen Sie Ihre Antworten.

¿TE ALIMENTAS DE FORMA SANA?

1. ¿Comes carne de cerdo?
   - ☐ a. Sí, **una vez por semana**.
   - ☐ b. Sí, **cinco veces por semana**.
   - ☐ c. No, **nunca**.

2. ¿Comes huevos?
   - ☐ a. Sí, **dos por semana**.
   - ☐ b. Sí, **cada día**.
   - ☐ c. No, **casi nunca**.

3. ¿Tomas alcohol?
   - ☐ a. Sí, un poco de vino **con las comidas**.
   - ☐ b. Sí, **todos los días** tomo alguna copa (whisky, coñac) y cerveza.
   - ☐ c. No, no tomo alcohol.

4. ¿Comes “comida rápida”?
   - ☐ a. Sí, **de vez en cuando**.
   - ☐ b. Sí, **a menudo**.
   - ☐ c. No, **nunca** he estado en un McDonald’s.

5. ¿Bebes agua?
   - ☐ a. Sí, un litro y medio **al día**.
   - ☐ b. ¿Agua? Sí, en la ducha.
   - ☐ c. Sí, tres litros **al día**.

6. ¿Comes pescado?
   - ☐ a. **Una o dos veces por semana**. Sobre todo a la plancha.
   - ☐ b. No, no me gusta mucho. Lo como **muy raramente**.
   - ☐ c. Sí, lo como **un día sí, un día no**.

7. Las ensaladas...
   - ☐ a. me gustan. Las como **siempre que puedo**.
   - ☐ b. **no** las como **muy a menudo**. Prefiero los fritos.
   - ☐ c. son mi plato preferido. Como ensalada **en cada comida**.

Si tienes mayoría de respuestas...
a: *te alimentas equilibradamente.*
b: *cuidado, tienes que cambiar algunos hábitos.*
c: *te alimentas bien pero no hay que exagerar. No hay que ser tan estricto con la dieta...*

B. Sehen Sie sich die **fett gedruckten** Zeitangaben genau an. Ergänzen Sie nun die Lücken mit Lebensmitteln. Ernähren Sie sich gesund?

Piensa en algún alimento que tomas...

– en cada comida: ....
– todos los días: ....
– un día sí, un día no: ....
– dos o tres veces por semana: ....
– a menudo: ....
– siempre que puedes: ....
– de vez en cuando: ....
– no muy a menudo: ....
– raramente: ....
– casi nunca: ....
– nunca: ....

7 Soy alérgico a los frutos secos LA 5

A. Es ist oft sehr wichtig zu wissen, welche Nahrungsmittel ein Gericht enthält. Denken Sie an eine bestimmte Person und beantworten Sie die Fragen.

1. Alguien que es alérgico a algún tipo de comida. ¿Quién? .... ¿A qué cosa? ....
2. Alguien que no puede tomar algún alimento. ¿Quién? .... ¿Qué cosa? ....
3. Alguien a quien no le gusta un sabor. ¿Quién? .... ¿De qué cosa? ....

B. Ordnen Sie zu.

lleva carne | tiene gas | lleva harina de trigo | lleva cacahuetes | lleva alcohol | tiene mucha grasa | lleva salsa roquefort | lleva gambas

– ¿ ......Lleva carne...... ? Es que soy vegetariano.
– ¿ .... ? Es que soy alérgico a los frutos secos.
– ¿ .... ? Es que no me sienta bien el marisco.
– ¿ .... ? Es que me sientan mal las bebidas con gas.
– ¿ .... ? Es que no puedo comer gluten.
– ¿ .... ? Es que no me gusta el queso.

C. Gibt es ein Lebensmittel, das Sie vermeiden müssen? Suchen Sie es im Wörterbuch oder fragen Sie Ihre/n Kursleiter/in.

8 Platos típicos LA 6

A. Lesen Sie die Definitionen und ordnen Sie zu.

1 Es una sopa fría, de origen andaluz. Lleva tomates, pimientos, cebolla, pan, ajo, aceite, vinagre y agua. Se toma especialmente en verano.

2 Se prepara con trozos de tomate, pimiento, cebolla y otras verduras, cocinados muy despacio. Se toma con huevos fritos. Es un plato muy típico de La Mancha.

3 Es el plato español más conocido. El ingrediente principal es el arroz, pero lleva muchas otras cosas: se puede poner pescado, pollo, conejo u otras clases de carne. Lleva algunas verduras y, muchas veces, marisco. Su origen está en Valencia, pero se come en todo el país.

4 Es un plato típico de Madrid. Lleva muchísimas cosas: garbanzos, chorizo, carne de cerdo, verduras, etc. Primero, se toma una sopa de fideos y, luego, las verduras y las carnes con las que se ha hecho la sopa. Se come especialmente en invierno porque es un poco pesado.

☐ **Pisto** ☐ **Paella** ☐ **Cocido** ☐ **Gazpacho**

B. Zu zweit oder in Gruppen: Wählen Sie jeweils ein Gericht und suchen Sie im Internet nach Informationen. Stellen Sie sich dann gegenseitig Fragen dazu.

9 De primero... LA 7

A. Jedes dieser Gerichte hat einen bestimmten Platz in einem spanischen Menü. Welchen?

- Ensalada mixta
- Sancocho
- Ensaimada
- Locro
- Bienmesabe
- Ceviche
- Fideuá
- Pozole
- Dulce de leche
- Zarangollo
- Arroz con patacones (o tostones)

¿Es un postre / un primer plato...?
¿Lleva harina / leche...?
¿Se hace al horno / a la plancha...?
¿Se toma a mediodía / por la noche / a cualquier hora / en días especiales...?
¿Se come en España / Venezuela / Chile...?

B. Ergänzen Sie das Menü mit diesen Speisen.

- filete de ternera con patatas
- judías verdes con patatas
- flan
- costillas de cerdo
- helado
- crema de champiñones
- calamares a la romana
- huevos con chorizo
- manzana al horno
- pollo asado
- merluza a la romana
- espárragos con mayonesa
- sopa de pescado
- ensaladilla rusa
- salmorejo
- tarta de Santiago
- crema catalana
- yogur natural

MENÚ DEL DÍA

Primer Plato	Segundo Plato	Postre
Sopa de pescado	Calamares a la romana	Crema catalana
....	....	....
....	....	....
....	....	....
....	....	....

10 En el restaurante LA 7

Bringen Sie die Sätze dieses Gespräches zwischen einem Kellner und einem Gast in die richtige Reihenfolge.

CAMARERO
- ● ¿Qué va a tomar?
- ● ¿Y para beber?
- ● Ahora mismo. ¿De postre quiere algo?
- ● Es bacalao fresco, fantástico...
- ● ¿Y de segundo?

CLIENTE
- ❍ Pues entonces bacalao.
- ❍ Por favor, un poco más de agua.
- ❍ Pues de primero la sopa de la casa.
- ❍ No, gracias. Un café solo y me trae la cuenta, por favor.
- ❍ Agua mineral sin gas.
- ❍ A ver... ¿El bacalao qué tal?

● ....
❍ ....
● ....
❍ ....
● ....
❍ ....
● ....
❍ ....

(un rato después)

❍ ....
● ....
❍ ....

11 Cosas de cocina LA 9

Ergänzen Sie die Namen der Küchenutensilien.

12 Puré de manzana LA 9

A. Ordnen Sie zu, um das vollständige Rezept für Apfelmus zu erhalten.

Se pelan	un poco de mantequilla en una cacerola
y se cortan	las manzanas con un poco de sal.
Después, se calienta	durante diez minutos.
y se añaden	las manzanas
Se pone	en trozos pequeños.
y se hierve todo	un vaso de agua y medio de vino blanco

B. Schreiben Sie das Rezept Ihrer Lieblingsspeise auf.

13 **¿Cómo se comen?** LA 9

Nennen Sie je zwei Nahrungsmittel als Beispiele, aber ohne zu wiederholen.

1. Se comen crudos: ....plátanos...... , ...
2. Se hacen a la plancha: .... , ...
3. Se hacen en una sartén: .... , ...
4. Llevan salsa: .... , ...
5. Se hierven: .... , ...
6. Se comen sin sal: .... , ...
7. Se asan en el horno: .... , ...
8. Se pelan: .... , ...

14 **Pollo con ciruelas** LA 9

In diesem Rezept gibt es zu viele Wiederholungen. Schreiben Sie den Text neu und setzen Sie an den notwendigen Stellen die Pronomen für das direkte Objekt (DO) **lo**, **la**, **los**, **las** ein.

POLLO CON CIRUELAS

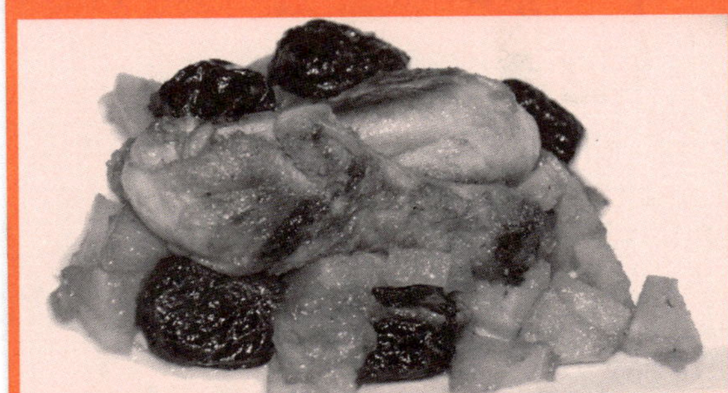

INGREDIENTES
para cuatro personas

- 1 pollo mediano
- 2 vasos de vino blanco
- 1 cebolla grande
- 1 vaso (pequeño) de jerez
- 250 gr de ciruelas pasas
- sal y pimienta

PREPARACIÓN

Primero, hay que cortar el pollo en trozos y limpiar **los trozos de pollo** y salar **los trozos**. Después, poner un poco de aceite en una cacerola, calentar **el aceite** y freír el pollo por los dos lados durante diez minutos, retirar **el pollo** y guardar **el pollo**. En el mismo aceite, echar la cebolla y freír **la cebolla**. Es mejor freír **la cebolla** a fuego lento, así no se quema. Luego, añadir el pollo y poner en la cacerola las ciruelas y mezclar bien **las ciruelas** con el pollo y con la cebolla. Añadir el vino y el jerez y dejar cocer durante 25 minutos.

15 Un producto típico español LA 9

A. Ergänzen Sie. Senkrecht ergibt sich ein typisch spanisches Produkt.

1. Es una fruta que se cultiva mucho en el Mediterráneo. Su zumo se toma muy a menudo para desayunar.
2. Es un objeto metálico para conservar alimentos.
3. Es un marisco rojo, muy rico a la plancha. Se pone también en la paella.
4. Se toma después del segundo plato.
5. Es una bebida. Puede ser blanco, tinto o rosado.

_ _ _ _ _ □ _

_ □ _ _

_ _ □ _ _

_ □ _ _ _ _

_ _ □ _

B. Schreiben Sie die Definition zweier spanischer Produkte. Die anderen Kursteilnehmer/innen müssen erraten, um was es sich jeweils handelt.

Es...

16 Pepe y Elvira LA 11

Elvira erzählt uns, was sie und Pepe heute gegessen haben. Lesen Sie den Text und ergänzen Sie die entsprechenden Wörter.

al horno | tapas | patatas | fruta | aperitivo
leche | bocadillo | mantequilla | postre | zumo

Hoy, para desayunar, hemos tomado un café con .... , ... de naranja y pan con .... y mermelada. A eso de las dos hemos ido a una cervecería del centro para tomar el .... con unos amigos: un par de vinos y unas .... Hemos comido tarde, a las tres y pico, en casa de la madre de Pepe. Nos ha preparado un pescado .... con .... que estaba riquísimo, y de .... ha hecho natillas. Para cenar, yo no he tomado casi nada, solo un poco de .... , pero Pepe se ha preparado un .... de jamón y queso.

SO LERNEN SIE BESSER

17 Libro de reclamaciones

34

A. Sie hören ein Gespräch zwischen zwei Personen. Lesen Sie zunächst die Fragen, hören Sie dann den Dialog und beantworten Sie die Fragen.

1. Wo befinden sich die Gesprächspartner?

- ☐ **a.** In einem Geschäft.
- ☐ **b.** Im Theater.
- ☐ **c.** Im Restaurant.

2. Welche Beziehung besteht zwischen den beiden Personen?

- ☐ **a.** Sie sind befreundet.
- ☐ **b.** Die eine ist Bedienung, die andere Gast.
- ☐ **c.** Die eine ist Bedienung, die andere Restaurant Manager.

3. Worüber sprechen die beiden?

- ☐ **a.** Über die Preise.
- ☐ **b.** Über Politik.
- ☐ **c.** Über den Service.

4. In welcher Stimmung ist die Frau?

- ☐ **a.** Sie ist guter Laune.
- ☐ **b.** Sie ist traurig.
- ☐ **c.** Sie ist verärgert.

5. Welchen Grund gibt es für Ihre Stimmung?

- ☐ **a.** Es ist laut.
- ☐ **b.** Sie bekommt nicht, was sie bestellt hat.
- ☐ **c.** Es ist heiß.

6. Wie reagiert der Mann?

- ☐ **a.** Er ist überrascht.
- ☐ **b.** Er ist verärgert.
- ☐ **c.** Er bittet um Verzeihung.

B. Was genau hat Ihnen das Beantworten der Fragen erleichtert?

a. Die Geräuschkulisse:

- ☐ ja
- ☐ nein
- ☐ ein bisschen

b. Die Haltung und der Tonfall der Sprecher:

- ☐ ja
- ☐ nein
- ☐ ein bisschen

c. Schlüsselwörter:

.... ,

.... ,

....

C. Hören Sie die Aufnahme noch einmal. Müssen Sie alle Wörter kennen, um die Situation zu verstehen?

Eine Unterhaltung zu verstehen, ist etwas mehr, als nur zu hören, was gesprochen wird: Man muss verstehen, was geschieht. Um das zu erreichen, ist es nicht notwendig, die Bedeutung jedes einzelnen Wortes zu kennen – das haben Sie soeben gemerkt, nicht wahr?

SELBSTBEWERTUNG

IM ALLGEMEINEN				
Meine Teilnahme am Unterricht				
Meine Hausarbeiten				
Meine Fortschritte im Spanischen				
Meine Schwierigkeiten				

IM EINZELNEN					
Grammatik					
Wortschatz					
Phonetik und Aussprache					
Lesen					
Hören					
Schreiben					
Kultur					
Mündlicher Ausdruck					

LERNTAGEBUCH

In dieser Lektion erscheint mir .... am interessantesten, hingegen finde ich .... nicht so interessant. Ich glaube, ich habe über .... viel gelernt, obwohl ich immer noch einige Probleme mit .... habe. Ebenso habe ich .... und .... gelernt. Um die neuen Wörter nicht zu vergessen, mache ich .... und manchmal .... Ich möchte gerne den/die Kursleiter/in bitten, weitere Aufgaben zu .... zu machen. Im Allgemeinen glaube ich, ... (ausgezeichnete / gute / mäßige / kaum) Fortschritte zu machen.

7 gente que trabaja

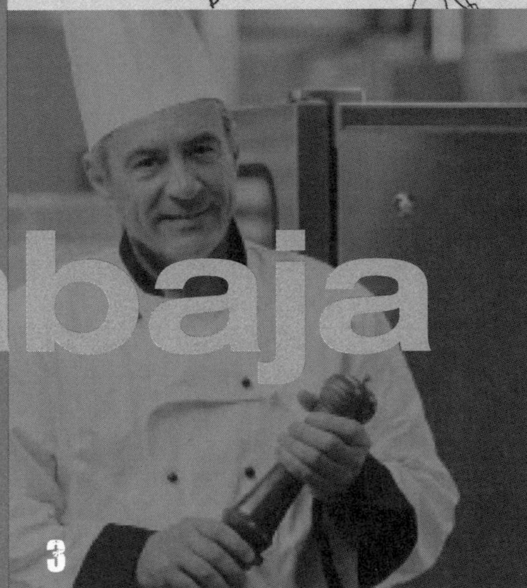

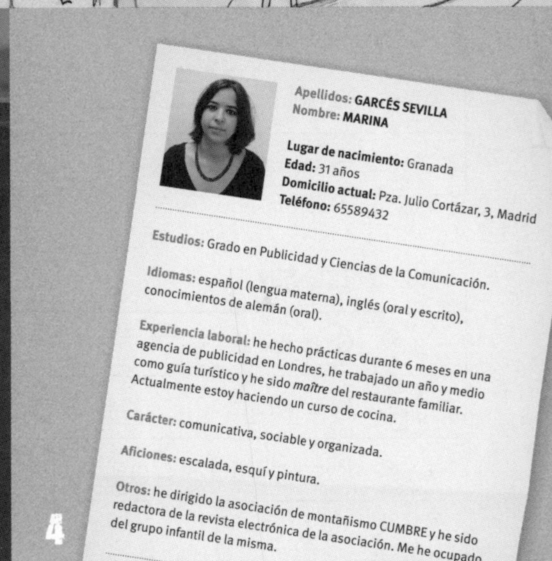

Apellidos: GARCÉS SEVILLA
Nombre: MARINA

Lugar de nacimiento: Granada
Edad: 31 años
Domicilio actual: Pza. Julio Cortázar, 3, Madrid
Teléfono: 65589432

Estudios: Grado en Publicidad y Ciencias de la Comunicación.

Idiomas: español (lengua materna), inglés (oral y escrito), conocimientos de alemán (oral).

Experiencia laboral: he hecho prácticas durante 6 meses en una agencia de publicidad en Londres, he trabajado un año y medio como guía turístico y he sido *maître* del restaurante familiar. Actualmente estoy haciendo un curso de cocina.

Carácter: comunicativa, sociable y organizada.

Aficiones: escalada, esquí y pintura.

Otros: he dirigido la asociación de montañismo CUMBRE y he sido redactora de la revista electrónica de la asociación. Me he ocupado del grupo infantil de la misma.

1 Primeras palabras

A. Kennen Sie die Bedeutung dieser Wörter? Ordnen Sie sie den Bildern zu.

currículum .... oficina .... tocar el piano ....
trabajo .... experiencia .... cocinero ....
enfermera .... peluquería .... profesión ....

B. Notieren Sie weitere Wörter, die Ihnen für diese Lektion nützlich sein können.

2 Profesiones y razones LA 3

A. Ergänzen Sie diese zwei Listen und begründen Sie Ihre Wahl.

Las profesiones que más me gustan	Las profesiones que menos me gustan
....	....
....	....
....	....
....	....

B. Tauschen Sie sich im Kurs darüber aus. Kommt ein Beruf mehrmals vor? Stimmen Ihre Gründe überein?

- ● *A mí las tres que más me gustan son médico, bombero y científico.*
- ○ *A mí bombero no me gusta nada porque es un trabajo de mucha responsabilidad y muy estresante. Además es muy peligroso.*
- ■ *Pues a mí me gusta porque no es nada monótono y porque ayudas a la gente.*

3 Las profesiones de mis conocidos LA 1

Beschreiben Sie mit Hilfe des Wörterbuches den Beruf Ihrer Freunde, Familie und Bekannten.

Mi padre trabaja en una agencia de publicidad.

Mi hermana da clases de repaso.

Mi amiga Hannah organiza fiestas y eventos para empresas.

Oft gibt es für eine Arbeit keine konkrete Berufsbezeichnung, deshalb benutzen wir den Arbeitsplatz, den Sektor, oder wir beschreiben einfach, was derjenige macht.

4 ¿Qué están haciendo? LA 4

A. Ordnen Sie die Sätze den Personen im Bild zu.

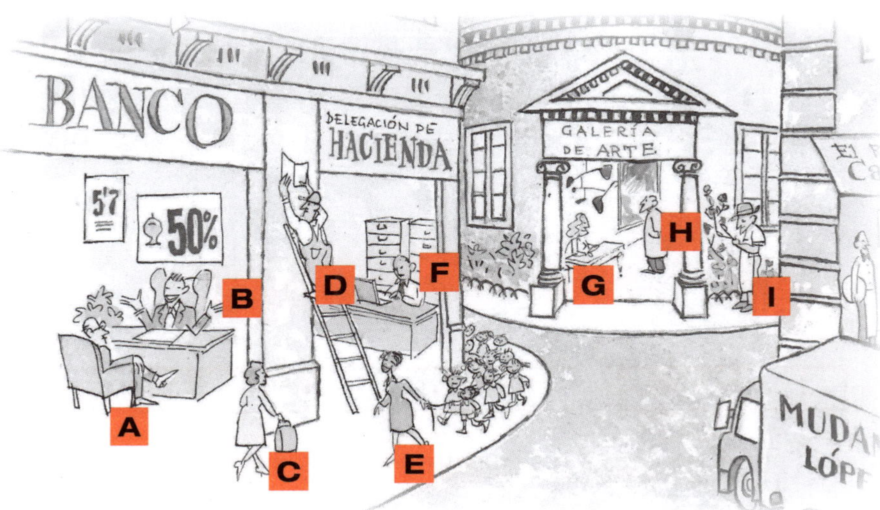

- ☐ 1. Está haciendo una reparación.
- ☐ 2. Está dando un paseo.
- ☐ 3. Están yendo de excursión.
- ☐ 4. Está pidiendo un crédito.
- ☐ 5. Está escribiendo un correo electrónico.
- ☐ 6. Está mirando un cuadro.
- ☐ 7. Está cuidando las plantas.
- ☐ 8. Está diciéndole algo a un cliente.
- ☐ 9. Está leyendo un folleto.

B. Unterstreichen Sie die Gerundiumformen und schreiben Sie den Infinitiv dazu auf. Welche Formen sind unregelmäßig?

C. Sehen Sie diese Bilder genau an und beschreiben Sie, was die Personen gerade machen.

1 .... 2 .... 3 .... 4 .... 5 ....

5 Ser amable es importante LA 5

In welchen Berufen sind diese Eigenschaften wichtig? Schlagen Sie im Wörterbuch nach.

ser amable	saber escuchar	tener paciencia	ser una persona comunicativa
camarero/a	....	....	....
....	....	....	....
....	....	....	....

ser tranquilo	ser una persona organizada
....	....
....	....
....	....
....	

6 Profesiones diferentes LA 5

35-39

A. Hören Sie die Interviews mit diesen fünf Frauen an und markieren Sie die Reihenfolge, in der sie sprechen.

☐ ANA ☐ JUANA ☐ LUCÍA ☐ BEATRIZ ☐ PEPA

B. Welchen Beruf üben diese Frauen jeweils aus? Sprechen Sie zu zweit darüber.

- ● *Yo creo que Ana es una mujer de negocios.*
- ○ *También puede ser manager de una empresa importante.*
- ■ *Sí, o...*

7 Palabras que van juntas LA 6

A. Ordnen Sie die Wörter den Verben zu. Einige können auch mehreren Verben zugeordnet werden.

escuchar · idiomas · experiencia · buena presencia · un instrumento · paciencia · poesía · buen carácter · dinámico/a · deporte · trabajar en equipo · el piano · sociable · tímido/a · informática · teatro · voluntad de progresar · viajar · novelas · gimnasia

estar dispuesto a	saber	tener
....	....	....
....	....	....
....	....	....
....	....	....
....	....	....

tocar	hacer	escribir	ser
....	....	....	....
....	....	....	....
....	....	....	....
....	....	....	....
....	....	....	....

B. Suchen Sie zu zweit weitere Wörter für diese Verben.

8 ¿Estudias o trabajas? LA 5

Beschreiben Sie Ihre Arbeitsstelle oder was Sie über Studierende denken. Sie können im Wörterbuch nachschlagen.

Soy .... y trabajo / estudio en ...., que está en .... Es muy ....

.... porque .... Tiene cosas buenas: ....

y .... Pero también aspectos negativos: ....

Mis compañeros son ....

Mi jefe / profesor es ....

El ambiente, en general, es .... porque ....

9 Profesiones de mi entorno LA 5

Beschreiben Sie das Berufsleben von zwei Personen aus Ihrem Umfeld (Familie, Freunde, Bekannte ...) und dessen positive und negative Aspekte für sie.

Mi amigo Peter es músico. Toca la batería. Es un buen batería. Es una profesión muy creativa y muy bonita, pero ser músico no es fácil: hay que luchar mucho y tener mucha paciencia porque a veces no hay trabajo y se gana poco dinero.

10 ¿Qué ha hecho Alicia? LA 6

40

A. Nach einigen Jahren im Ausland sucht Alicia Arbeit in Spanien. Hören Sie das Vorstellungsgespräch an und markieren Sie in der Tabelle, in welcher Zeitform sie die Verben benutzt (Präsens oder Perfekt).

	Presente	Pretérito perfecto
hablar		
gustar		
encantar		
estudiar		
estudiar		
vivir		
hablar		
vivir		
estar		
viajar		
estar		
ser		
llamarse		

	Presente	Pretérito perfecto
ser		
empezar		
empezar		
acompañar		
estudiar		
tener		
trabajar		
terminar		
empezar		
gustar		
conocer		
viajar		
aprender		

B. Sehen Sie sich die Information in der Tabelle an und schreiben Sie einen Text über Alicias Erlebnisse.

11 Entrevista de trabajo LA 7

41-43

Hören Sie die drei Bewerbungsgespräche von Pepe, Clara und Amelia und kreuzen Sie die entsprechenden Felder in der Tabelle an.

	Pepe	Amalia	Clara
Ha estudiado en la universidad.			
Ha trabajado tres años en una empresa danesa.			
Ha hecho el servicio militar.			
Ha trabajado de camarero/a.			
Ha estudiado Ciencias Exactas.			
Ha trabajado en el extranjero.			
Ha dado clases en una universidad privada.			
Habla tres idiomas extranjeros.			
Ha trabajado y estudiado al mismo tiempo.			
Ha hecho la tesis doctoral.			
Habla inglés.			
Ha vivido en Francia y en Alemania.			

12 Participios LA 7

Das sind die Infinitive einiger Verben, die schon im Kurs vorgekommen sind. Bilden Sie die entsprechenden Partizipien.

INFINITIVO	PARTICIPIO	INFINITIVO	PARTICIPIO
jugar →	jugado	alquilar →	....
beber →	....	pronunciar →	....
ir →	....	escribir →	....
dormir →	....	escuchar →	....
tener →	....	desayunar →	....
buscar →	....	leer →	....
pagar →	....	estar →	....
visitar →	....		

13 Piensa en un famoso que... LA 7

A. Ergänzen Sie die Liste mit den Namen der Berühmtheiten. Wie viele können Sie finden und wie lange brauchen Sie dafür?

Datos	Nombre
Ha ganado un Óscar.	
Ha ganado Wimbledon.	
Ha sido presidente de los Estados Unidos.	
Ha luchado contra el racismo.	
Ha trabajado con Gorge Clooney.	
Ha escrito novelas en español.	
Ha estado en la cárcel.	
Ha vivido en Cuba.	
Ha tocado muchas veces con John Lennon.	
Ha hecho una película con Marilyn Monroe.	
Ha trabajado con Francis F. Coppola.	
Ha jugado en el Barça, el equipo de fútbol de Barcelona.	
Ha escrito una novela en francés.	
Ha participado en unas olimpiadas.	

He completado .... personajes.

B. Erstellen Sie nun zu zweit einen ähnlichen Test und tauschen Sie diesen danach mit einem anderen Paar aus. Welches Paar errät mehr Antworten in drei Minuten?

14 Mis habilidades LA 9

A. Markieren Sie die entsprechenden Felder in der Tabelle und formulieren Sie danach fünf Sätze.

	muy bien	bien	regular	no sé
cocinar				
bailar				
jugar al tenis				
nadar				
esquiar				
cantar				
escuchar a los demás				
hablar en público				
disimular				
dibujar				
escribir				
contar chistes				

No sé dibujar.

Dibujo bastante bien.

....

....

....

....

....

44

B. Hören Sie die Fragen und antworten Sie.

- ¿Hablas italiano?
- Sí, un poco.

15 Pasaporte de lenguas

A. Ergänzen Sie die Tabelle mit der Information über Ihre Sprachfähigkeiten.

IDIOMA	COMPRENDER		HABLAR		ESCRIBIR
	Comprensión auditiva	Comprensión de lectura	Interacción oral	Expresión oral	

B. Sprechen Sie anschließend zu zweit darüber.

- El español. Lo hablo y lo leo un poco. Lo entiendo bastante. Lo escribo solo un poco.

16 Mi currículum LA 10

Schreiben Sie Ihren eigenen Lebenslauf auf Spanisch. Orientieren Sie sich an den beiden Modellen auf der Seite 85 im Kursbuch.

Apellidos: ....
Nombre: ....
Lugar de nacimiento: ....
Edad: ....
Domicilio actual: ....
Teléfono: ....
Estudios: ....
Idiomas: ....
Experiencia laboral: ....
Carácter: ...., ... y ....
Aficiones: ...., ... y ....
Otros: ....

17 Candidatos LA 10

A. Hier sehen Sie Arbeitsangebote und die Profile von verschiedenen Bewerbern. Welche Stelle passt zu welchem Bewerber? Begründen Sie Ihre Antwort.

Perfil

Gerardo Palencia Vera
- Tiene 26 años.
- Ha sido vendedor de coches y representante de una fábrica de plásticos.
- Tiene carné de conducir.
- Es veterinario.

solicitar entrevista

Perfil

Elvira Ruiz Daza
- Tiene 28 años.
- Es licenciada en Ciencias Políticas.
- Le encanta viajar.
- Es muy comunicativa.
- Habla inglés, alemán y francés.
- Ha trabajado en una agencia de viajes.
- No tiene carné de conducir.

solicitar entrevista

Perfil

Gracia Vera Gabilondo
- Tiene 36 años.
- Es licenciada en Económicas.
- Ha vivido dos años en Irlanda y habla muy bien inglés.
- Sabe conducir.
- Ha trabajado seis años como directiva en una empresa de productos químicos.
- Le interesa mucho el trabajo en equipo.

solicitar entrevista

www.difujobs.dif

DIFUJOBS TU BOLSA DE TRABAJO

Multinacional farmacéutica

NECESITA CUBRIR PUESTOS DE
- Visitador médico.
- En las siguientes provincias: Barcelona (Ref. B), Madrid (Ref. M), Málaga (Ref. Ma), Sevilla (Ref. S) y Valencia (Ref. V).

SE REQUIERE:
- Ser licenciado en Biología, Química, Farmacia o afines.
- Sin experiencia.
- Tener carné de conducir.

SE OFRECE:
- Integrarse en un excelente equipo de profesionales.
- Trabajo en un área de visita médica.
- Amplia posibilidad de desarrollo profesional en la empresa.
- Interesantes condiciones salariales en función de la experiencia y perfil del candidato.
- Coche de empresa.
- Importantes beneficios sociales.

Inscribirme a la oferta

Nueva instalación hotelera

PRECISA PARA VALENCIA
- Director de hotel.

SE REQUIERE:
- Edad de 35 a 45 años.
- Experiencia mínima de 5 años en gestión.
- Experiencia en dirección de equipos.
- Conocimientos de inglés y francés.

SE VALORARÁ:
- Experiencia comercial.
- Experiencia de puesta en marcha de proyectos empresariales.
- Capacidad de comunicación y relaciones humanas.

SE OFRECE:
- Contrato fijo.
- Remuneración a convenir.
- Incorporación en el mes de septiembre.

Inscribirme a la oferta

Entidad financiera

PRECISA
- Promotores comerciales.
- Para toda España para campaña comercial a partir de septiembre.

SE REQUIERE:
- Edad hasta 28 años.
- Facilidad de trato y capacidad de relación.
- Buena presencia/dinamismo.
- Dotes comerciales.
- Preferentemente universitarios.

SE OFRECE:
- Contrato con alta en Seguridad Social.
- Formación a cargo de la empresa.
- Retribución fija + incentivos.

Inscribirme a la oferta

Elvira puede solicitar el puesto de .... porque ....

Gerardo puede solicitar el puesto de .... porque ....

Gracia puede solicitar el puesto de .... porque ....

B. Wählen Sie eine Stelle aus und schreiben Sie ein Bewerbungsschreiben.

At. RRHH

Tengo experiencia comercial. He trabajado dos años en Toyota. Tengo conocimientos de inglés. He estudiado un año en el British Council de Tokio.

18 La sílaba tónica

45

Alle spanischen Wörter haben eine betonte Silbe. Hören Sie die Wörter und markieren Sie die betonte Silbe.

tra – ba – jar	mo – nó – to – no	pro – fe – sio – nal	á – ra – be
tra – ba – ja – dor	rá – pi – do	in – glés	me – xi – ca – no
puer – ta	gui – ta –rra	pro – fe – sión	pe – li – gro
ga – nar	Mé – xi – co	tra – ba – ja – do	mú – si – co

SO LERNEN SIE BESSER

19 **Antes de leer**

Beantworten Sie die folgenden Fragen, bevor Sie die Texte lesen:

– Welcher Text handelt von Arbeit, welcher von Reisen und welcher von Einkäufen?

– In welchem Text kommen die folgenden Wörter vor?

- empresa
- verano
- Caribe
- resistente
- Recursos Humanos
- isla
- medidas

ROBERT BOSCH ESPAÑA, S.A.

precisa cubrir dos puestos:

VENDEDORES PARA EL SECTOR DE REPUESTOS DEL AUTOMÓVIL

La zona de trabajo estará ubicada dentro de un radio de acción de 300 km alrededor de Madrid.

SE REQUIERE:
Formación como Ingeniero Técnico o similar.
Experiencia mínima de 5 años en venta repuestos del automóvil.
Carnet de conducir.
Disponibilidad para viajar.

SE OFRECE:
Formar parte de la plantilla.
Salario fijo más parte variable en función de consecución de objetivos.
Coche por cuenta de la empresa.
Formación continuada.

Las personas interesadas pueden enviar un correo electrónico a rrhh_empleo@boschespana.es o dirigirse, indicando en el sobre la referencia VENDEDORES, a:

Robert Bosch España
Financiacion y Sevicios, S. A.
Departamento de Recursos Humanos
Apartado de Correos 35106
28080 Madrid

BOSCH

El maletín más completo para llevar su PC portátil, el móvil, papeles, cables, discos...

Este maletín Porta-PC es la mejor solución para llevar su "despacho móvil" a todas partes con la máxima seguridad para su PC., con todo lo que necesite en perfecto orden y con el teléfono móvil, la agenda, los bolígrafos, etc. siempre a mano.

No encontrará otro con estas características:
- Estructura resistente de vinilo reforzado con nailon.
- Paneles acolchados de protección.
- Compartimentos especiales para cables, baterías, etc.
- Bolsillo exterior para teléfono móvil.
- Tres compartimentos exteriores para documentos y carpetas.
- Bolsillos y bandas interiores para tarjetas, bolígrafos, etc.
- Bandas de ajuste con velcro para sujetar cualquier PC portátil.
- Bandolera reposicionable de medida ajustable.

¡LIGERO, MUY RESISTENTE Y CON MULTITUD DE COMPARTIMENTOS!

Por su funcionalidad, su sorprendente capacidad, su ligereza y su elegante diseño, el Maletín Porta-PC es una alternativa ventajosa al maletín rígido convencional, más segura para tu ordenador y más práctica. Medidas 42 x 28 x 16,5 cm

Einen Text zu verstehen, heißt nicht, jedes einzelne Wort kennen zu müssen. Einen Text zu verstehen heißt, die relevante, für Sie interessante Information herauszufiltern. Dabei helfen Ihnen Ihre Grammatik- und Wortschatzkenntnisse, aber vor allem Ihr Allgemeinwissen und Ihre Kenntnisse über die verschiedenen Textsorten.

SELBSTBEWERTUNG

IM ALLGEMEINEN				
Meine Teilnahme am Unterricht				
Meine Hausarbeiten				
Meine Fortschritte im Spanischen				
Meine Schwierigkeiten				

IM EINZELNEN					
Grammatik					
Wortschatz					
Phonetik und Aussprache					
Lesen					
Hören					
Schreiben					
Kultur					
Mündlicher Ausdruck					

LERNTAGEBUCH

In dieser Lektion habe ich (viele / einige / wenige) neue Dinge gelernt. Die Aufgabe .... war sehr interessant. Was mir am meisten gefallen hat, ist .... Ich hatte Probleme mit .... Ich glaube, ich kann jetzt (sehr gut / gut / mehr oder weniger gut / mit vielen Schwierigkeiten) über die Arbeitswelt sprechen und ich kann den Beruf einer Person (sehr gut / gut / nicht so gut) beschreiben.

Außerdem kann ich .... und .... Einige Dinge, wie ... . und ...., bereiten mir Schwierigkeiten, weil sie in meiner Sprache (völlig / ziemlich) anders sind. Das .... verstehe ich noch nicht wirklich. Ich muss darüber noch einmal nachdenken oder den/die Kursleiter/in fragen.

8 gente que viaja

1. **Primeras palabras.** Nützlicher Wortschatz für die Lektion.
2. **¿A qué hora?** Ihr Zeitplan. Die Zeitangaben.
3. **¿Ya ha comido con monsieur Denner?** Ein Terminplaner für die Arbeit. **Ya/todavía no** + Perfekt. **Ir a** + Infinitiv.
4. **Las cosas de Ariadna.** Wortschatz: Persönliche Gegenstände für eine Reise. Das Geschlecht von Gegenständen.
5. **¿Ya lo has hecho? Ya/todavía no.**
6. **Peregrinos. Ya, todavía, a punto de, entre...**
7. **El Camino de Santiago.** Einen schon gelesenen Text vervollständigen.
8. **Está a punto de llegar. Estar a punto de** + Infinitiv, **acabar de** + Infinitiv.
9. **Antes de viajar...** Handlungen, die mit dem Thema Reisen zu tun haben. Die zeitliche Einordnung mit **antes, durante, después.**
10. **La agenda de Renata Yacallé. Ir a** + Infinitiv.
11. **El martes que viene.** Zeitangaben.
12. **¿Abierto o cerrado?** Öffnungszeiten von Geschäften.
13. **Horarios.** Zugfahrpläne.
14. **Tres hoteles.** Ein Hotel auf Grund seiner Eigenschaften auswählen.
15. **Una agencia de viajes.** Fragen, Empfehlungen und Vorlieben bezüglich Reisen.
16. **Reserva.** Gespräch, um ein Hotelzimmer zu reservieren.
17. **Notas de un viaje.** Reiseerfahrungen: Das Perfekt.
18. **Viajes y acentos.** Hörverständnis. Unterscheiden von unterschiedlichen Dialekten.
19. **Diferencias culturales.** Mögliche kulturelle Unterschiede zwischen Führungskräften.

Agenda

1

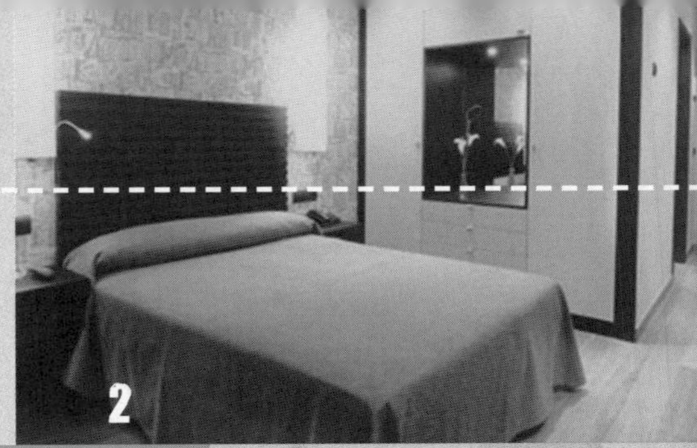
2

3

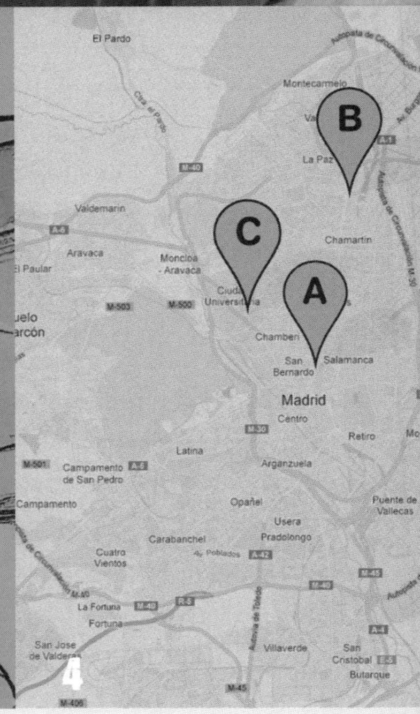
4

5

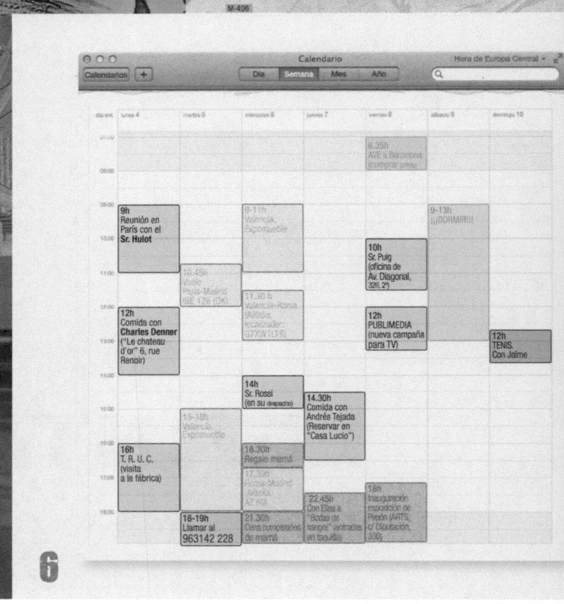
6

1 Primeras palabras

A. In dieser Lektion werden Ihnen die folgenden Wörter hilfreich sein. Kennen Sie sie? Ordnen Sie sie den Bildern zu.

habitación .... aeropuerto .... hotel ....
viaje .... transporte .... horario ....
agenda .... bicicleta .... mapa ....

B. Fallen Ihnen andere Wörter zu diesem Thema ein?

2 ¿A qué hora? LA 1

A. Jesús Vera ist ein sehr methodischer Mann, der jeden Tag das Gleiche macht. Ordnen Sie seine Handlungen chronologisch.

- ☐ Se acuesta a las once.
- ☐ Empieza a trabajar a las nueve de la mañana.
- 1 Se levanta a las siete y media.
- ☐ Antes de desayunar sale a correr durante 20 minutos.
- ☐ Después de hacer sus ejercicios de alemán, ve las noticias en la tele.
- ☐ A las diez y media se toma un café y un bocadillo en un bar, al lado de la oficina.
- ☐ Antes de acostarse escribe un par de páginas en su diario.
- ☐ Come con un compañero de trabajo a las dos y media.
- ☐ Después de cenar, estudia un rato alemán.
- ☐ Antes de cenar, navega una horita por internet.
- ☐ Cena a las diez.
- ☐ Después de comer, actualiza su estado y responde a sus amigos en una red social.
- ☐ A las ocho y media coge el metro para ir al trabajo.
- ☐ Sale del trabajo a las seis menos cuarto.
- ☐ A las nueve y media llama por teléfono a su madre.
- ☐ Por la tarde sale a pasear con su perro Pancho.

B. Um welche Zeit machen Sie diese Dinge? Schreiben Sie die Uhrzeiten in Worten.

– ¿A qué hora te levantas, normalmente? ....

– ¿Y los días festivos? ....

– ¿A qué hora desayunas? ¿Antes o después de vestirte? ....

– ¿A qué hora empiezas a trabajar? ....

– ¿A qué hora sales del trabajo o de la escuela? ....

– ¿A qué hora tienes clase de español? ....

– ¿A qué hora es tu programa preferido de televisión? ....

– ¿A qué hora abren las farmacias en tu país? ....

– ¿A qué hora se cena en tu país? ....

– ¿A qué hora cenas? ....

– ¿Lees antes de dormir? ¿Hasta qué hora? ....

– ¿Escuchas la radio? ¿Cuándo? ....

– ¿Estás en redes sociales? ¿A qué hora te conectas? ....

– ¿A qué hora te acuestas? ....

C. Tauschen Sie sich im Kurs aus und finden Sie jemanden, der vier dieser Dinge zur selben Zeit macht wie Sie.

3 ¿Ya ha comido con monsieur Denner? LA 1

A. Schauen Sie Ariadnas Terminplaner auf der Seite 89 im Kursbuch an und stellen Sie sich vor, es ist Donnerstag, acht Uhr morgens. Sind die folgenden Aussagen richtig oder falsch?

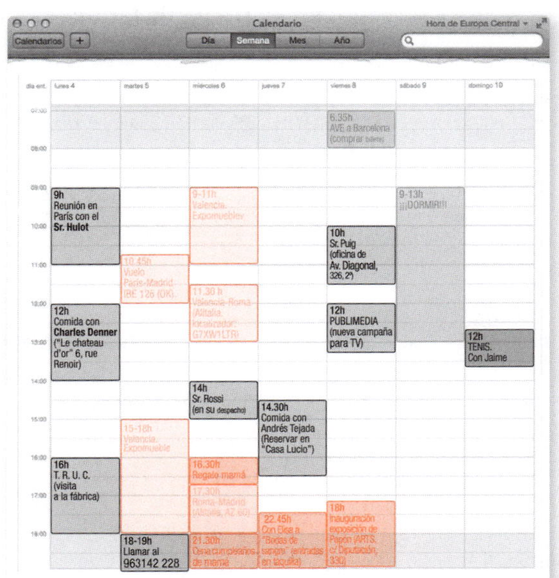

	verdadero	falso
a. **Ya** ha comido con Charles Denner.	☑	☐
b. **Todavía no** ha ido a Valencia.	☐	☐
c. **Todavía no** ha jugado al tenis con Jaime.	☐	☐
d. **Ya** ha estado en París.	☐	☐
e. **Ya** ha ido a la cena de cumpleaños de su madre.	☐	☐
f. **Va a reunirse** con el señor Puig.	☐	☐

B. Sehen Sie sich genau an, wie die Formen **ya** und **todavía no** mit dem Perfekt funktionieren. Schreiben Sie drei weitere Dinge auf, die Ariadna diese Woche schon und drei Dinge, die sie noch nicht gemacht hat.

....

....

C. Sehen Sie sich jetzt genau an, wie **ir a** + Infinitiv benutzt wird, um über zukünftige Handlungen zu sprechen. Wann wird Ariadna diese Dinge tun?

salir a cenar con unos amigos y tomar algo | ir a cenar con Elisa | estar cuatro horas en su oficina | tomar un tren de vuelta a Madrid para pasar el fin de semana en casa | hacer las compras de la semana | prepararse la maleta para el viaje del lunes | ir a desayunar a su restaurante favorito

Va a salir a cenar con unos amigos y a tomar algo el sábado por la noche.

4 Las cosas de Ariadna LA 2

A. Schauen Sie die persönlichen Gegenstände von Ariadna Anguera auf Seite 89 im Kursbuch an. Schließen Sie nun das Buch und markieren Sie, welche Dinge Sie gesehen haben.

- ☐ ..... neceser
- ☐ ..... mapa de carreteras
- ☐ ..... tableta
- ☐ ..... dinero en efectivo
- ☐ ..... informe del trabajo
- ☐ ..... tarjetas de crédito
- ☐ ..... llaves de casa
- ☐ ..... DNI
- ☐ ..... novela
- ☐ ..... pasaporte
- ☐ ..... teléfono móvil
- ☐ ..... billetes de tren
- ☐ ..... llavero
- ☐ ..... ordenador portátil
- ☐ ..... cámara fotográfica
- ☐ ..... calendario
- ☐ ..... gafas
- ☐ ..... tarjetas de visita
- ☐ ..... gafas de sol

B. Schreiben Sie vor jedes Wort den entsprechenden bestimmten Artikel (**el**, **la**, **los**, **las**).

C. Fehlen auf dieser Liste einige Dinge, ohne die Sie niemals reisen würden? Tauschen Sie sich im Kurs aus.

5 ¿Ya lo has hecho? LA 3

A. Ergänzen Sie die Liste mit weiteren Dingen, die mit dem Thema Reisen und Tourismus zu tun haben. Schreiben Sie auf, welche Sie schon und welche Sie noch nicht gemacht haben.

- Visitar la Gran muralla china. → *Todavía no la he visitado.*
- Subir a la torre Eiffel. →
- Contemplar las cataratas de Niágara. →
- Hacerse una foto sosteniendo la torre inclinada de Pisa. →
- Bañarse en el mar Muerto. →
- Pasar el Año Nuevo en Times Square. →
- Viajar en un tren bala japonés. →
- Navegar por el río Nilo. →
- Ver en el cielo las luces de la aurora boreal. →
- Pasear por las ruinas de la ciudad de Petra. →
- .... →
- .... →
- .... →

B. Fragen Sie die anderen Kursteilnehmer/innen, ob sie die Dinge von Ihrer Liste schon getan haben. Wer in der kürzesten Zeit die meisten positiven Antworten erhält, gewinnt.

- ● *¿Ya has navegado por el río Nilo?*
- ○ *Sí, ya lo he hecho.*
- ■ *No, todavía no.*

Yuri ya ha navegado por el río Nilo.

6 Peregrinos LA 3

Hören Sie die Fragen und antworten Sie.

46

NOMBRE DEL PEREGRINO

1. ....
2. ....
3. ....
4. ....
5. ....
6. ....
7. ....
8. ....
9. ....

7 El Camino de Santiago LA 3

Diesen Text haben Sie schon im Kursbuch gelesen. Ergänzen Sie die fehlenden Wörter.

EL CAMINO DE SANTIAGO

Desde la Edad Media .... hoy, miles de peregrinos cruzan los Pirineos y viajan .... el oeste, hasta la tumba del Apóstol Santiago, en la .... de Santiago de Compostela. Los peregrinos van a ...., a caballo o en bicicleta; por motivos religiosos, turísticos o .... Algunos viajan solos y ...., en grupo, con .... o con la familia. De Roncesvalles a Compostela encuentran iglesias románicas, ... góticas, pueblos pintorescos, paisajes .... variados... Y cada pocos kilómetros, una posada, un lugar donde se puede .... por muy poco dinero, normalmente con camas y duchas.

8 Está a punto de llegar LA 3

Sehen Sie sich genau an, wie die beiden Strukturen **estar a punto de** und **acabar de** funktionieren, und ergänzen Sie.

- ¿El tren de las 8.05 para Madrid, por favor?
- ○ En la vía 4. Está a punto de salir. *(son las 8.03)*
- ○ Acaba de salir. El siguiente es a las 8.43. *(son las 8.07)*

a.
- ¿Ha llegado ya la Sra. Anguera para la reunión?
- ○ Está en la sala de espera. .... de llegar.

b.
- ¿Cuál es la puerta de embarque para el vuelo AZ 60 a Roma?
- ○ La puerta B32, pero .... de cerrar. Tiene que darse prisa.

c.
- PUBLIMEDIA, ¿dígame?
- ○ Soy la Sra. Anguera. Tengo una reunión con el Sr. Pérez a las 12. ¿Puede decirle que estoy de camino en un taxi. .... de llegar.

d.
- Restaurante "Casa Lucio", ¿dígame?
- ○ Quiero reservar una mesa para dos a las 14.30 h.
- Lo siento, ... de reservar la última.

9 Antes de viajar... LA 3

Welche Dinge tun Sie vor, während und nach einer Reise? Ordnen Sie zu. Sie können weitere Handlungen hinzufügen.

- comprar los billetes
- clasificar las fotos
- planchar ropa
- hacer fotos
- deshacer la maleta
- planificar el tiempo
- comprar regalos
- hacer la maleta
- alquilar un coche
- cambiar dinero
- escribir postales
- ....
- ....
- ....
- ....
- ....

ANTES

DURANTE

DESPUÉS

10 La agenda de Renata Yacallé LA 6

Renata Yacallé ist eine berühmte Opernsängerin mit einem sehr vollen Terminkalender. Ihre Sekretärin ist krank und Renata kann deren Notizen nicht richtig verstehen. Schreiben Sie auf, wann und wo sie singen wird.

Par. 13 y 25 jul., Mil. Mar-30-sep., Sid. 1 y 2 sep., Barc. 15-20 jul., Rom. V-2-oct., L.A. 22-ag.

Va a cantar en Nueva York el jueves veinticinco de agosto.

11 El martes que viene LA 6

A. Ordnen Sie diese zeitlichen Ausdrücke chronologisch (ab heute).

dentro de tres años | el martes que viene | pasado mañana | el mes que viene | el domingo | mañana | el 24 de abril | el 25 de noviembre | en marzo de 2016

B. Erstellen Sie eine Liste mit wichtigen Daten in Ihrem Leben (Privatleben, Arbeitswelt, Studium ...) in den nächsten Monaten und Jahren. Schreiben Sie danach Sätze mit den Ausdrücken aus dem ersten Teil der Übung.

Mi cumpleaños es dentro de dos semanas.
El mes que viene voy a irme de vacaciones a Marruecos.

12 ¿Abierto o cerrado? LA 8

A. Welche Visitenkarte gehört zu welcher Art Geschäft? Diskutieren Sie zu zweit darüber.

47-49

B. Achten Sie auf die Öffnungszeiten. Hören Sie und markieren Sie, ob die Personen die Geschäfte geöffnet vorfinden werden.

a. ¿Van a encontrar abierto La Gaviota?
☐ Sí
☐ No

b. ¿Van a encontrar abierto El Corte Fiel?
☐ Sí
☐ No

c. ¿Van a encontrar abierto Mikis?
☐ Sí
☐ No

13 Horarios LA 9

A. Lesen Sie den Zugfahrplan für die Strecke Madrid–Segovia und markieren Sie.

1. In der zweiten Spalte stehen:
☐ Abfahrtszeiten (los horarios de salida)
☐ Ankunftszeiten (los horarios de llegada)

2. Die Züge mit * fahren nicht täglich.
☐ richtig
☐ falsch

3. Am 1. Mai fahren nur zwei Züge.
☐ richtig
☐ falsch

Madrid	Segovia	Observaciones
5.45	7.42	*Laborables, excepto sábados. No circula: 1/1, 1/5 y 25/12
6.17*	8.13	
10.17	12.05	
14.17	16.06	**Diario, excepto domingos.
16.23*	18.01	
20.17**	22.10	

50

B. Sie rufen bei der Kundeninformation von RENFE (Red Nacional de Ferrocarriles Españoles) an, um zu erfahren, ob der Fahrplan aktuell ist. Hören Sie und überprüfen Sie die Daten. Gibt es Änderungen?

14 Tres hoteles LA 10

Sehen Sie sich diese Hotelanzeigen genau an und ergänzen Sie den entsprechenden Namen.

- Si quieres un hotel muy lujoso, ...el Miraflores...... .
- Si te gusta mucho hacer deporte durante tus viajes, ...
- Si quieres ver el mar, ...
- Si quieres salir por la noche, ...
- Si no quieres gastar mucho, ...
- Si te interesa mucho la cocina, ...
- Si te gusta nadar, ...
- Si no quieres estar en el centro, ...
- Si quieres una habitación muy grande, ...
- Si es un viaje de trabajo, en avión, y vas a trabajar en una feria, ...
- Si no quieres pasar calor, ...

HOSTAL JUANITO

PRECIOS ECONÓMICOS.

HABITACIONES CON LAVABO.

EN EL CASCO ANTIGUO DE LA CIUDAD, EN EL BARRIO CON MÁS AMBIENTE.

HOTEL NENÚFARES

A CINCO MINUTOS DEL AEROPUERTO Y JUNTO AL RECINTO FERIAL. CAMPO DE GOLF Y TENIS.
TODOS LOS SERVICIOS PARA UN VIAJE DE NEGOCIOS.
MUY BIEN COMUNICADO (TREN Y AUTOBUSES).
TRES RESTAURANTES: COCINA INTERNACIONAL, COCINA TÍPICA REGIONAL Y BARBACOA EN NUESTRA TERRAZA.

HOTEL MIRAFLORES

- SOLARIUM Y PISCINA.
- HIDROMASAJE.
- SITUADO EN EL CENTRO DE LA CIUDAD Y AL LADO DE LA PLAYA.
- EL HOTEL DE LUJO IDEAL PARA VACACIONES O NEGOCIOS.
- 100 HABITACIONES Y 10 SUITES CON VISTAS.
- AIRE ACONDICIONADO EN TODAS LAS HABITACIONES.

15 Una agencia de viajes LA 10

A. Das sind die Angebote für den Monat November. Welches Angebot wählen Sie und warum?

DESTINO	VIAJE	DURACIÓN	SALIDA	TRANSPORTE	PRECIO	ALOJAMIENTO
FILIPINAS FASCINANTE	Cultura, Mar y playa	14 días	12 y 19/XI	avión y autocar	1740 euros	hoteles ****
NEPAL	Aventura, Trekking	17 días	13/XI	avión y coche	1870 euros	hoteles * y tienda
PARÍS MONUMENTAL Y DISNEYLAND	Fotografía, Cultura	6 días	2 y 6/XI	avión y autocar	480 euros	hoteles **
KENIA MINISAFARI	Fotografía, Naturaleza	8 días	todos los miércoles	avión y 4x4	1570 euros	hoteles ****
GUATEMALA	Naturaleza, Aventura	16 días	5, 19 y 26/XI	avión y 4x4	2160 euros	tiendas y bungalows
CUBA	Buceo, Mar y playa	15 días	diario	avión y barco	950 euros	hoteles *** y bungalows

Fotografía · Cultura · Mar y playa · Buceo · Aventura · Naturaleza · Trekking

El viaje que más me gusta es el de... porque...

B. Vier Personen schreiben über ihre Bedürfnisse und Vorlieben beim Urlaub. Welche Reise empfehlen Sie jeweils? Begründen Sie! Es gibt mehrere Möglichkeiten.

Foro viajar
17:33 **Preferencias de vacaciones**
JUAN RODRÍGUEZ PALACIOS
Mi mujer y yo empezamos las vacaciones el 4 de noviembre y tenemos 18 días. Y este año queremos salir de Europa: África o América Latina... Nos interesa mucho la historia y la cultura. También nos encanta hacer excursiones, acampar y el contacto con la naturaleza.

Foro viajar
06:53 **Preferencias de vacaciones**
MARÍA ZARAUZ BENITO
Somos tres chicas, compañeras de trabajo. Queremos unas vacaciones tranquilas. Descansar en un buen hotel, hacer algo de deporte, quizá... Queremos buen tiempo y playa. Y no queremos gastar más de 1050 euros por persona.

Foro viajar
19:52 **Preferencias de vacaciones**
ÁNGEL TOLOSA DÍAZ
Viajamos dos parejas y tres niños. Y, claro, hay que encontrar un viaje para todos. Algo para los niños y algo para los mayores. Queremos estar una semana, más o menos, la primera semana de noviembre.

Foro viajar
22:14 **Preferencias de vacaciones**
BERTA IBÁÑEZ SANTOS
Somos un grupo de amigos y queremos viajar unas dos semanas. Empezamos las vacaciones el día 9 de noviembre. Nos gustaría ir a un sitio diferente, especial, pero estar en hoteles buenos, cómodos. Somos todos mayores y no queremos mucha aventura, ¿sabe usted?

Yo le recomiendo a... el viaje a... porque...

16 Reserva LA 10

A. Jemand ruft in diesem Hotel an, um ein Zimmer zu reservieren. Lesen Sie, was der Rezeptionist sagt und ergänzen Sie, was der Kunde sagen könnte.

- ● CLIENTE (C): ....
- ○ RECEPCIONISTA (R): Sí, para ese día hay alguna libre.
- ● C: ....
- ○ R: 75 euros la doble y 67 la individual.
- ● C: ....
- ○ R: Sí, sí, todas son con baño.
- ● C: ....
- ○ R: ¿Para cuántos días?
- ● C: ....
- ○ R: Muy bien, del lunes 10 al jueves 13. ¿A qué hora van a llegar?
- ● C: ....
- ○ R: ¿De la mañana?
- ● C: ....
- ○ R: De acuerdo, no hay ningún problema.

51

B. Hören Sie das ganze Gespräch und ergänzen Sie die Sätze.

C. Simulieren Sie nun zu zweit ähnliche Gespräche. Bereiten Sie Ihren Teil individuell vor.

HOTEL UNIVERSIDAD ★★★★

- A UN PASO DE LA CIUDAD UNIVERSITARIA Y DE LOS CENTROS DE NEGOCIOS.
- A 10 MINUTOS DEL PASEO DE LA CASTELLANA.
- 120 HABITACIONES CON AIRE ACONDICIONADO.
- TRANQUILO Y BIEN COMUNICADO.
- SAUNA Y FITNESS.

17 Notas de un viaje LA 10

Anne und Michael haben eine Reise nach Spanien gemacht. Bei ihrer Rückkehr nach Frankfurt schaut sich Anne ihre Notizen an. Sagen Sie, welche Dinge die beiden gemacht haben und was ihnen passiert ist.

Han ido de Fráncfort a Sevilla en avión.

Hotel en Málaga:
LA LECHUZA.
Tapas buenísimas en la Malagueta.

Comida en Almería.
Restaurante El cangrejo verde.
TAPAS MUY RICAS.

Avión Francfort - Madrid - Sevilla.
¡RETRASO!

Tren:
Sevilla - Córdoba.
VISITA A CÓRDOBA.
Paseo con guía.

Autobús
Córdoba - Sevilla.

Gentecar, agencia de alquiler de coches de Córdoba.
SEAT IBIZA.

Avería entre Almería y Jaén (Guadix).
Noche en Guadix (Granada).
PINCHAZO EN MONTILLA.

18 Viajes y acentos

52-53

A. Zwei Personen sprechen über einen ruhigen Urlaub. Hören Sie zu und ergänzen Sie die Tabelle.

	MARIELA AGÜERO (ARGENTINA)	MARÍA ELENA BARCELÓ (CUBA)
¿Mar o montaña?		
Actividades en la naturaleza		
Actividades con la gente		

B. Hören Sie die Aufnahme erneut und achten Sie auf:

– die Aussprache der Verbformen von **hacer** und des Wortes **vacaciones**.
– die Aussprache des Wortes **playa**.

Die Argentinier sprechen das *ell* und das *ypsilon* so ähnlich wie das französische oder englische *ge* (wie z.B. in ‚George') aus.

Die Kubaner sprechen das *es* am Ende einer Silbe nicht aus. Die *jots* und *ges* sprechen sie gehaucht aus, mit einem Laut, der dem englischen *ha* ähnlich ist.

Die Lateinamerikaner sprechen generell das spanische *ce* und *zett* wie ein *es* aus.

19 Diferencias culturales LA 12

Lesen Sie den Text auf der Seite 96 im Kursbuch. Welche Unterschiede gibt es Ihrer Meinung nach in Ihrem Land in der Art und Weise, mit der man sich auf der Arbeit verhält und behandelt?

SO LERNEN SIE BESSER

20 **Planificar e improvisar**

In einem Gespräch entscheiden Sie selbst, was Sie wann und wie sagen, müssen dabei aber immer beachten, was Ihr Gegenüber sagt. Arbeiten Sie zu zweit: Stellen Sie sich vor, Sie sind in einem Reisebüro. Bevor Sie sprechen, bereiten Sie Ihre Interventionen im Dialog mit Hilfe der Information für A und B vor.

A: CLIENTE

Has visto este anuncio en el periódico y vas a la agencia de viajes para informarte bien. Antes, decide qué fechas quieres ir y cuánto quieres gastarte en total.
Fechas en las que quieres ir: ....
Dinero que quieres gastarte: ....
¿Vas a ir solo o acompañado? ....

B: EMPLEADO/A

Trabajas en la Agencia Marisol y ofreces los viajes a Ibiza del anuncio durante todo el año. Un cliente va a venir a preguntar por los viajes. Pero antes tienes que decidir:
¿Qué días de la semana hay vuelos desde la ciudad donde estáis?
....
¿Hay fechas en que está todo completo?
....
¿Cuánto cuestan? ....
¿Cuánto cuesta cada tipo de hotel por persona y noche?
....
¿Hay ofertas para niños, grupos, etc.?
....

Bei Aufgaben wie dieser entscheiden Sie selbst, was Sie sagen und wie Sie es sagen, aber gleichzeitig müssen Sie auf Ihr Gegenüber eingehen. Es ist ein gutes Training, die Bedingungen einer echten Gesprächssituation zu simulieren!

SELBSTBEWERTUNG

IM ALLGEMEINEN				
Meine Teilnahme am Unterricht				
Meine Hausarbeiten				
Meine Fortschritte im Spanischen				
Meine Schwierigkeiten				

IM EINZELNEN					
Grammatik					
Wortschatz					
Phonetik und Aussprache					
Lesen					
Hören					
Schreiben					
Kultur					
Mündlicher Ausdruck					

LERNTAGEBUCH

Diese Lektion enthält viele Informationen über kulturelle Aspekte. Besonders interessant fand ich .... Auch die Texte über .... haben mir gut gefallen. Über diese Dinge denke ich, ...

Ich fand es besonders hilfreich, ... zu lernen. Ich glaube, ich muss noch ein wenig mehr .... üben.

9 gente de ciudad

1

2

3

4

5

6

1. **Primeras palabras.** Nützlicher Wortschatz für die Lektion.
2. **Cosas de la ciudad.** Wortschatz zum Thema Stadt.
3. **¿Qué hay?** Ihre Stadt: **hay/no hay,** Wortschatz.
4. **Ventajas e inconvenientes de mi ciudad.** Mengenangaben. Argumente dafür und dagegen.
5. **¿Qué es para ti lo más...? Lo más ..., lo mejor, lo peor ...**
6. **Una ciudad para estudiar.** Beschreibung einer Stadt.
7. **Una visita.** Die Region, in der Sie leben: Sehenswürdigkeiten.
8. **Dos hoteles.** Zwei Hotels vergleichen: **más ... que, tanto ... como, el más ...**
9. **¿Es muy diferente?** Spanien mit Ihrem Land vergleichen.
10. **Millones de habitantes.** Die meistbevölkerten Länder: Einwohnerzahlen.
11. **Antes y ahora.** Die Gegenwart mit der Vergangenheit vergleichen: die Vergleichsform.
12. **Un lugar en el que...** Orte definieren. Lokale Relativpronomen **donde, en el/la que ...**
13. **Me gustaría...** Dinge, die Sie gerne machen würden. Die Struktur: **me gustaría** + Infinitiv.
14. **Nada es verdad ni es mentira...** Argumentieren.
15. **¿Qué dice?** Wortschatz zum Thema Stadt.
16. **Vocales.** Ein phonetisches Phänomen: der gleitende Übergang zwischen den Vokalen.
17. **Tres ciudades de Latinoamérica.** Kenntnisse über drei Städte.
18. **¿Qué es una ciudad?** Ein poetischer Text. Beschreibung einer Stadt.

Agenda

1 Primeras palabras

A. In dieser Lektion werden Ihnen folgende Wörter hilfreich sein. Kennen Sie sie? Ordnen Sie sie den Bildern zu.

río .... habitantes .... transporte .... zona verde ....
atascos .... mercado .... pueblo .... calidad de vida ....
área metropolitana .... contaminación .... edificio ....

B. Achten Sie erneut auf die Bilder und den Titel dieser Lektion. Welche anderen Wörter könnten Ihnen nützlich sein?

2 Cosas de la ciudad LA 2

A. Ordnen Sie die Wörter den Punkten auf der Karte zu.

parque | río | fábrica | línea de autobús | centro (de la ciudad) | centro comercial | puente | estadio | catedral

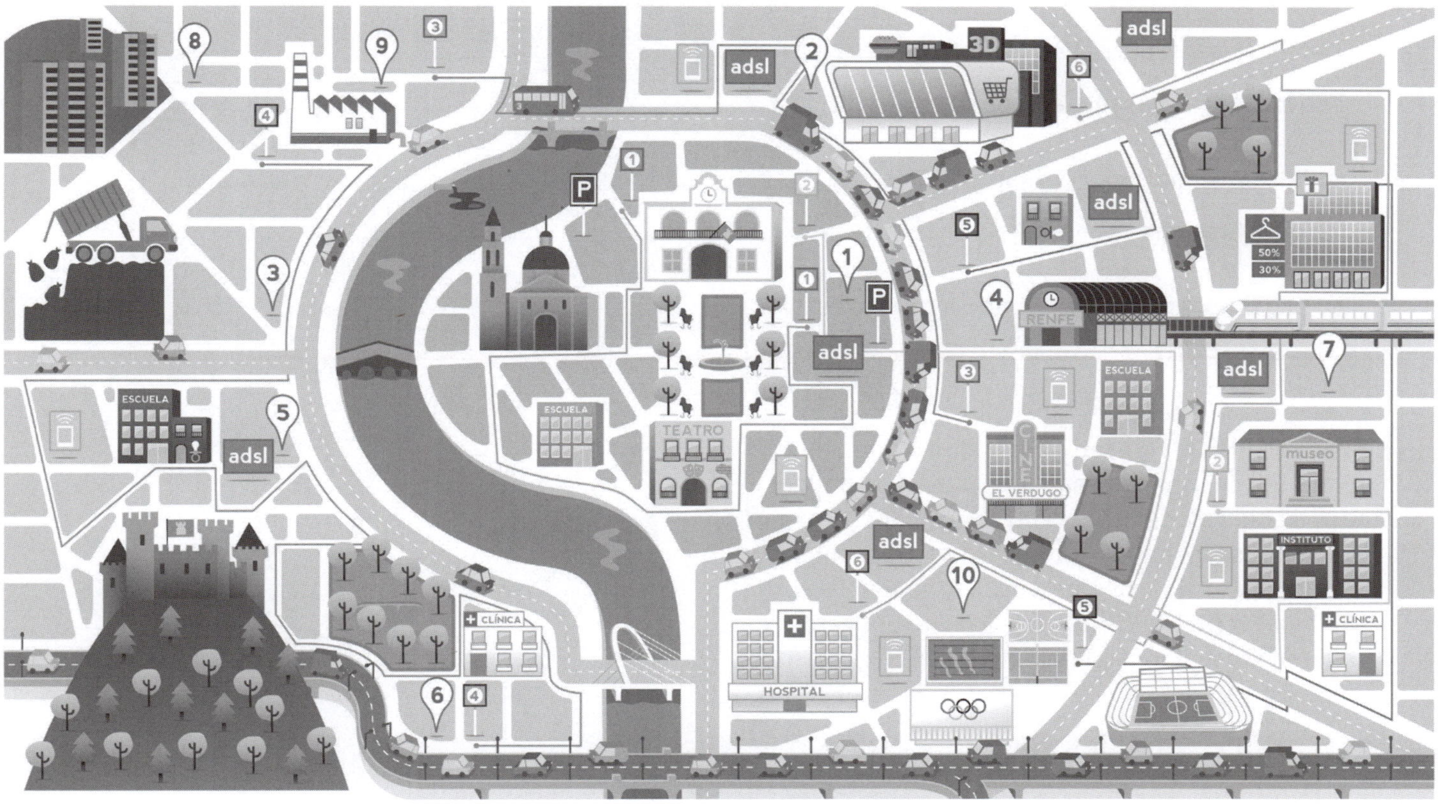

B. Benennen Sie weitere Dinge, die auf dem Bild zu sehen sind.

3 ¿Qué hay? LA 2

Schreiben Sie, wie im Beispiel vorgegeben, Sätze über Ihre Stadt oder eine Stadt, die Sie gut kennen.

tráfico | turistas | colegios | parados | industria pesquera | carril bici | delincuencia | fábricas | rascacielos | problemas sociales | zonas verdes | contaminación | guarderías | iglesias | vida nocturna | atascos | hospitales | monumentos | mezquitas | centros comerciales | instalaciones deportivas | consumo de drogas | playas | cines | viviendas desocupadas | vida cultural | edificios antiguos | museos | gente de origen español o latinoamericano

Hay muchos parques. No hay mucha vida nocturna. No hay museos.

4 Ventajas e inconvenientes de mi ciudad LA 2

Erstellen Sie eine Liste mit den wichtigsten Vor- und Nachteilen des Ortes, in dem Sie leben.

ASPECTOS POSITIVOS

Es un/a pueblo/ciudad muy ....

Hay ....

Se puede ....

La gente ....

ASPECTOS NEGATIVOS

En .... hay demasiado/a/os/as ....

y demasiado/a/os/as ....

Por otra parte, no hay suficiente/s ....

ni .... La gente es un poco ....

5 ¿Qué es para ti lo más...? LA 2

A. Ergänzen Sie die Sätze, um die wichtigsten Eigenschaften oder die Hauptmerkmale Ihres Ortes hervorzuheben.

Lo más interesante del lugar donde vivo es/son ....

Y **lo menos interesante** es/son ....

Lo que funciona mejor es/son ....

Y **lo que funciona peor** es/son ....

Lo mejor para conocer el lugar donde vivo es ....

B. Sehen Sie sich die **fett gedruckten** Wörter im ersten Teil der Übung genau an. Erstellen Sie nun nach diesem Modell einen Fragebogen über ein Thema, was Sie interessiert (ein Land, Gesundheit, Beziehungen, Sprachenlernen ...). Arbeiten Sie zu zweit und verteilen Sie danach den Fragebogen an die anderen Kursteilnehmer/innen.

TEMA:

PREGUNTAS:

6 Una ciudad para estudiar LA 3

A. Lesen Sie den Text über eine spanische Stadt und ergänzen Sie die fehlenden Wörter.

B. Überprüfen Sie ihre Vermutungen anschließend mit Hilfe der Aufnahme.

54

Salamanca

Con sus 152 000 ...., Salamanca es una ciudad española de .... Está .... a unos 200 km al oeste de Madrid y .... al este de la frontera portuguesa. El Puente Romano, las dos ...., la ...., la universidad y cantidad de ...., conventos, ... y edificaciones antiguas hacen de Salamanca uno de los conjuntos monumentales de .... y belleza de España.

La .... ha aumentado en los últimos años: existen industrias de ...., textiles, mecánicas y metalúrgicas. Pero la importancia de Salamanca reside principalmente en su carácter de .... La Universidad de Salamanca es una de las universidades más .... de Europa junto con las de Bolonia y París y sigue siendo, ..., una de las más importantes de España. El gran número de estudiantes, tanto españoles ...., le da a la ciudad su carácter especial: una .... intensa y mucho ...., a todas horas. .... es continental con .... y veranos calurosos.

7 Una visita LA 3

Ein Freund hat Ihnen diese E-Mail geschrieben. Antworten Sie ihm.

¡Visita a tu país!

Querido/a amigo/a:

¿Cómo estás? Te escribo solo cuatro líneas porque vamos a vernos pronto. Bueno, eso espero. ¡Voy a tu país de vacaciones con unos amigos! Naturalmente, me gustaría verte y poder charlar un rato contigo. ¿Crees que podemos vernos algún día? ¿La zona donde tú vives es interesante? ¿Qué vale la pena visitar? Cuéntame un poco cómo es. Si crees que merece la pena, podemos quedarnos unos días por ahí. ¿Qué te parece? Espero tus noticias.

Un fuerte abrazo,
Fernando

8 Dos hoteles LA 4

Formulieren Sie zehn Sätze mit **más... que, tanto/a/os/as... como, el más...,** in denen Sie diese beiden Hotels vergleichen.

HOTEL BENIDORM

- 54 HABITACIONES DOBLES
- 52 EUROS/NOCHE
- 3 PISCINAS
- DISCOTECA
- *JACUZZI* Y *FITNESS*
- AIRE ACONDICIONADO EN TODAS LAS HABITACIONES
- A 20 KM DE ALICANTE
- PARKING PARA 30 COCHES
- A 200 M DE LA PLAYA PARQUE INFANTIL

HOTEL MIRASOL

- 106 HABITACIONES DOBLES
- 86 EUROS/NOCHE
- 2 PISCINAS
- BAR MUSICAL
- RESTAURANTES Y TERRAZA EN LA PLAYA
- AIRE ACONDICIONADO EN TODAS LAS HABITACIONES
- A 26 KM DE ALICANTE
- PARKING PARA 50 COCHES
- A 500 M DE LA PLAYA
- HIDROTERAPIA

El hotel Mirasol tiene más habitaciones que el hotel Benidorm.

9 ¿Es muy diferente? LA 4

Vergleichen Sie die Aspekte Spaniens, die Sie schon kennen, mit denen Ihres Landes.

el tamaño | la comida | la contaminación | el clima | los monumentos | la calidad de vida | el interés turístico | la economía | el carácter de la gente

España es más grande que Italia pero tiene menos habitantes.

10 Millones de habitantes LA 4

A. Ergänzen Sie mit Hilfe der folgenden Daten die Namen der Länder.

- Nigeria tiene ciento setenta millones de habitantes.
- México tiene más habitantes que Alemania.
- Nigeria tiene nueve millones más que Bangladesh.
- China es el país más poblado del mundo.
- Brasil tiene ciento noventa y seis millones.
- Rusia tiene cincuenta y dos millones de habitantes menos que Brasil.
- EE. UU. es el tercer país más poblado.
- La India es el segundo país más poblado del mundo.
- Indonesia tiene sesenta y nueve millones de habitantes menos que EE. UU.
- Pakistán tiene doscientos un millones de habitantes.
- Japón tiene setenta y cuatro millones menos de habitantes que Pakistán.
- México tiene ciento doce millones.

PAÍS	HABITANTES (en millones)	EN CIFRAS
1.	mil trescientos cuarenta y cuatro	1 344 000 000
2.	mil doscientos cuarenta y uno	....
3.	....	311 000 000
4.	doscientos cuarenta y dos	....
5.	doscientos uno	....
6.	ciento noventa y seis	....
7.	ciento setenta	....
8.	....	161 000 000
9.	ciento cuarenta y cuatro	....
10.	....	127 000 000
11.	ciento doce	....
12.	ochenta y uno	....

B. Ergänzen Sie nun die fehlenden Einwohnerzahlen in Ziffern und in Worten.

11 Antes y ahora LA 4

A. Formulieren Sie Sätze über die Veränderungen, die Sie in einer Stadt Ihrer Wahl über die Jahre beobachtet haben, mit **más/menos** und **no tanto/a/os/as**.

Ahora hay más coches que antes.
Ya no ves tantos caballos como antes.

B. Suchen Sie Fotos im Internet und tauschen Sie sich im Kurs darüber aus.

12 Un lugar en el que... LA 5

A. Lesen Sie die Definitionen und sehen Sie sich die Ausdrücke **en el/la/los/las que** und **donde** genau an. Ergänzen Sie nun den Rest der Definitionen.

puerto ⟶ lugar **en el que** / **donde** hay barcos
parque ⟶ parte de la ciudad **en la que** / **donde** hay muchos árboles y bancos...

playa: ....
zona industrial: ....
zona universitaria: ....
vertedero: ....
hotel: ....
iglesia: ....
cine: ....
discoteca: ....
centro comercial: ....
capital: ....
guardería: ....
hospital: ....
piscina: ....
zona peatonal: ....
gimnasio: ....
ayuntamiento: ....
museo: ....
centro de la ciudad: ....

B. Formulieren Sie nun die Definitionen von zwei weiteren Wörtern, die mit dem Thema der Lektion zu tun haben. Die anderen Kursteilnehmer/innen sollen sie dann erraten.

13 Me gustaría... LA 6

Markieren Sie, welche Dinge Sie gerne tun würden und erklären Sie warum.

Ir a Marte.		
Viajar al pasado.		
Ser invisible.		
Adivinar el futuro.		
Cambiar de trabajo.		
Cenar con Brad Pitt.		
Tener mucho dinero.	✓	A mí me gustaría tener mucho dinero para viajar por todo el mundo.
Vivir en una isla desierta.		
Salir en la tele.		

14 Nada es verdad ni es mentira... LA 7

A. Welche der folgenden Aussagen können sich sowohl auf das Leben in der Stadt als auch auf das Leben auf dem Land beziehen? Welche nicht und warum?

- la vida es más dura
- la vida es más cara
- se come mejor
- hay problemas de transporte
- la gente es más cerrada
- necesitas el coche para todo
- tienes menos oferta cultural
- tienes más calidad de vida
- te aburres
- vives de una forma más sana
- te sientes solo
- tienes más relación con los vecinos
- tienes menos intimidad

B. Wählen Sie drei Argumente zum Thema Stadt oder Land und verteidigen Sie diese vor den anderen Kursteilnehmern/innen.

15 ¿Qué dice? LA 8

55

A. Hören Sie verschiedene Personen, die über ihre Stadt sprechen, und ergänzen Sie in jedem Satz das letzte Wort.

B. Ordnen Sie den Wörtern die entsprechende Nummer des Satzes in der Aufnahme zu.

- ☐ guardería
- ☐ la vivienda
- ☐ habitantes
- ☐ muy tranquila
- ☐ aparcamiento
- ☐ cines
- ☐ los más jóvenes
- ☐ una piscina
- ☐ calor
- ☐ discriminados
- ☐ fábricas
- ☐ ruido

16 Vocales

56

Markieren Sie, wie der Sprecher die Vokale in diesen Satzgruppen ausspricht.

- ☐ laescuela
- ☐ la/escuela
- ☐ sehainstalado
- ☐ se/ha/instalado
- ☐ estállí
- ☐ está/allí
- ☐ elcascoantiguo
- ☐ el/casco/antiguo

17 Tres ciudades de Latinoamérica

A. Ordnen Sie diese Elemente den drei lateinamerikanischen Städten Oaxaca (Mexiko), Buenos Aires (Argentinien) und Baracoa (Kuba) zu.

- mar Caribe
- ciudad misteriosa
- playa
- actividad cultural
- isla
- ciudad colonial
- todo tipo de espectáculos
- ciudad que no duerme
- salas de teatro y cines
- enclave arqueológico

OAXACA

BUENOS AIRES

BARACOA

57-59 **B.** Drei Personen sprechen über diese Städte. Überprüfen Sie Ihre Vermutungen mit Hilfe der Aufnahme.

C. Tauschen Sie sich im Kurs über die Eigenschaften Ihrer Heimatstadt aus.

18 ¿Qué es una ciudad?

A. Lesen Sie den Text und vergleichen Sie ihn mit Ihrer persönlichen Meinung. Gilt dieser Text für alle Städte?

¿QUÉ ES UNA CIUDAD?

Calles, plazas, avenidas, paseos y callejones. (Y personas). Luces, anuncios, semáforos, sirenas. (Y personas). Mercados, supermercados, hipermercados. (Y personas). Coches, motos, camiones, bicicletas. Música, cláxones, y voces. (De personas). Perros, gatos y canarios. (Y personas). Policías, maestros, enfermeras, funcionarios, empresarios, vendedores, mecánicos, curas y obreros. (Y personas). Teléfonos, antenas, mensajeros. (Y personas). Periódicos, carteles, neones. Teatros, cines, cabarets. Restaurantes, discotecas, bares, tabernas y chiringuitos. (Y personas). Ventanas, puertas, portales. Entradas y salidas. (Y personas). Ruidos, humos, olores. Hospitales, monumentos, iglesias. Historias, noticias y cuentos. Mendigos, ejecutivos, prostitutas, yonkis y bomberos. Travestis, políticos y banqueros. Prisas, alegrías y sorpresas. Ilusiones, esperanzas y problemas. Áticos y sótanos. Amores y desamores. (De personas). Razas, culturas, idiomas... Y personas.

B. Schreiben Sie jetzt eine neue Version des Textes mit Ihren eigenen Ideen.

SO LERNEN SIE BESSER

19 **¿Cómo lo digo?**

A. Lesen Sie, was die Schauspielerin Gracia Montes über das Thema Stadt oder Land denkt. Sind Sie derselben Meinung?

LA OPINIÓN DE LOS FAMOSOS

¿VIVIR EN EL CAMPO O VIVIR EN LA CIUDAD?

Aunque para algunas personas vivir en el campo puede resultar atractivo, por ser más sano, creo que la vida en la ciudad ofrece muchas más ventajas: espectáculos y vida cultural, comercios y servicios de todo tipo. Las desventajas del campo son evidentes: los insectos, la falta de intimidad que suele haber en los pueblos, etc. Una solución intermedia, sin embargo, puede ser la ideal: alternar la vida en el campo y la ciudad. Pero esto no todo el mundo puede hacerlo, por razones tanto económicas (sale mucho más caro) como profesionales (uno se ve obligado a permanecer en la ciudad, o en el campo).

GRACIA MONTES
Actriz de cine.
Vive en un pueblecito de Segovia, a 115 km de Madrid.

60

B. Hören Sie nun, wie Gracia Montes sich mit ihren Freunden über dieses Thema unterhält. Achten Sie darauf, wie sie ihre Meinung ausdrückt. Tut sie das auf dieselbe Art wie im Text? Welche Unterschiede bemerken Sie?

Die Unterhaltung ist die gebräuchlichste Art der Kommunikation und hat, wie Sie sehen können, ganz andere Merkmale als ein geschriebener Text. Dies sind einige der Techniken, die eingesetzt werden.

Kooperation mit dem Gesprächspartner bei der Meinungsäußerung, indem man ...
- den Satz des anderen zu Ende führt,
- Wörter, die der andere benutzt, aufgreift oder wiederholt,
- sich vergewissert, dass man verstanden hat, was der andere sagen wollte.

Um effektiv zu kommunizieren, ist die Betonung genauso wichtig wie die Grammatik und der Wortschatz.

In einem Gespräch unterscheiden sich die Sätze in verschiedener Hinsicht von denen in einem geschriebenen Text:
- Die Sätze sind kürzer.
- Wörter werden wiederholt oder es gibt Pausen.
- Die Sätze sind unvollständig.

In einem Gespräch ist es wichtig, mit den Gesprächspartnern zusammenzuarbeiten, und zwar sowohl auf verbaler als auch auf nicht verbaler Ebene (mit Gestik oder Mimik). Um flüssig und erfolgreich miteinander zu kommunizieren, ist es wichtiger, darauf zu achten, dass man sich gegenseitig versteht, als sich nur über grammatikalische Fehler Gedanken zu machen.

SELBSTBEWERTUNG

IM ALLGEMEINEN				
Meine Teilnahme am Unterricht				
Meine Hausarbeiten				
Meine Fortschritte im Spanischen				
Meine Schwierigkeiten				

IM EINZELNEN					
Grammatik					
Wortschatz					
Phonetik und Aussprache					
Lesen					
Hören					
Schreiben					
Kultur					
Mündlicher Ausdruck					

LERNTAGEBUCH

In dieser Lektion habe ich (viele / ziemlich viele / einige) Dinge über die Städte gelernt, in denen man Spanisch spricht. Sie (sind / sind nicht) anders als in meinem Land. Im Unterricht haben wir in Gruppen gearbeitet und ....

.... Es ist manchmal problematisch, dass

....

Eines der Ziele dieser Lektion ist es, diskutieren und argumentieren zu lernen, und in meiner Gruppe haben wir (viel / wenig / nicht genug) auf Spanisch diskutiert. (Alle / Nicht alle) haben mitgearbeitet.

gente y fechas

1 Primeras palabras

A. Ordnen Sie diese Wörter den Bildern zu.

tener un hijo .... primera vez ....
viajar al espacio .... guerra .... pasar a la historia ....
nacer .... crecimiento económico ....

B. Denken Sie an weitere Wörter, die Ihnen für diese Lektion nützlich sein könnten.

2 Fechas importantes LA 1

61

Hören Sie die Aufnahme und entscheiden Sie mit Hilfe der Antwortkarten, welcher Teilnehmer mehr richtige Antworten hat.

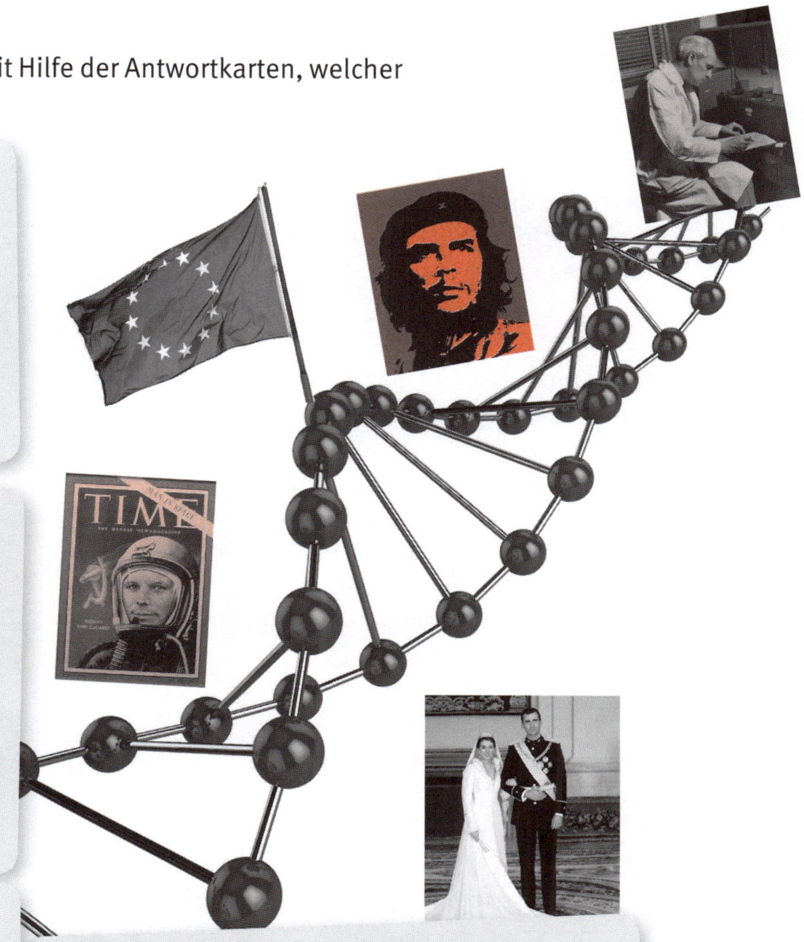

AVANCES DE LA CIENCIA Y LA TÉCNICA

2008 Se encuentra hielo en Marte.
2003 Decodificación completa del genoma humano.
1969 N. Amstrong pone el pie en la Luna.
1961 Gagarin, primer "hombre del espacio".
1919 Leonardo Torres Quevedo inventa el transbordador de las cataratas del Niágara.

ACONTECIMIENTOS SOCIALES Y POLÍTICOS

2008 Quiebra de Lehman Brothers e inicio de la crisis económica global.
2002 Entra en circulación el euro.
1969 Dimisión de De Gaulle.
1957 Tratados de Roma: nacimiento de la CEE y del Euratom (Europa de los Seis).
1945 Conferencia en Yalta. Stalin, Roosevelt y Churchill. Acuerdo sobre la creación de la ONU.

PREMIOS NOBEL Y CIENTÍFICOS

2009 Barack Obama, premio Nobel de la Paz.
1982 García Márquez, premio Nobel de Literatura.
1959 Severo Ochoa, Premio Nobel de Medicina.
1921 Albert Einstein, Premio Nobel de Física.
1906 Santiago Ramón y Cajal, Premio Nobel de Medicina.

VIDAS DE FAMOSOS

2008 Boda de Nicolas Sarkozy y Carla Bruni.
2004 Boda en Madrid del Príncipe Felipe de Borbón y Letizia Ortíz.
1997 Muerte de Lady Di.
1968 Boda de Jacqueline Kennedy con A. Onassis.
1956 Boda de Rainiero y Grace Kelly.

MAGNICIDIOS

2006 Anna Lindh, ministra de Exteriores de Suecia.
1995 Isaac Rabin, primer ministro de Israel.
1986 Olof Palme, primer ministro de Suecia.
1978 Aldo Moro, primer ministro de Italia.
1967 Che Guevara, comandante de la Revolución Cubana.

	PRIMER CONCURSANTE	correcto	incorrecto	SEGUNDO CONCURSANTE	correcto	incorrecto
1.ª pregunta						
2.ª pregunta						
3.ª pregunta						
TOTAL						

3 Frases para completar LA 2

Hören Sie die Aufnahme und achten Sie darauf, ob das Verb im Präsens (**hablo**) oder im Indefinido (**habló**) steht. Ergänzen Sie die richtige Verbform und markieren Sie, wie der Satz endet.

62

1. Hablo
- ☑ **a.** pero no sé escribirlo.
- ☐ **b.** al principio de la conferencia, y luego se expresó en inglés.

2. ....
- ☐ **a.** con una beca que me ha dado el Ministerio de Educación y Ciencia.
- ☐ **b.** y luego regresó a su país.

3. ....
- ☐ **a.** pero se cansó enseguida y decidió buscar un puesto en un periódico.
- ☐ **b.** pero no me gusta mucho y me gustaría trabajar en la televisión.

4. ....
- ☐ **a.** la playa no me gusta.
- ☐ **b.** allí conoció a su novio.

5. ....
- ☐ **a.** lo siento, es hora punta y hay mucho tráfico.
- ☐ **b.** y por eso perdió el avión.

6. ....
- ☐ **a.** sus amigos tomaron el ascensor.
- ☐ **b.** no me gusta usar el ascensor.

7. ....
- ☐ **a.** no se movió de allí hasta que llegaste.
- ☐ **b.** si tienes un problema, me llamas y voy a ayudarte.

8. ....
- ☐ **a.** porque se quedó sin batería en el móvil.
- ☐ **b.** mi móvil está sin batería.

9. ....
- ☐ **a.** vio las noticias de la tele y se fue a dormir a las 11.
- ☐ **b.** veo las noticias de la tele y me voy a dormir temprano.

10. ....
- ☐ **a.** así me entero de lo que pasa en el mundo antes de leer el periódico.
- ☐ **b.** pero no escuchó ninguna noticia sobre el accidente de tren.

Die Präsensform der dritten Person Singular ist der des Indefinidos sehr ähnlich. Achten Sie darauf, wo die jeweilige Betonung liegt, um die beiden Formen zu unterscheiden.

4 Continuación lógica LA 3

A. Hören Sie die Personen und markieren Sie die entsprechende Fortsetzung der Sätze.

63

a. Vio *La Maja desnuda*, de Goya. Le gustó mucho.
b. Pero me olvidé el bañador en casa, así que no me bañé.
c. Vi *Las Meninas*, de Velázquez. Me gustó mucho.
d. Me encantó la música y el ambiente. Tenemos que ir juntos.
e. Y en 1971 se casó con ella.
f. Ganamos 3 a 0.
g. ¿Estuviste enfermo?
h. Ganó 3 a 0.
i. Pero se olvidó el bañador en casa, así que no se bañó.
j. Y en 1970 me casé con ella.

B. Überprüfen Sie Ihre Antworten mit Hilfe der Aufnahme und ergänzen Sie die Tabelle mit den korrekten Formen des Indefinido.

	VER	ESTAR	IR	CONOCER	JUGAR
yo					
tú					
él					

5 Estos días LA 3

A. Ordnen Sie zu und fügen Sie wenn möglich weitere Dinge hinzu.

estudiar español
ver una película
leer el periódico · hacer deporte
mandar un correo electrónico
hablar por teléfono · ver a tu familia
hacer la compra
ir a tomar algo con amigos
salir de fiesta · limpiar · cocinar
hacer fotos · dar un paseo
conocer a alguien especial · llorar
tener un accidente · comprar flores
hacer un regalo
discutir con alguien

La semana pasada	Ayer	Hoy
....	....	....
....	....	....
....	....	....
....	....	....
....	....	....
....	....	....

B. Schreiben Sie nun drei kurze Absätze darüber was Sie heute, gestern und letzte Woche getan haben.

6 Vaya lío, Valentina LA 3

Hier sehen Sie, was Valentina in den letzten Tagen getan hat und was sie ihrer Freundin erzählt. Es ist jetzt abends am Donnerstag, dem 14. Korrigieren Sie wie im Beispiel vorgegeben.

No, esta mañana no ha jugado a squash con Herminia, jugó ayer.

LUNES 11

8 - 9 h: clase de ruso
12 h: reunión con el Sr. Palacio
19 h: dentista

MARTES 12

Viaje de trabajo a Madrid
De compras en Madrid: traje chaqueta azul en las rebajas
22 h: fiesta de cumpleaños de Gabriel

MIÉRCOLES 13

Comida con el jefe y unos clientes belgas
Partido de *squash* con Herminia
Cena con Alfredo en una pizzería

JUEVES 14

De 9 a 11 h: clase de ruso
Comida con Isabel, una vieja amiga
Peluquería
Supermercado

7 Buenos propósitos LA 4

A. Das sind Danis gute Vorsätze für das neue Jahr. Sehen Sie sich das Bild genau an und unterstreichen Sie die erfüllten Vorsätze.

dejar de fumar
comer sano
ir a un concierto de Estopa
visitar a mi hermana en París
estudiar inglés
cambiarme de piso
comprarme una moto
hacer deporte
perder peso
adoptar un perro

B. Notieren Sie Sätze mit den Dingen, die Dani nicht getan hat.

Ha ido a un concierto de Macaco.

8 Cambios importantes LA 4

Ergänzen Sie zu jedem Thema Sätze über die Veränderungen, die sich in den letzten zehn Jahren zugetragen haben. Vergleichen Sie danach gemeinsam im Kurs.

Tu ciudad o pueblo	**La naturaleza**	**Las comunicaciones**	**Las relaciones internacionales** ....
La vida cotidiana	**Los transportes**	**La televisión**	**La política** ....

9 La última vez LA 5

Formulieren Sie Sätze über diese Aktivitäten mit den folgenden Zeitangaben.

LA ÚLTIMA VEZ QUE...
- cenar en un restaurante excelente
- tener que decir una mentira
- conocer a una persona rara
- leer una buena novela
- llorar viendo una película
- perderte en una ciudad
- gastar demasiado
- perder una llave
- olvidar algo importante
- oír una buena noticia
- ver un paisaje especialmente bonito
- tener una conversación interesante
- escribir un correo electrónico
- tener una sorpresa agradable

ayer | anteayer | anoche | el lunes/martes... pasado | la semana pasada | el 19... | el mes /año pasado | cuando era niño | no lo he hecho nunca

Anoche comí en un restaurante excelente. Fui a cenar con mi novio.

10 La primera vez LA 5

A. Ergänzen Sie die Tabelle mit Ihren Antworten.

	¿DÓNDE?	¿CUÁNDO?
1. Comer paella	*Comí paella por primera vez en Tenerife.*	*Fue en 2003.*
2. Ir en bicicleta	*No me acuerdo.*	*Fue hace muchos años.*
3. Subir a un avión		
4. Estar en un país de lengua española		
5. Viajar en barco		
6. Estar en una isla		
7. Conocer a un español o hispanoamericano		
8. Pasar unas vacaciones sin la familia		
9. Ir a una boda		
10. Votar en unas elecciones		
11. Ver un gran espectáculo		

B. Tauschen Sie sich nun im Kurs darüber aus.

- *¿Cuándo y dónde comiste paella por primera vez?*
- *Pues... fue en Tenerife en 2003, en un viaje con la universidad. ¿Y tú?*
- *Yo nunca he comido paella.*

11 Imágenes de una vida LA 5

A. Ordnen diese Bilder aus Amalias Leben chronologisch.

B. Schreiben Sie eine kurze Biografie über Amalia. Erfinden Sie die Information, die Ihnen fehlt.

Amalia nació en Buenos Aires en 1980...

12 Un cuestionario LA 6

A. Füllen Sie diesen Fragebogen aus.

	yo	mi compañero
1. ¿En qué año nació usted?	*En mil novecientos ochenta y seis.*	
2. ¿Cuándo empezó la escuela primaria?		
3. ¿Cuál fue la primera lengua extranjera que estudió? ¿Cuándo empezó a estudiarla?		
4. ¿Cuándo empezó a estudiar español?		
5. ¿En cuántas escuelas ha estudiado? ¿Cuánto tiempo?		
6. ¿Ha vivido en el extranjero? ¿Dónde? ¿Cuánto tiempo?		
7. ¿Desde cuándo vive usted aquí?		

B. Fragen Sie nun Ihren Nachbarn / Ihre Nachbarin. Gibt es viele Übereinstimmungen?

- *¿En qué año naciste?*
- *En el...*

13 Dos biografías LA 7

A. Kennen Sie diese beiden Personen?

B. Ordnen Sie die Information der jeweiligen Person zu.

1 JUAN ANTONIO BARDEM

2 JAVIER BARDEM

- ☐ Fue un director de cine español.
- ☐ Obtuvo el premio al mejor guion y a la mejor comedia en el Festival de Cannes.
- ☐ Tuvo problemas en España con la censura.
- ☐ Fue militante del Partido Comunista de España.
- ☐ Es un actor muy importante. Ha trabajado en teatro, cine y televisión.
- ☐ Ha obtenido, entre otros premios, seis Goya, un Globo de Oro, un BAFTA y el premio del Festival de Cannes al mejor actor.
- ☐ Ha sido el primer actor español en ganar un Óscar.
- ☐ Participa activamente en la plataforma Todos con el Sahara.
- ☐ Tuvo cuatro hijos.
- ☐ Vivió en Madrid gran parte de su vida.
- ☐ Escribió un libro de memorias titulado *Y todavía sigue*.
- ☐ Nacio en Madrid en 1922 y murió en la misma ciudad en 2002.
- ☐ Trabajó en diferentes películas con su amigo Luis García Berlanga.
- ☐ Ha tenido un hijo que se llama Leo.
- ☐ Ha vivido en Madrid durante muchos años.
- ☐ Ha mantenido siempre en secreto su vida privada.
- ☐ Nació en Las Palmas de Gran Canaria en 1969.
- ☐ Ha trabajado con su mujer, Penélope Cruz, en diferentes películas.

C. Vergleichen Sie zu zweit.

14 Fechas clave LA 8

Ordnen Sie zu und formulieren Sie Sätze wie im Beispiel vorgegeben.

1492	EMPEZAR la Revolución francesa
1789	DECLARARSE la independencia de Estados Unidos
1898	Colón LLEGAR a América
1918	España DECLARAR la guerra a Estados Unidos
1776	COMENZAR la Guerra de Irak
2012	ESTALLAR la Guerra en Afganistán
1939	TERMINAR la Guerra Civil Española
1968	TERMINAR la I Guerra Mundial
2001	HABER un gran movimiento de estudiantes y obreros en Europa
2003	EMPEZAR la Guerra Civil Siria

En 1492 Colón descubrió América.
En 1492 fue cuando Colón descubrió América.

15 Mi año LA 10

Welche wichtigen Ereignisse fanden in Ihrem Geburtsjahr statt? Erstellen Sie einen Zeitstrahl mit den wichtigsten Ereignissen, an die Sie sich erinnern können, und suchen Sie im Internet nach weiterer Information.

SO LERNEN SIE BESSER

16 **Mi mejor viaje**

A. Carla soll einen Bericht über ihre schönste Reise verfassen. Sie hat vor dem Schreiben ein Mindmap erstellt. Wie ist es organisiert? Welche Kategorien benutzt Carla?

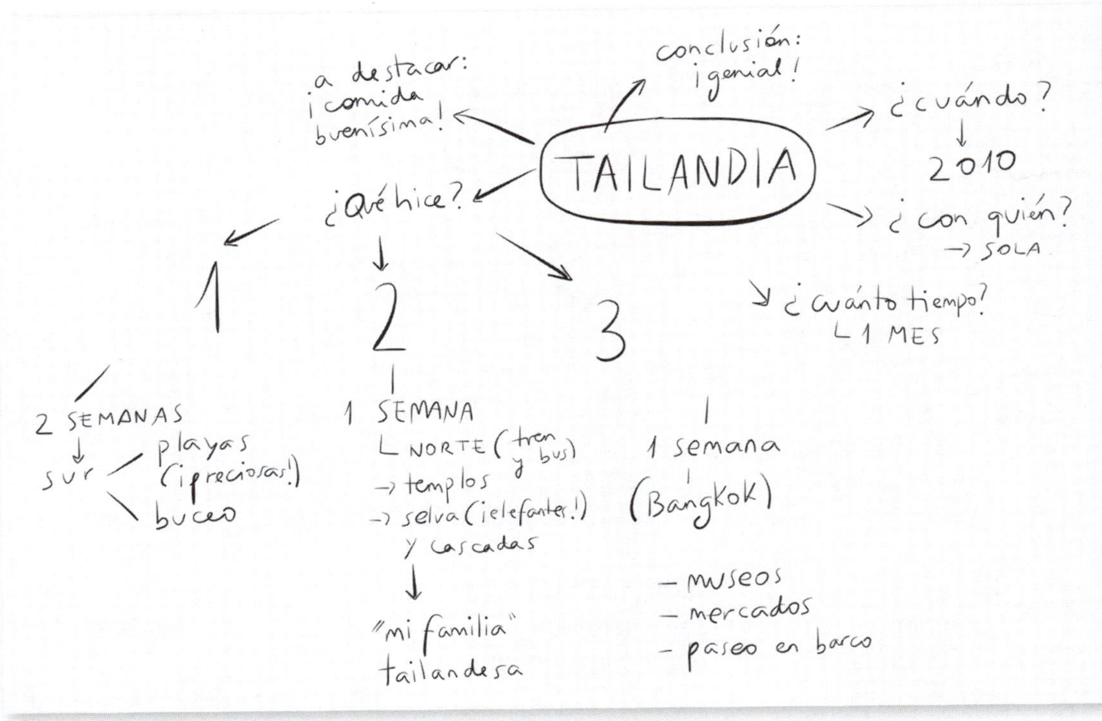

B. Dies ist der Text, den Carla danach geschrieben hat. Unterstreichen Sie die Information, die im Mindmap erscheint. Achten Sie auf die sprachlichen Mittel, die Carla benutzt hat, um ihre Stichpunkte zu verbinden.

En 2010 viajé a Tailanda. Estuve de viaje 1 mes y visité muchos lugares. Fui yo sola, pero allí conocí a mucha gente interesante. Primero, durante las dos primeras semanas, visité las playas del sur del país e hice un curso de buceo. Después viajé hacia el norte en tren y en autobús. En el norte visité los templos de diferentes ciudades e hice algunas excursiones por la selva. En la selva vi elefantes salvajes, fue increíble. Pero no monté en elefante, aunque muchas empresas me lo propusieron, porque a mí me parece algo cruel. También me bañé en lagos con cascadas naturales y probé la cocina tradicional de la zona, ¡incluidos los insectos! No me gustaron nada… Tuve la oportunidad de vivir algunos días en un pueblo de la selva con una familia. Aprendí muchas cosas, e incluso un poquito de la lengua. Por último pasé una semana en Bangkok, en la capital. Allí visité algunos de los numerosos museos que hay y muchos mercados. Para mí, visitar los mercados de un lugar es una de las mejores maneras de conocer su cultura. También di un paseo en barco por el río, disfruté de algunos masajes tailandeses y aprendí a cocinar algunos platos típicos en una escuela de cocina. Fue una experiencia inolvidable.

Vor dem Verfassen eines Textes ist es sehr nützlich, seine Ideen in Stichpunkten anhand eines Mindmaps zu organisieren. Danach können Sie die Wörter suchen, die Sie dafür brauchen, und darüber nachdenken, wie Sie die Stichpunkte mit Hilfe von Redemitteln und Konjunktionen ausformulieren und verbinden können.

C. Machen Sie es nun wie Carla und schreiben Sie einen Text über Ihre schönste Reise.

SELBSTBEWERTUNG

IM ALLGEMEINEN				
Meine Teilnahme am Unterricht				
Meine Hausarbeiten				
Meine Fortschritte im Spanischen				
Meine Schwierigkeiten				

IM EINZELNEN					
Grammatik					
Wortschatz					
Phonetik und Aussprache					
Lesen					
Hören					
Schreiben					
Kultur					
Mündlicher Ausdruck					

LERNTAGEBUCH

In dieser Lektion habe ich (viel / ziemlich viel / wenig) .... über wichtige Daten der spanischsprachigen Welt gelernt. Ich habe auch gelernt, dass .... Ich habe noch einige Probleme mit .... Ich kann Ereignisse zeitlich in der Vergangenheit einordnen und kann (gut / nicht so gut / schlecht) unterscheiden, wann ich das Perfekt und wann ich das Indefinido benutzen muss. Ich würde den/die Kursleiter/in um mehr Übungen zu .... bitten.

11 gente en casa

1. **Primeras palabras.** Nützlicher Wortschatz für die Lektion.
2. **Cosas de casa.** Wortschatz: Möbel und Teile des Hauses.
3. **Apartamento nuevo.** Wortschatz: Möbel und Gegenstände des Hauses.
4. **Accesorios.** Wortschatz: Haushaltsgegenstände.
5. **Pisos en el plano.** Teile des Hauses, Vergleiche.
6. **¿Cuál es tu dirección?** Adressen.
7. **¿En qué número vives?** Fragen, um eine Adresse zu vervollständigen.
8. **Entonces...** Aufforderungen bestätigen, das Gehörte wiederholen.
9. **Riega las plantas, por favor.** Anleitungen/Anweisungen mit dem Imperativ und **tener que** + Infinitiv.
10. **Consejos de madre.** Der Imperativ. Direkte Objektpronomen.
11. **Invitados.** Anleitungen, um zu einem Ort zu gelangen.
12. **Sigue todo recto.** Adressen. Imperativ. **Tú** und **usted**.
13. **¿Cómo lo dices?** Wortschatz für Anleitungen und Hinweise.
14. **Abreviaturas.** Wohnungsanzeigen, Abkürzungen. Eine passende Wohnung für jemanden suchen.
15. **Se vende casa.** Immobilienanzeigen.
16. **Claves para buscar piso.** Ratschläge für die Wohnungssuche. Der Imperativ.
17. **Vendo casa.** Ein Haus beschreiben. Eine Anzeige erstellen.
18. **Be y uve.** Phonetik: die Aussprache von **b** und **v** am Wortanfang und zwischen Vokalen.
19. **Mapas de palabras.** Wortschatz: das Haus. Lernstrategien.

Agenda

1

2

3

4

5

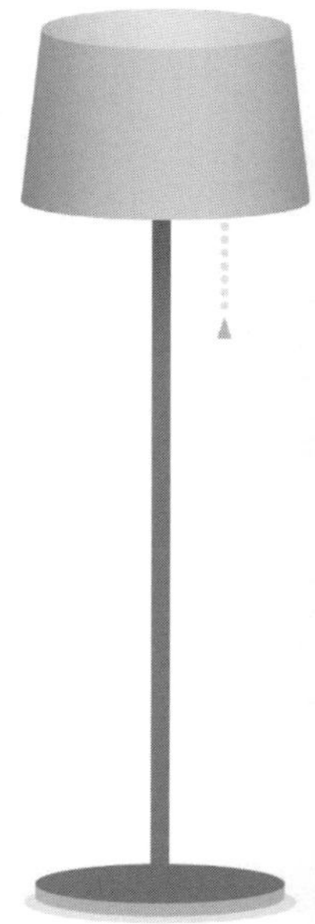
6

1 Primeras palabras

A. Ordnen Sie diese Wörter den Bildern zu.

alquiler .... mesa .... salón .... sofá ....
cocina .... ciudad .... lámpara ....
baño .... piso ....

B. Denken Sie an weitere Wörter, die Ihnen für diese Lektion hilfreich sein können.

2 Cosas de casa LA 2

A. Ordnen Sie diese Wörter dem Plan zu. Es kann verschiedene Kriterien und Orte geben, wo sie passen können.

armario nevera salón
sofá cocina baño
balcón lavadora cama
estantería televisión
silla lámpara

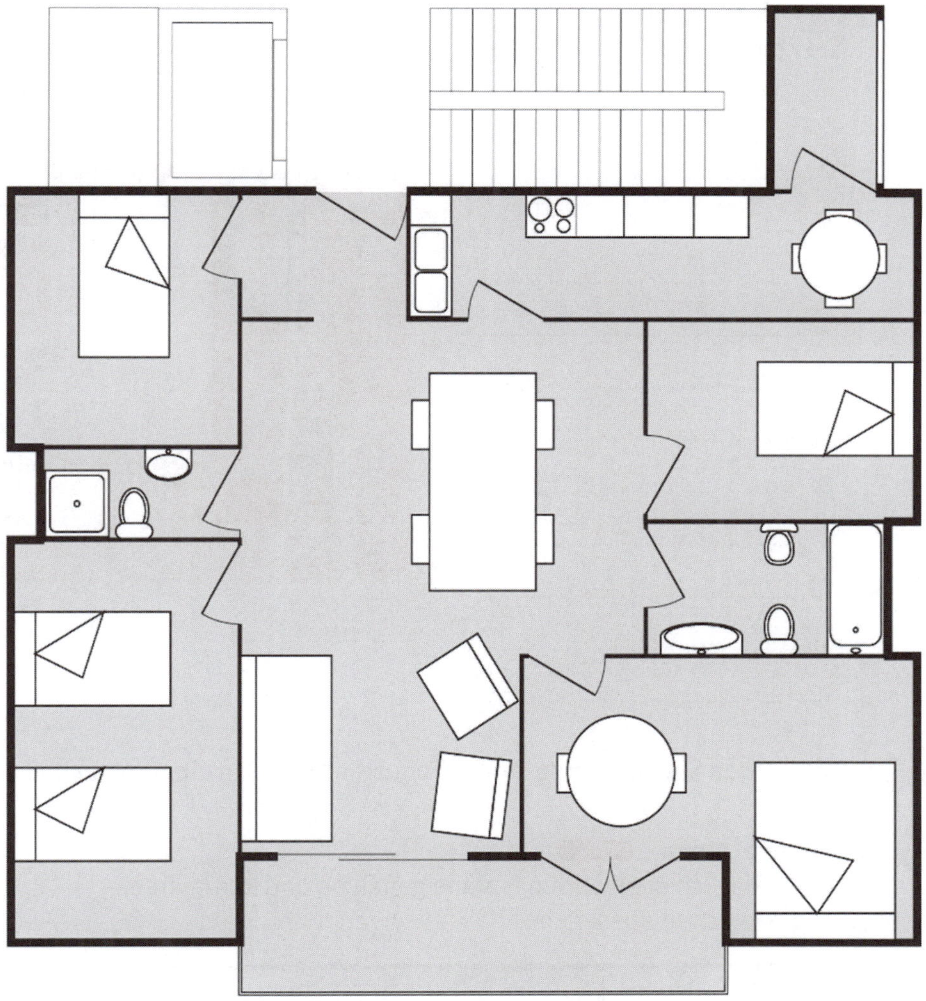

B. Kennen Sie weitere Wörter zum Thema Wohnen? Schreiben Sie auch diese auf.

C. Vergleichen Sie nun zu zweit. Haben Sie die Wörter an die gleichen Stellen geschrieben? Gibt es Wörter, die in Ihrem Plan nicht vorkommen? Ergänzen Sie sie und fragen Sie gegebenfalls nach deren Bedeutung.

3 Apartamento nuevo LA 3

A. Welche der Sachen von den Seiten 120–121 im Kursbuch würden Sie für eine unmöblierte Wohnung kaufen? Wo würden Sie sie hinstellen? Brauchen Sie weitere Dinge?

MUEBLES, ELECTRODOMÉSTICOS...	PARTE DE LA CASA
....	....
....	....
....	....
....	....
....	....
....	....
....	....

B. Vergleichen Sie Ihre Einkaufslisten zu zweit.

- *Julia ha puesto el sofá al lado del balcón, pero yo lo he colocado enfrente porque...*

4 Accesorios LA 3

A. Ergänzen Sie die Namen der Dinge auf der Zeichnung. Benutzen Sie gegebenfalls ein Wörterbuch.

1. ....
2. ....
3. ....
4. ....
5. ....
6. ....
7. ....
8. ....
9. ....
10. ....
11. ....
12. ....

B. Denken Sie an weitere „unentbehrliche“ Dinge in einem Haushalt und vergleichen Sie zu zweit.

5 Pisos en el plano LA 4

Sehen Sie sich die Wohnungspläne genau an und korrigieren Sie die falschen Aussagen.

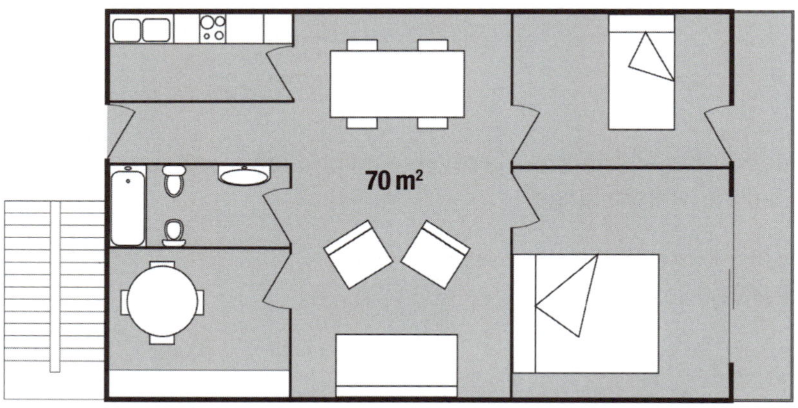

C/ Cervantes

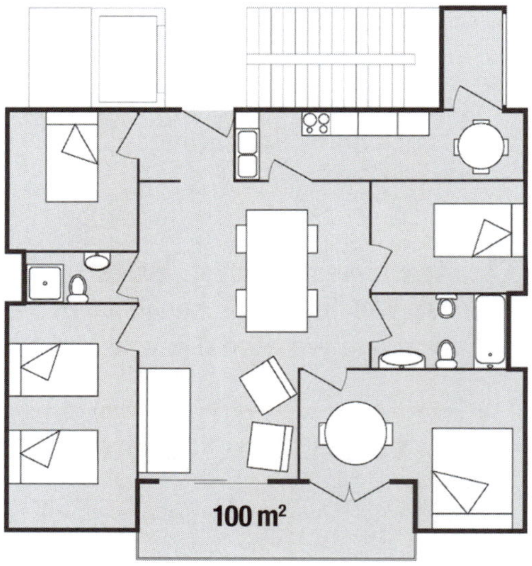

Avda. América

1. El de la calle Cervantes tiene un baño y un aseo. *No, no es verdad. Tiene solo un baño.*
2. El de la calle Cervantes tiene más metros cuadrados (m^2).
3. El de la avenida América solo tiene dos dormitorios.
4. El baño del de la avenida América es más pequeño.
5. El de la calle Cervantes tiene dos dormitorios de matrimonio.
6. El salón del de la avenida América tiene terraza.
7. El de la calle Cervantes tiene un pequeño balcón al lado de la cocina.
8. El salón del de la calle Cervantes es más grande que el del otro piso.

6 ¿Cuál es tu dirección? LA 5

64-67

Hören Sie diese Personen und markieren Sie die entsprechende Information in der Tabelle.

Nombre	1. Arturo	2. Benito	3. Carmen	4. Silvia

	1.er Apellido	2.º Apellido	Dirección	Número	Piso	Código postal	Localidad
	Cano	Valdés	Avenida de Navarra	3	bajos	44566	Madrid
	Díaz	Puértolas	Paseo de la Estación	187	entlo. 1.ª	28008	Vitoria
	Cantero	García	Avenida de los Plátanos	16	1.º dcha.	28003	Aguaviva (Teruel)
1	Coromina	Ciruelo	Plaza de la Paja	46	1.º izq.	01007	Molina de la Sierra (Madrid)

7 ¿En qué número vives? LA 5

A. Ergänzen Sie diese Adressen mit erfundenen Daten.

SANDRA GARCÍA ....
Calle Fernando VII, n.º ....
.... Madrid

SUSANA ROCHE GRACIA
Calle Pino, ...
.... Sevilla

ISABEL MONTE ....
Avda de la Constitución, 31, ...
.... Valencia

C. MARCOS FUENTES
Plaza ...., 31...........
...................., ...

BENITO VILLA SALCEDO
................................, 23, 2.º A
.... Bilbao

B. Welche Fragen kann man stellen, um diese Information zu erfragen?

¿Cuál es tu segundo apellido?
¿En qué número vives? / ¿En qué piso vives?
¿Cuál es el código postal?
...

8 Entonces... LA 6

68

Antworten Sie wie im Beispiel und wiederholen Sie dabei die Schlüsselinformation der gehörten Anweisungen.

- *¿Tengo que coger la línea cinco y bajar en la plaza de España?*

9 Riega las plantas, por favor LA 7

Ein Freund hütet Ihr Haus, während Sie in den Urlaub fahren. Schreiben Sie ihm Anweisungen im Imperativ und mit **tienes que** + Infinitiv.

- Regar las plantas del jardín / de dentro / de la terraza...
- Cerrar el gas / el agua / las ventanas... al salir.
- Dar de comer a los peces / al gato...
- Comprar...
- Sacar el correo del buzón.
- Sacar a pasear al perro.
- Abrir el correo electrónico.

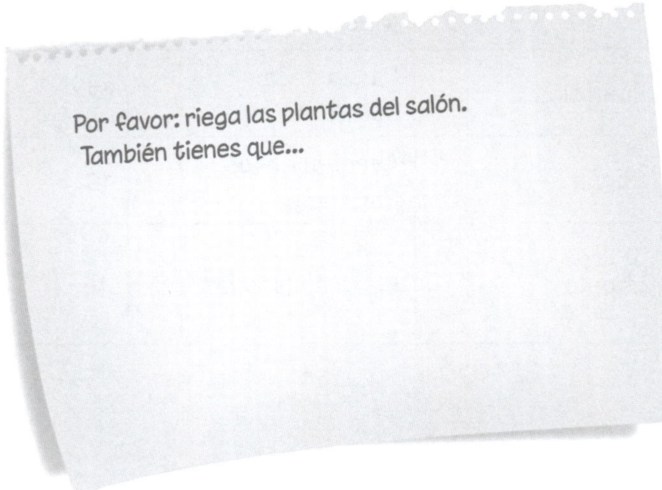

10 Consejos de madre LA 7

A. Ana ist von zu Hause ausgezogen und ihre besorgte Mutter erinnert sie an all die Dinge, die sie tun muss. Ergänzen Sie das jeweils passende Pronomen.

1. Si cocinas mucha comida, congéla............... para otro día.
2. El baño, límpia............... todas las semanas.
3. La lavadora, pon............... por la noche que es más barato.
4. Las camisas, cuélga............... en el armario.
5. Los calcetines, méte............... en un cajón con el resto de la ropa interior.
6. La fruta, cómpra............... en el mercado, no en el supermercado.
7. Acuésta............... pronto.
8. Láva............... los dientes después de las comidas.
9. Lláma............... todas las noches.

B. Formulieren Sie weitere Ratschläge. Orientieren Sie sich dabei an den Beispielen aus dem ersten Teil der Übung.

11 Invitados LA 7

Geben Sie drei Kursteilnehmer/innen Anweisungen, wie sie am besten vom Kurs zu Ihnen nach Hause kommen. Erklären Sie ihnen, wie sie zu Fuß, mit dem Auto und mit den öffentlichen Verkehrsmitteln zu Ihnen gelangen.

- *A pie no se puede. Está demasiado lejos...*

12 Sigue todo recto LA 7

A. Lesen Sie, wie die Rezeptionistin eines Hostels den Gästen Hinweise gibt, wie sie am besten zu verschiedenen Orten der Stadt kommen. Finden Sie diese Orte auf dem Plan.

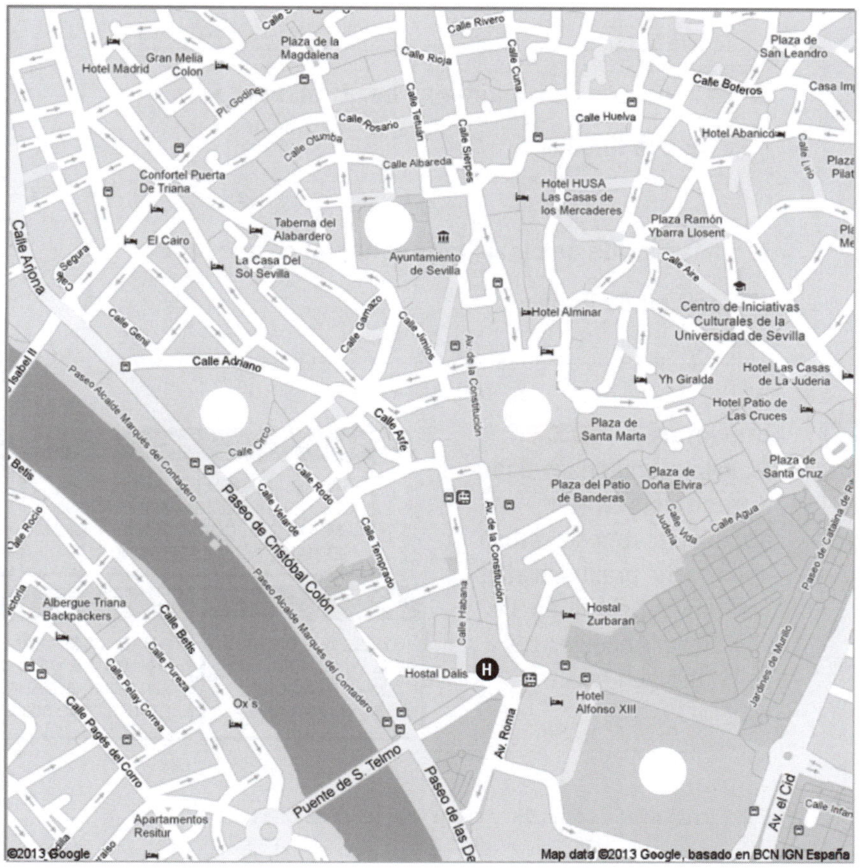

1. ● Disculpe, ¿nos puede decir cómo llegar a la plaza de toros?
   ❍ Es muy fácil. **Salgan** del hotel y **giren** a la derecha hasta el paseo de Cristóbal Colón. **Continúen** recto y **caminen** unos doscientos metros. A mano derecha está la plaza.
   ● Muchas gracias.

2. ● Perdona, ¿puedes decirnos como llegar a la universidad?
   ❍ Sí, a ver... **Mirad**, **salid** del hotel y **girad** a la izquierda. Después **tomad** la segunda calle a la izquierda y **continuad** recto. La universidad está ahí mismo.
   ● Gracias.

3. ● Disculpa, ¿podrías indicarme cómo llegar a la plaza Nueva?
   ❍ Por supuesto. Te digo la manera más fácil: **sal** del hotel y **gira** a la derecha hasta el paseo de Cristóbal Colón. **Sigue** recto hasta la plaza de toros y **gira** a la derecha. **Sigue** recto por esa calle hasta un cruce grande y **continúa** recto. Depués de la curva está la plaza Nueva.
   ● Vale, muchas gracias.

4. ● Buenos días. ¿Sabe dónde hay una oficina de turismo?
   ❍ Buenos días. Pues, **mire**, **salga** del hotel y **gire** a la izquierda por la avenida de la Constitución. **Continúe** recto y en el número 21 hay una oficina de turismo.
   ● Muchísimas gracias.

B. Sehen Sie sich die **fett gedruckten** Verbformen an und ergänzen Sie die Tabelle. Füllen Sie danach die restlichen Felder aus.

	1	2	3	4
Con una chica				
Con una señora mayor				
Con varios chicos				girad
Con una pareja mayor				

C. Markieren Sie einen konkreten Ort auf der Karte und schreiben Sie Anweisungen, um vom Hostel dorthin zu gelangen. Probieren Sie zu zweit, ob Sie jeweils am richtigen Ort ankommen.

13 ¿Cómo lo dices? LA 7

Diese Ausdrücke benutzt man im Spanischen, um Anweisungen zu geben. Wie sagt man das in Ihrer Sprache?

1. Tienes que **coger el autobús** enfrente de la universidad.

   ....

2. En la parada de Urquinaona **haz transbordo** y **coge la línea** roja.

   ....

3. En la parada de plaza de España tienes que **cambiar de línea**.

   ....

4. **Toma el bus** 32 y **baja en la parada** de plaza de España.

   ....

5. **Vete caminando hasta** Colón y allí **toma el tranvía** 6.

   ....

14 Abreviaturas LA 8

A. In Immobilienanzeigen werden viele Wörter abgekürzt, aber sicherlich können Sie praktisch alles verstehen. Schreiben Sie vier dieser Anzeigen als vollständigen Text.

1
BARRIO TRANQUILO. 3 HAB. DOBLES. B. COMPL. Y DOS ASEOS. AMPLIO SAL. CON CHIMENEA. GRAN TERRAZA. ALT. MUY LUMINOSO.

2
160 M2, 4 HAB., SAL. COMEDOR, COCINA NUEVA, B. COMPLETO Y A. FINCA SEMI NUEVA. ASC. PQ. 3.

3
3 HAB. AMPLIO SALÓN COM. 2 BALC. PERFECTO ESTADO. TRZA. LISTO VIVIR. 95 M2.160 000 € TERCER PISO SIN ASC.

4
3 HAB., A. Y BAÑO, CAL. Y AC. EXT. ASC. ZONA TRANQUILA. JARDÍN. 140 000 €

5
2 HAB. COCINA AM. EXT. ZONA TRANQUILA Y SOL. FINCA ANTIGUA RESTAURADA. ZONA CENTRO. 240 000 €

6
1 HAB. ASEO BALC. MUY BIEN. IDEAL PAREJAS. ZONA CENTRO, JUNTO AYTO.

7
3 HAB. DOBLES, TRZA. EXT. MUY SOLEADO. VISTAS. CAL. ASC. PQ. FINC. MODERNA. PISCINA.

Está en un barrio tranquilo y tiene tres habitaciones dobles...

B. Diese Personen möchten eine Wohnung kaufen. Welche der Wohnungen empfehlen Sie ihnen?

Yo creo que para el chico de la primera viñeta está bien el piso... porque...

A ☐

B ☐

C ☐

D ☐

15 Se vende casa LA 8

69

A. Hören Sie den Immobilienmaklern zu. Welche Wohnungen erwähnen sie?

ALQUILERES

CHALÉS UNIFAMILIARES ALTO STANDING

Zona residencial. Superficie de 1200 m^2, 600 m^2 edificados. Salón-comedor de 65 m^2, gran cocina, biblioteca-despacho de 20 m^2, 8 habitaciones, 3 baños, 2 salones de 50 m^2 cada uno, garaje para 3 coches y motos, galería-lavadero, bodega, solarium, 3 terrazas. Piscina, jardín, calefacción y aire acondicionado. Excelentes vistas a la sierra.

Zona tranquila. Terreno de 500 m^2, 230 construidos. Garaje 3 coches, salón con chimenea, cocina office, 4 habitaciones, 2 baños, calefacción. Jardín.

Zona ajardinada. Solar 624 m^2. Construidos 450 m^2. Garaje 4 coches, sala de juegos, cuarto de lavado, trastero, salón con chimenea, cocina office, 6 habitaciones, estudio, piscina. Jardín. Preciosas vistas.

CASAS ADOSADAS

Paseo Acacias. Casa adosada 230 m^2. 4 habitaciones (1 en planta baja), 2 baños y 1 aseo, jardín 20 m^2, piscina y gimnasio comunitarios, garaje particular.

Paseo de la Estación. Casa adosada 200 m^2. 3 habitaciones, estudio de 40 m^2, salón-comedor de 30 m^2 a dos niveles, 2 baños completos, terraza, parking, amplio trastero. Jardín.

Avenida Constitución. Casa adosada. 180 m^2, 4 habitaciones, 2 baños y 1 aseo, salón-comedor 25 m^2, cocina con salida terraza y jardín. Estudio 15 m^2, solarium, garaje 3 coches, calefacción, vistas al mar, cerca estación FF. CC.

PISOS, APARTAMENTOS Y ESTUDIOS

Zona Pza. España. Piso 85 m^2, salón con chimenea, cocina, 3 habitaciones con armarios empotrados, 1 baño, 1 aseo.

C/ Santa Ana. Piso amueblado, 3 habitaciones dobles, salón-comedor, 4 balcones, suelo de parqué y de terrazo. Exterior y soleado. Céntrico.

Zona Reyes Católicos. Piso 70 m^2, comedor, cocina, 2 habitaciones exteriores, 1 baño y 1 aseo. Calefacción. Piscina y jardín comunitarios. Tranquilo y soleado.

Casco antiguo. Estudio totalmente renovado. 40 m^2. Ascensor. Exterior, con terraza y balcón. Tranquilo.

B. Welche Wohnungen werden die Kunden wählen? Warum?

a. Pareja joven

b. Empresario

16 Claves para buscar piso LA 10

A. Ordnen Sie diese Ratschläge, die die Nutzer in einem Forum über Wohnungsvermietung geben, nach Wichtigkeit.

- ☐ Comprueba si está bien comunicado.
- ☐ Explora la zona y los alrededores.
- ☐ Infórmate sobre los gastos mensuales.
- ☐ Visita más de un piso antes de decidir.
- ☐ Comprueba que tiene todo lo necesario (agua, luz, gas, etc.).

B. Denken Sie zu zweit an fünf weitere Ratschläge zur Wohnungssuche und ergänzen Sie die Liste.

- *Yo creo que es muy importante hablar con los vecinos.*
- *¿Sí? ¿Para qué?*

17 Vendo casa LA 10

Stellen Sie sich vor, Sie wollen Ihr Haus verkaufen. Schreiben Sie eine Anzeige ohne Abkürzungen.

Piso de dos dormitorios. 60 metros cuadrados. Salón comedor y cocina reformada. Finca antigua. Pequeño balcón. Barrio tranquilo. Vistas a un parque.

18 Be y uve

70

A. Hören Sie die Wörter. Klingen die Buchstaben b und v gleich oder unterschiedlich?

V: lava, la vecina, avenida, novio

B: habitación, sabe, abuelo, nube

B. Hören Sie nun diese Wörter. Klingen sie in 1 und 2 gleich? Unterstreichen Sie die korrekte Form für jede Regel.

1: barrio, vino, barco, viaje

2: lava, cabo, sabe, Álava

Generell klingen b und v am Wortanfang oder nach m oder n härter (Plosiv) / weicher (Approximant). Zwischen Vokalen klingen b und v normalerweise härter (Plosiv) / weicher (Approximant).

C. Dasselbe passiert bei der Aussprache von **g** und **d**. Hören Sie genau zu und formulieren Sie eine allgemeine Regel.

gato, guerra, garcía, pagar, agosto, hago

diez, dar, diferente, cada, hablado, poder

SO LERNEN SIE BESSER

19 **Mapas de palabras**

A. Denken Sie an sämtliche Wörter, die Sie in dieser Lektion benutzt haben und organisieren Sie diese in dem folgenden Mindmap.

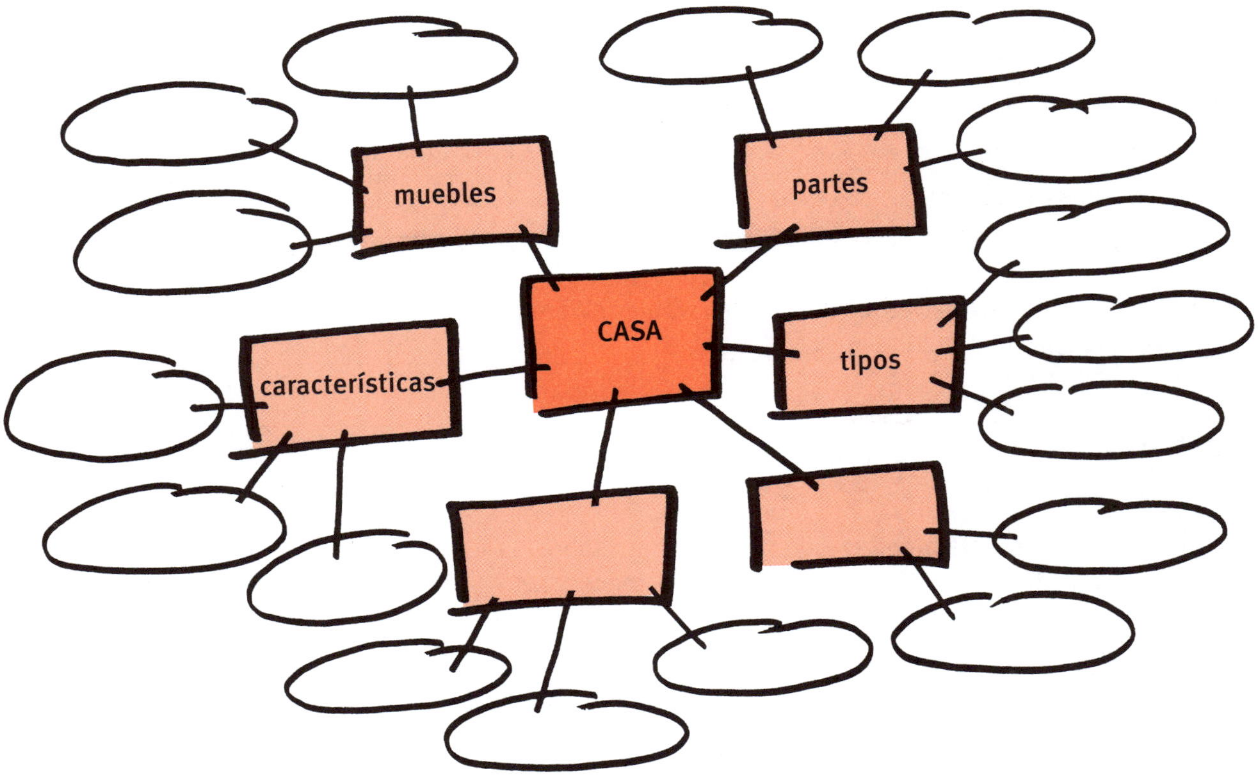

B. Mindmapping ist eine gute Lernstrategie, um neue Wörter zu lernen. Welche anderen Lernstrategien benutzen Sie? Erstellen Sie eine Liste.

20 **¿De tú o de usted?**

A. In Ihrer Sprache gibt es sicherlich die Unterscheidung zwischen **tú** und **usted** oder ein ähnliches System. Erstellen Sie eine Liste mit je zehn Personen, die Sie duzen bzw. siezen. Überlegen Sie nun für jede Liste, wer diese Personen wiederum duzt bzw. siezt.

B. Die Art der Anrede kann auch situationsbezogen sein. Ein Richter und seine Tochter beispielsweise duzen sich normalerweise, aber wenn die Tochter vor Gericht als Zeugin erscheint, würden sich beide gegenseitig siezen. Fallen Ihnen weitere Situationen wie diese ein? Sie sind im Urlaub in Spanien und besuchen Freunde zu Hause. Es ist das erste Mal, dass Sie bei ihnen eingeladen sind, aber sie sind schon einmal bei Ihnen zu Hause gewesen. Wen duzen Sie? Wen siezen Sie? Warum? Was berücksichtigen Sie, um Ihre Entscheidung zu treffen?

Eine Sprache gut sprechen, heißt nicht nur, die grammatikalischen Regeln zu kennen. Es gibt auch soziale Regeln, die den Sprachgebrauch bestimmen. Diese erlauben uns, uns an die jeweilige Situation anzupassen und auf unterschiedliche Art und Weise zu sprechen, je nach Ort und Zeitpunkt, den Gesprächspartnern, dem Zweck etc.

SELBSTBEWERTUNG

IM ALLGEMEINEN				
Meine Teilnahme am Unterricht				
Meine Hausarbeiten				
Meine Fortschritte im Spanischen				
Meine Schwierigkeiten				

IM EINZELNEN					
Grammatik					
Wortschatz					
Phonetik und Aussprache					
Lesen					
Hören					
Schreiben					
Kultur					
Mündlicher Ausdruck					

LERNTAGEBUCH

Nach der Bearbeitung dieser Lektion hat sich mein Bild von Spanien und den Spaniern (gar nicht) geändert. Das ist vor allen Dingen der Fall weil, ...
....

Ich habe gesehen, wie die Spanier leben und wie ihre Wohnungen sind. Ich glaube, jetzt (weiß ich / kann ich) ....
.... Diesbezüglich gibt es zu meinem Land (keine / viele) Unterschiede: dort .... und hier ....
....

12 gente e historias

1. **Primeras palabras.** Nützlicher Wortschatz für die Lektion.
1. **Parecidos pero diferentes.** Die Form **era**. Das Perfekt.
1. **Historias de abuelos. Ya, ya no, todavía, todavía no.**
2. **¿Cómo vivían?** Texte über antike Zivilisationen. Die Formen des Imperfekts.
3. **En mis tiempos...** Vergangene Situationen beschreiben. Das Imperfekt.
4. **Cambios.** Veränderungen im Leben einer Person. Das Imperfekt.
5. **Objetos que han cambiado nuestra vida.** Beschreibung von Gegenständen. Das Imperfekt.
6. **Momentos inolvidables.** Von vergangenen Ereignissen und Umständen erzählen. Indefinido und Imperfekt.
7. **¿Cómo se conocieron?** Ereignisse und Umstände.
8. **Nunca olvidaré cuando...** Ereignisse und Umstände.
9. **Recuerdos en la radio.** Ereignisse und Umstände.
10. **¿Cómo era la vida en tu infancia?** Beschreibung eines vergangenen Zeitabschnitts. Das Imperfekt.
11. **Hace 7 años.** Gewohnheiten in der Vergangenheit. Das Imperfekt.
12. **Vida de artista.** Eine Biografie vervollständigen. Indefinido und Imperfekt.
13. **Biógrafos por un día.** Fragen für ein Interview vorbereiten, interviewen und eine Biografie schreiben.
14. **Mi personaje conocido.** Wichtigste Informationen über bedeutende Personen geben.
15. **Macondo.** Einen literarischen Text verstehen. Bilder beschreiben.

Agenda

1

2

3

4

5

6

1 Primeras palabras

A. Für diese Lektion werden Ihnen die folgenden Wörter nützlich sein. Kennen Sie sie? Ordnen Sie sie den Bildern zu.

recuerdos .... pasado .... infancia ....
anécdota .... biografía ....
antiguo .... viejo .... antes ....

B. Welche Wörter wollen Sie außerdem zu diesem Thema wissen? Suchen Sie sie.

2 Parecidos pero diferentes LA 1

A. Schauen Sie sich die Dinge auf den Seiten 128 und 129 im Kursbuch an. Schreiben Sie Sätze über die größten Veränderungen von damals zu heute.

Los teléfonos fijos ahora son más pequeños y son digitales. La mayoría tiene una pantalla para ver quién llama y puedes guardar los números de teléfono, ver las llamadas perdidas... Pero se usan menos porque casi todo el mundo tiene móvil.

B. Denken Sie an einen Gegenstand, der sich in den letzten Jahren verändert hat. Beschreiben Sie, wie er war und wie er jetzt ist, suchen Sie Fotos und präsentieren Sie ihn im Kurs.

Esta foto es de un videojuego de 1996. Era muy simple... Ha evolucionado porque...

3 Historias de abuelos LA 2

A. Gloria erzählt ihrer Enkelin, wie die Dinge früher waren. Markieren Sie, ob die Aussagen richtig (V) oder falsch (F) sind.

Abuelita, ¿cuando tú eras niña había coches?

¡Claro que sí, mi niña! En mi pueblo, en los años cuarenta, ya había automóviles, ¡no soy tan vieja!

Y tus padres, abuela, ¿tenían coche?

Nooo, porque todavía eran caros y solo los tenían los ricos. En realidad todavía no había muchas familias con automóvil. Mis padres, por ejemplo, no podían comprar uno.

En el pueblo todavía había muchos coches de caballos, los usaba la mayoría de la gente.

¿Y cómo ibas a los sitios?

Bueno, ya había autobuses y trenes para viajes largos. Pero para ir de un pueblo a otro, la gente iba en coches de caballos. Eso sí, en los sesenta, cuando me casé, los automóviles eran más baratos y muchas familias, no todas, tenían uno. Así que ya no se veían tantos coches de caballos. Hoy en día todavía se ven, pero solo en lugares turísticos para dar paseos y cosas así. Ya no son un medio de transporte habitual, porque ahora todo el mundo tiene coche. Las cosas han cambiado mucho...

¿De verdad? ¡Qué lento viajar!

V F

- ☐ ☐ **1.** Cuando la abuela Gloria era niña, había automóviles.
- ☐ ☐ **2.** Durante su infancia, había coches de vapor.
- ☐ ☐ **3.** Cuando Gloria era niña, muchas familias tenían automóvil.
- ☐ ☐ **4.** Cuando Gloria se casó, no había muchos coches de caballos.
- ☐ ☐ **5.** Ahora no hay coches de caballos.
- ☐ ☐ **6.** Cuando la abuela era pequeña, los coches de caballos eran un medio de transporte habitual.

B. Sehen Sie sich die fett gedruckten Formen **ya no**, **todavía**, **ya** und **todavía no** genau an und ergänzen Sie.

1. .... había coches de caballos, pero .... había coches de vapor.
2. .... había automóviles de gasolina, pero .... había automóviles eléctricos.
3. .... había trenes de vapor, pero .... había trenes eléctricos.
4. .... había cine mudo, y .... había cine en 3D.

C. Schreiben Sie einige Sätze darüber, wie Ihr Leben war, als Sie klein waren.

fax | televisión en color | teléfonos móviles | cine en blanco y negro | cintas de vídeo | música en CD | música en mp3 | ordenadores portátiles | máquina de escribir | cámaras de fotos analógicas

Ya había teléfonos móviles, pero todavía no había "smartphones".

4 ¿Cómo vivían? LA 3

A. Wie lebte man in anderen Jahrhunderten? Lesen Sie dieTexte und ordnen Sie die Bilder zu.

Vivían en ciudades-estado. Cada ciudad estaba gobernada por un jefe, que tenía poderes civiles y religiosos. La sociedad estaba organizada en diversas clases: nobles, sacerdotes y pueblo. También había esclavos.

Tenían una religión en la que había diversos dioses. Adoraban a estos dioses y les ofrecían sacrificios. Uno de los más importantes era Itzamná, dios de la escritura y de los libros. La escritura era de carácter jeroglífico, como la de los egipcios.

Tenían un calendario solar con 18 meses de 20 días, más cinco días para completar el año. Utilizaban también un sistema aritmético que poseía un signo equivalente a nuestro cero. Gracias a estos dos sistemas, calendario y sistema aritmético, sus conocimientos astronómicos eran superiores, en muchos casos, a los de la cultura europea de la misma época. Así, por ejemplo, para ellos el año constaba de 365,2420 días, cálculo mucho más próximo a la medida actual (365,2422 días) que el de los europeos de aquella época (365,2500 días).

A

Es una de las civilizaciones más antiguas, que nació y se desarrolló a lo largo de un río. Estaban gobernados por emperadores, a los que consideraban descendientes de los dioses y llamaban faraones. Para estos faraones construían grandes monumentos funerarios, en forma de pirámide. Su religión tenía un dios principal, Amon-Ra, que era el dios del sol. Otro dios muy importante era Osiris, dios de los muertos. Creían en una vida después de la muerte, por eso preparaban a los muertos para esa vida.

La clase sacerdotal era muy numerosa y tenía gran influencia social, económica, política e intelectual: sus miembros eran los responsables del mantenimiento y funcionamiento de los templos, pero también realizaban otras actividades: eran médicos que curaban a los enfermos, y también magos que interpretaban los sueños.

B

Este pueblo es una civilización aún viva, que ha pasado rápidamente de la época prehistórica a la moderna. Sus antecesores vivían en zonas muy frías, por eso no disponían de muchos recursos naturales; por ejemplo, no tenían madera.

No conocían la escritura, pero su cultura era una de las más ricas culturas prehistóricas: construían casas de hielo, fabricaban canoas y tiendas de piel de reno para el verano, podían andar fácilmente por la nieve gracias a sus botas impermeables y se protegían del sol con unas gafas de hueso...

Aunque no tenían caballos ni carros, viajaban en unos trineos tirados por perros, un medio de transporte muy particular para desplazarse por la nieve. Se alimentaban fundamentalmente de los animales que cazaban y pescaban. Creían en unos dioses que controlaban la caza y la pesca, al igual que la salud y la vida de las personas. También creían que todos los elementos de la naturaleza tenían un alma como las personas.

Se llamaban a sí mismos "inuit", es decir, "los hombres", aunque la civilización occidental los conoce por otro nombre. Vivían en comunidades pequeñas, agrupados por familias, sin jefes ni jerarquía.

C

B. Unterstreichen Sie alle Verben im Imperfekt und schreiben Sie die jeweilige Infinitivform dazu auf.

vivían ⟶ vivir

5 En mis tiempos... LA 3

Lucias Großvater sagt immer, dass die Dinge ganz anders waren, als er jung war. Ergänzen Sie die Sätze.

1. Ahora los niños están todo el día con el ordenador. En mis tiempos los niños siempre jugaban en la calle con sus amigos
2. Ahora las casas son muy caras. En mis tiempos ...
3. Ahora hay muchos jóvenes en paro. En mis tiempos ...
4. Ahora se divorcian muchas parejas. En mis tiempos ...
5. Ahora la ciudad está llena de coches. En mis tiempos ...
6. Ahora todo el mundo tiene teléfono móvil. En mis tiempos ...
7. Ahora los jóvenes se independizan muy tarde. En mis tiempos ...
8. Ahora mucha gente estudia en la universidad. En mis tiempos ...

6 Cambios LA 3

A. Enrique hat sich mit den Jahren ganz schön verändert. Beschreiben Sie die Unterschiede, die Sie auf den Bildern sehen können.

Antes llevaba barba y ahora no.

B. Schreiben Sie jetzt Dinge auf, die sich in Ihrem Leben geändert haben.

Cuando era más joven fumaba, pero ahora no fumo.

7 Objetos que han cambiado nuestra vida LA 3

A. Einige Alltagsgegenstände haben vor einiger Zeit noch gar nicht existiert. Denken Sie an drei und schreiben Sie auf, wie das Leben ohne diese war.

B. Bilden Sie kleine Gruppen, lesen Sie die Beschreibung vor und erraten Sie jeweils, um welchen Gegenstand es sich handelt.

NEVERA
Antes tenías que poner los alimentos en lugares fríos, por ejemplo en la ventana, y en verano no podías...

8 Momentos inolvidables LA 3D

Tomás beschreibt einen der wichtigsten Momente seines Lebens. Unterstreichen Sie die Verben und ergänzen Sie die Tabelle, je nachdem, ob sie genauere Umstände einer Handlung beschreiben oder die Handlungen selbst.

CIRCUNSTANCIAS	HECHOS
....	....
....	....
....	....
....	....
....	....
....	....
....	....

Para mí, el momento más importante de mi vida fue cuando nació a mi primera hija, Alba. Mi mujer y yo vivíamos en Barcelona y nuestra familia estaba lejos, en Cáceres. Estábamos muy ilusionados, pero también muy nerviosos. A las cinco de la mañana mi mujer me despertó y llamamos a un taxi para ir al hospital porque no teníamos coche. Todo fue muy rápido, a las siete de la mañana tenía a mi hija en brazos y ya no estaba nervioso. Solo me sentía muy feliz.

9 ¿Cómo se conocieron? LA 4

71-73

A. Drei Personen erzählen, wie sie ihre aktuellen Partner kennengelernt haben. Hören Sie und markieren Sie die entsprechende Nummer.

☐

....
....
....

☐

....
....
....

☐

....
....
....

B. Hören Sie die drei Geschichten erneut und ordnen Sie die Sätze zu.

- De pequeños, eran vecinos y jugaban juntos.
- Él sabía que ella hacía teatro.
- Él tenía un perro.
- Él era el sobrino del profesor de ella.
- Él y ella estaban bailando.
- Ella un día estaba regando las plantas.
- Él estaba en un grupo de teatro y necesitaban una chica.
- Después de la fiesta fueron paseando hasta el hotel.
- Estudiaban juntos en el mismo instituto.

C. Tauschen Sie sich im Kurs darüber aus, wie Sie eine wichtige Person in Ihrem Leben kennengelernt haben.

10 Nunca olvidaré cuando... LA 4

Schreiben Sie einen Text über einen wichtigen Moment Ihres Lebens und erzählen Sie, wo und wie genau was passierte.

Uno de los momentos más importantes de mi vida fue...

11 Recuerdos en la radio LA 5

74

A. Javier Burgos erinnert sich. Hören Sie genau zu und ergänzen Sie die Tabelle.

RECUERDOS	AÑO
....	....
....	....
....	....
....	....
....	....

B. Hören Sie das Interview noch einmal an und schreiben Sie auf, wie, wann und wo er zum ersten Mal Plastikteile gesehen hat.

12 ¿Cómo era la vida en tu infancia? LA 6

A. Erstellen Sie eine Liste mit Dingen, die es in Ihrer Kindheit noch nicht gab, und erklären Sie sie genauer.

En las casas	(no)	había...	Por eso...
las ciudades		teníamos...	
los pueblos		...	
las escuelas			

B. Tauschen Sie sich im Kurs darüber aus. Gab es dieselben Dinge in Ihrer Kindheit?

- *Cuando yo era niño, no había teléfonos móviles.*
- *Cuando yo era niña, tampoco.*

13 Hace siete años LA 7

Schreiben Sie einen kurzen Text darüber, wie Ihr Leben vor sieben Jahren war. Hat sich Ihr Alltag stark verändert?

Hace siete años...

14 Vida de artista LA 8

Ergänzen Sie diese Biografie eines imaginären Popstars mit erfundenen Daten.

Paz nació en 1958 en un pueblecito de La Mancha. En aquella época en España .... Pepe Candel, su padre, trabajaba en el campo. La vida en el pueblo ....

Por eso, Pepe y su mujer decidieron irse a Bélgica. Entonces ....

Paz tenía en aquel momento dos años y .... Cuando tenía solo siete años participó en un concurso de la radio y ....; a los 21 ....

Así que dejó los estudios y empezó a ....

Decidió volver a España y se puso a .... La productora discográfica "Chinchinpum" se fijó en ella y grabó su primer disco, que fue ....

Muy pronto ocupó el número 1 en todas las listas de ventas. Entonces fue cuando .... Desde esa época, ...

Actualmente ....

15 Biógrafos por un día LA 8

A. Stellen Sie sich vor, Sie müssen jemanden interviewen, um seine Biografie zu schreiben. Bereiten Sie die Fragen vor, damit er Ihnen wichtige Ereignisse und deren Umstände erzählt.

B. Interviewen Sie sich nun gegenseitig zu zweit und schreiben Sie die Biografie des anderen. Nehmen Sie gegebenfalls das Interview auf.

16 Mi personaje conocido LA 9

Bereiten Sie eine kurze schriftliche und mündliche Präsentation über eine berühmte Person aus Ihrem Land für den Kurs vor. Erzählen Sie, weshalb er oder sie bekannt ist, wie er oder sie ist, suchen Sie interessante Informationen, Fotos oder auch Fragmente seines/ihres Werkes etc.

17 Macondo LA 10

A. Lesen Sie den Ausschnitt aus dem Roman *Cien años de soledad* von Gabriel García Márquez. Welche der Bilder gehören zum Text? Ordnen Sie die Bilder den exakten Textteilen zu.

"Muchos años después, frente al pelotón de fusilamiento, el coronel Aureliano Buendía había de recordar aquella tarde remota en que su padre lo llevó a conocer el hielo. Macondo era entonces una aldea de 20 casas de barro y cañabrava construidas a la orilla de un río de aguas diáfanas que se precipitaban por un lecho de piedras pulidas, blancas y enormes como huevos prehistóricos. El mundo era tan reciente, que muchas cosas carecían de nombre, y para mencionarlas había que señalarlas con el dedo."

B. Beschreiben Sie eines dieser Bilder möglichst detailliert.

En esta ilustración hay...

SO LERNEN SIE BESSER

18 Lo realmente importante

75-77

Hören Sie die folgenden Sequenzen und achten Sie auf die Betonung. Wo befindet sich Ihrer Meinung nach die wichtige Information? Wo sind die Details? Markieren Sie wie im Beispiel.

1

Estaba muy cansado, me dolía la cabeza, tenía mucho trabajo...
Decidí quedarme en casa.

2

Todo el mundo corría, nadie sabía qué hacer, había mucho ruido... De pronto vi a Jaime. Subí en su coche y salimos corriendo. Luego, en la autopista, otra vez: controles de policía, atascos de coches, todo el mundo hacía sonar el claxon... Llegamos a casa cansados y nos fuimos a dormir sin cenar.

3

No tenía noticias de él desde hacía varios días, no me escribía, no me llamaba, yo llamaba a su casa pero nadie respondía, otras veces tenía puesto el contestador automático pero luego no me devolvía la llamada: cogí el tren y fui a verlo. Lo encontré bastante deprimido. Estuvimos juntos aquel fin de semana y me explicó sus problemas: ya sabes, lo de su padre, lo de su novia... Hice lo que pude por ayudarle.

Achten Sie beim Zuhören nicht nur darauf, was gesagt wird, sondern auch, wie es gesagt wird: Der Rhythmus und die Betonung der Sätze geben Ihnen Hinweise darauf, was wirklich wichtig ist und was nur Details sind.

SELBSTBEWERTUNG

IM ALLGEMEINEN				
Meine Teilnahme am Unterricht				
Meine Hausarbeiten				
Meine Fortschritte im Spanischen				
Meine Schwierigkeiten				

IM EINZELNEN					
Grammatik					
Wortschatz					
Phonetik und Aussprache					
Lesen					
Hören					
Schreiben					
Kultur					
Mündlicher Ausdruck					

LERNTAGEBUCH

Heute sind wir mit GENTE HOY 1 fertig geworden und ich habe gelernt, dass .... Aus dem Bereich Leben und Gebräuche im spanischsprachigen Raum haben mich ganz besonders diese Aspekte interessiert: .... In meiner eigenen Sprache kann ich weitere Informationen über diese Themen finden, zum Beispiel im Internet und in der Presse. Ich kann aber auch Informationen auf Spanisch finden, indem ich mit Leuten spreche; in meiner Stadt kann ich Folgendes: .... Ich habe auch gelernt, besser zu lernen. (Ich habe einige der Lerntricks angewendet, z. B.: ....). Mein Ziel ist es ....

1 **sus amigos** seine Freunde 2 **van de vacaciones a** sie fahren in den Urlaub nach 3 **6 horas después** 6 Stunden später
4 **mira** schau mal, sieh mal 5 **sí, creo que sí** ja, ich glaube/denke schon

1 **a 3 km de Benisol** 3 km von Benisol entfernt 2 **un pueblo en la costa mediterránea** ein Dorf an der Mittelmeerküste
3 **en la recepción del camping** an der Rezeption der Campinganlage 4 **¿cuántas personas?** wie viele Personen? 5 **el gato** Katze

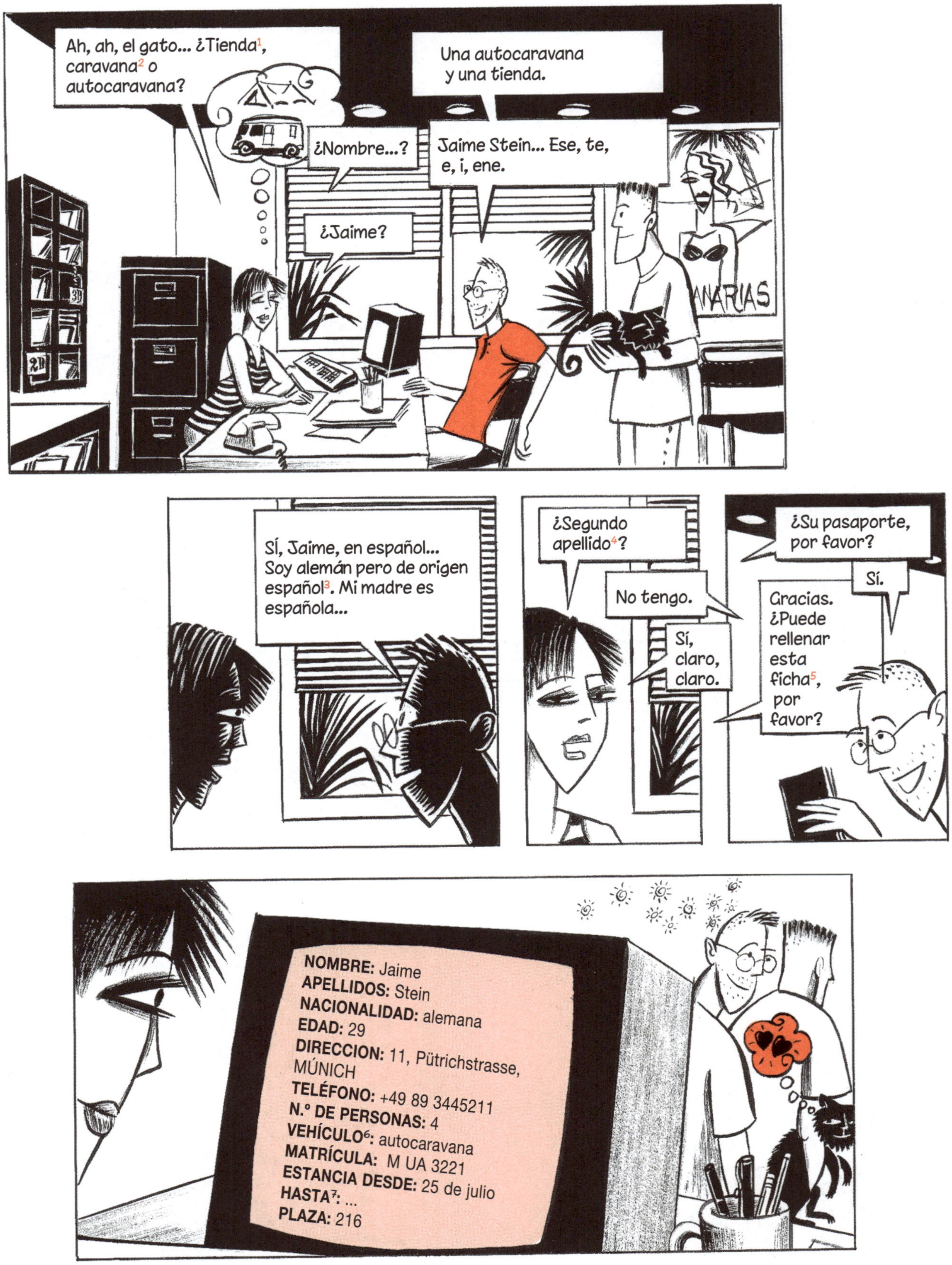

1 **la tienda** Zelt 2 **la caravana** Wohnwagen 3 **de origen español** spanischer Abstammung
4 **el segundo apellido** zweiter Nachname (*Jeder Spanier hat zwei Nachnamen, den ersten Nachnamen des Vaters und den zweiten der Mutter.*)
5 **rellenar una ficha** ein Formular ausfüllen 6 **el vehículo** Fahrzeug 7 **estancia desde... hasta...** Aufenthalt von ... bis ...

ALBA ES BIÓLOGA, PERO ESTÁ EN EL PARO[1]. AHORA ESTÁ PREPARANDO SU TESIS DOCTORAL[2] Y TRABAJA EN EL CAMPING DE SU TÍO ANTONIO, PARA GANAR ALGO DE DINERO[3] Y AYUDARLE[4]. TIENE 26 AÑOS Y ES SOLTERA. Y, COMO VERÉIS[5], ES UNA MUJER VALIENTE[6] Y CON MUCHA PERSONALIDAD.

ANTONIO GAVIRIA, EL TÍO DE ALBA, TIENE UNOS 65 AÑOS[8]. ES EL PROPIETARIO[9] DEL CAMPING. ES UNA EXCELENTE PERSONA: AYUDA SIEMPRE A TODO EL MUNDO[10], ES HONRADO[11] Y SINCERO. EN RESUMEN[12], UNA BUENA PERSONA. POR ESO[13], QUIZÁ[14], NO ES MUY BUENO EN LOS NEGOCIOS. ES VIUDO Y VIVE CON ALBA EN UNA CASITA, EN EL MISMO CAMPING. ES MUY AFICIONADO A LA JARDINERÍA. CULTIVA ORQUÍDEAS[15].

1 **está en el paro** ist arbeitslos 2 **la tesis doctoral** Doktorarbeit, Dissertation 3 **ganar algo de dinero** etwas dazu verdienen
4 **ayudarle** ihm helfen 5 **como veréis** wie ihr sehen werdet 6 **valiente** mutig, tapfer 7 **un poquito de** ein bisschen
8 **unos 65 años** etwa 65 Jahre 9 **el propietario** Besitzer 10 **todo el mundo** alle 11 **honrado** ehrlich, rechtschaffen
12 **en resumen** mit einem Wort 13 **por eso** deshalb 14 **quizá** vielleicht 15 **cultiva orquídeas** züchtet Orchideen

JOSÉ LUIS IBARRA ES EL DIRECTOR. TIENE CUARENTA Y CINCO AÑOS, ES SOLTERO Y VIVE EN BENISOL DESDE HACE UN AÑO[1]. TIENE UN MÁSTER EN HOSTELERÍA[2], HABLA INGLÉS MUY BIEN Y VIVE PEGADO A SU MÓVIL[3]. AH, Y ES MUY AFICIONADO AL DINERO.

LAS RELACIONES DE JOSÉ LUIS CON ALBA NO SON FÁCILES. NO TIENEN NI LAS MISMAS IDEAS NI LOS MISMOS GUSTOS[4].

TAMBIÉN TRABAJAN EN EL CAMPING TODAS ESTAS PERSONAS...

MANOLO, EL DEL BAR, Y CONCHA, SU MUJER.

ENRIQUETA, QUE TRABAJA EN EL SUPERMERCADO, Y SU HIJO, NANI. ENRIQUETA ES UNA MUJER FANTÁSTICA.

1 **desde hace un año** seit einem Jahr 2 **máster en hostelería** Master im Hotel- und Gaststättengewerbe
3 **pegado a su móvil** an seinem Handy klebend 4 **los mismos gustos** denselben Geschmack

1 **las peluqueras** Friseurinnen 2 **qué guapa estás** du siehst toll aus 3 **chapuzas** Pfuscher; Mann für alles
4 **un poco de todo** ein bisschen von allem 5 **el fontanero** Klempner 6 **el albañil** Maurer 7 **el cocinero** Koch
8 **la señora de la limpieza** Putzfrau 9 **el batería** Schlagzeuger 10 **está enamorado** ist verliebt

1 **vamos** komm schon, los, auf 2 **jubilados** pensioniert 3 **los meses** Monate 4 **el perro** Hund 5 **hoy** heute

JAIME ES ARQUITECTO. TIENE 31 AÑOS Y VIVE EN MÚNICH. SU MADRE ES ESPAÑOLA PERO VIVE EN ALEMANIA DESDE LOS AÑOS 70. EMIGRANTE[1], COMO MUCHOS ESPAÑOLES[2]. POR ESO JAIME HABLA MUY BIEN ESPAÑOL. MEJOR DICHO[3], HABLA UN ESPAÑOL PERFECTO.
ES MUY AFICIONADO A LA NATURALEZA Y A LA MÚSICA, AL JAZZ, ESPECIALMENTE. TOCA EL CLARINETE[4] BASTANTE BIEN. ESTÁ SEPARADO Y, ÚLTIMAMENTE, ESTÁ UN POCO DEPRIMIDO[5]. SE SIENTE SOLO[6]. POR ESO ESTÁ AQUÍ, DE VACACIONES, EN LA COSTA ESPAÑOLA, CON TRES AMIGOS: MARTHA, EDUARDO Y UWE.

EDUARDO ES ARGENTINO. TIENE 36 AÑOS Y TAMBIÉN ES ARQUITECTO. ÉL Y JAIME TRABAJAN EN EL MISMO ESTUDIO DE ARQUITECTURA. EN SU TIEMPO LIBRE, EDUARDO ESCRIBE CUENTOS Y CANCIONES[7]. SON UNOS TEXTOS MUY BUENOS, PIENSA JAIME.

UWE TRABAJA EN UN PERIÓDICO[8]. ES DIBUJANTE[9]. VIVE SOLO. BUENO, CON SÓFOCLES, SU GATO. ES TRANQUILO, SOCIABLE Y ALEGRE. NO ESTÁ CASADO, PERO QUIERE CASARSE[10]. CASARSE ES SU PROBLEMA: ENCONTRAR A LA MUJER DE SU VIDA[11]. AHORA QUIERE ENCONTRAR NOVIA[12] EN ESPAÑA. PERO NO HABLA CASI NADA DE ESPAÑOL...

EDUARDO VIVE CON MARTHA. MARTHA ES HOLANDESA Y PROFESORA DE FRANCÉS, PERO HABLA MUY BIEN ESPAÑOL. ESTÁ DIVORCIADA Y TIENE UNA HIJA DE TRECE AÑOS: EVA. NORMALMENTE EVA VIVE CON MARTHA Y EDUARDO, PERO AHORA ESTÁ DE VACACIONES CON SU PADRE EN GRECIA.

1 **el/la emigrante** Auswanderer/-in 2 **como muchos españoles** wie so viele Spanier 3 **mejor dicho** besser gesagt
4 **el clarinete** Klarinette 5 **deprimido** deprimiert 6 **se siente solo** er fühlt sich einsam
7 **los cuentos y las canciones** (Kurz-)Geschichten und Liedtexte 8 **el periódico** Zeitung, Tageszeitung 9 **el dibujante** Zeichner
10 **casarse** heiraten 11 **la mujer de su vida** die Frau seines Lebens 12 **la novia** (feste) Freundin

CAPÍTULO 3

La familia Martínez empieza hoy sus vacaciones en el Camping Mediterráneo. Cada año[1] pasan sus vacaciones en Benisol. Ahora están en la recepción el señor y la señora Martínez, los cuatro niños –Carlitos, Jesusito, Silvia y el bebé– y la abuela, doña Engracia. Hablan con Ibarra, el director.

MARTÍNEZ No, no, no... Ni hablar[2]... La plaza 54, no. No quiero estar al lado del bar, hay mucho ruido...
DOÑA ENGRACIA Yo tampoco.
CARLITOS Yo tampoco.
JESUSITO Ni yo[3]...
SILVIA Pues yo sí...
IBARRA Pues no tenemos nada más, lo siento[4]...
MARTÍNEZ ¿Cómo? ¿Cómo dice usted? Vengo a este camping todos los veranos, tengo una plaza reservada desde marzo... Y usted quiere darme una plaza entre el bar y los servicios[5]... ¡Muy bien, muy bien...! Quiero hablar con el director...
IBARRA Yo soy el director. Y no hay más plazas libres. El camping está completo. Lo siento...

A Ibarra le gusta sentirse importante[6]. Le gusta la frase "yo soy el director".

ALBA Perdona, José Luis, creo que... Bueno, creo que tenemos tres plazas cerca de la playa...
MARTÍNEZ ¡Quiero una plaza cerca de la playa! Como todos los veranos...
DOÑA ENGRACIA Sí señor. Bien dicho, hijo mío... Queremos hablar con el director.

La abuela de los Martínez no oye muy bien[7].

CARLITOS El director es él, abuela...
IBARRA ¿Cuántas plazas? ¿Y dónde?
ALBA La 35, la 29 y la 101...
IBARRA Bueno, pues, la 35 o la 29...
JESUSITO Yo prefiero la 101. Está cerca de la piscina...

Todos los días hay problemas así[8]. Alba cree que Ibarra no trabaja bien y que es antipático con los clientes. A Alba le gusta ser amable con la gente. Pero a su tío Antonio, el propietario del camping, Ibarra le gusta.

El Camping Mediterráneo es un lugar agradable. Está en una playa turística pero bastante tranquila. Hay muchos pinos[9] y el clima es fantástico. De junio a septiembre no llueve casi nada[10]. Al lado del mar tampoco hace demasiado calor. Por suerte, cerca del camping no hay muchas casas. Hay, sobre todo, campos de naranjos, que en primavera se llenan de flores blancas y de naranjas.

El pueblo, Benisol, está a 3 kilómetros y la carretera termina en el camping. Al lado del camping hay una zona muy interesante desde el punto de vista ecológico[11]. Es una zona muy húmeda[12] donde paran muchas aves[13], en sus viajes hacia África y hacia el norte de Europa. En particular, el avetoro, un ave protegida.

1 **cada año** jedes Jahr 2 **ni hablar** auf keinen Fall 3 **ni yo** auch ich nicht 4 **lo siento** tut mir leid 5 **los servicios** Waschräume 6 **sentirse importante** sich wichtig fühlen 7 **no oye muy bien** ist schwerhörig 8 **así** solche 9 **los pinos** Kiefern, Pinien 10 **no llueve casi nada** es regnet selten 11 **desde el punto de vista ecológico** aus ökologischer Sicht 12 **la zona húmeda** Feuchtgebiet 13 **paran muchas aves** viele Zugvögel machen Halt

Es un lugar fantástico y eso es un problema: el camping interesa a mucha gente. Por ejemplo, a Duque, un conocido hombre de negocios[1] de Benisol. Dicen que[2] Duque tiene relaciones con la mafia.

Duque quiere construir[3] en Benisol un centro de vacaciones. Tiene ya siete hectáreas junto a la playa. Y ahora quiere comprar[4] el Camping Mediterráneo. Pero Antonio, el propietario, no quiere venderlo[5]. Además[6], el Ayuntamiento de Benisol no quiere más apartamentos en esa zona. Es una región muy importante ecológicamente[7] y con bastantes problemas ambientales[8].

Naturalmente, Vicente Gil, el alcalde[9], y Duque, el constructor[10], no son muy amigos.

Hoy están con Duque en su oficina Jacinto Cano, el arquitecto, y Omedes, su socio[11]. Hablan del nuevo complejo turístico de Benisol y estudian el proyecto.

DUQUE Aquí las piscinas, el restaurante y la discoteca... Y entre el edificio A y el B, tres pistas de tenis y un minigolf. Aquí el centro comercial...
JACINTO CANO En total, 415 apartamentos, 35 *bungalows*... Y el hotel, claro: un hotel de 200 habitaciones.
DUQUE: Pero esos dos estúpidos...
JACINTO CANO ¿Quiénes?
OMEDES El propietario del camping, Antonio, y el alcalde... Pero tenemos un buen amigo en el Camping Mediterráneo...
JACINTO CANO ¿Quién? ¿Ibarra?
DUQUE Claro, Ibarra, el director. Necesitamos un nuevo director en el hotel, ¿no?

***

Mientras, Jaime y sus amigos están en el bar del camping tomando una cerveza y organizando sus vacaciones.

JAIME Mira, hay un castillo del siglo XIII, aquí cerca, a 5 km.
EDUARDO Sí, hay muchas cosas interesantes en esta región. Varias iglesias románicas[12], castillos, pueblos típicos...
JAIME Sí, está bien... Playa, montaña, monumentos... Y estamos cerca de Valencia y de Barcelona.
MARTHA Uy, uy, uy... Yo quiero descansar, tomar el sol, bañarme, leer novelas, escribir mensajes y colgar fotos en internet[13] para dar envidia a mis amigos[14]... ¡Unas vacaciones tranquilas!
JAIME Bueno, a mí la playa no me gusta mucho, ya sabes... Además, ¿no te interesa la historia, la cultura, conocer las costumbres de los españoles...? A ti te gusta mucho la pintura...
MARTHA Sí, me interesa mucho el arte pero quiero descansar... Tú visitas ciudades, monumentos y museos... Y yo me voy a la playa, a leer novelas. Tengo dos novelas policíacas muy buenas. Por cierto, una es de un autor español, de Vázquez Montalbán.
EDUARDO A mí también me interesa conocer un poco la región.
JAIME Bueno, pues tú y yo hacemos alguna excursión...
MARTHA Por mí no hay problema.
EDUARDO ¿Tú qué prefieres ver? ¿Barcelona o Valencia?
JAIME Pues no sé... ¿Y a ti? ¿Qué te interesa visitar?
EDUARDO Yo prefiero ir a Valencia. Está más cerca, ¿no? Barcelona está un poco lejos...

En ese momento, Alba, la recepcionista, pasa al lado de los nuevos clientes y les da más información.
ALBA Sí, Barcelona está un poquito más lejos. Unas dos horas en coche. Pero las dos ciudades son muy interesantes... En Barcelona: Picasso, Miró, Gaudí, buenos conciertos ahora en

1 **el hombre de negocios** Geschäftsmann 2 **dicen que** man sagt 3 **construir** bauen 4 **comprar** kaufen 5 **vender** verkaufen
6 **además** außerdem 7 **importante ecológicamente** ökologisch wichtig 8 **los problemas ambientales** Umweltprobleme
9 **el alcalde** Bürgermeister 10 **el constructor** Bauunternehmer 11 **el socio** Geschäftspartner 12 **las iglesias románicas** romanische Kirchen
13 **colgar fotos en internet** Fotos ins Internet stellen 14 **para dar envidia a mis amigos** um meine Freunde neidisch zu machen

verano... Y en Valencia hay muchas cosas para visitar también: un museo de arte contemporáneo[1] importante, edificios góticos[2] y palacios renacentistas[3]... Un mercado modernista[4]... ¡Y mucho ambiente por la noche[5]!

JAIME Gracias por la información.

ALBA De nada. Bueno, adiós, que tengo mucho trabajo.

Alba vuelve a la recepción y Jaime y sus amigos siguen haciendo planes[6].

JAIME ¿No te interesa ver la obra de Gaudí?

EDUARDO Sí, claro.

MARTHA Yo, mañana, me voy a la playa.

EDUARDO Tranquila... Mañana no vamos a salir del camping. Todos estamos cansados del viaje. Yo, por ejemplo, ahora me voy dormir una siesta.

JAIME Mañana hay un concierto de "Los Terribles".

MARTHA: ¿Qué?

JAIME Sí, hay un concierto, aquí en el camping, aquí en el bar. Mira...

A Jaime, en realidad, no le gustan este tipo de vacaciones. Él prefiere conocer otras culturas, viajar a grandes ciudades: Nueva York, Sídney, Hong Kong... Pero este verano no quería estar solo. Ha preferido estar con sus mejores amigos[7], Eduardo, Martha y Uwe, y hacer unas típicas vacaciones en la costa mediterránea: tomar el sol, comer mucho, dormir...

Por la tarde, va un rato solo a la playa. Pasea un poco y se sienta en la arena. Empieza a tener dudas: ¿ha sido una buena idea aceptar el plan de sus amigos?

"¿Qué hago yo aquí? No me gusta el verano, ni la playa, ni los sitios turísticos... No me gusta bañarme y aquí hace calor... ¡Me pican los mosquitos[8] y me quemo si tomo el sol! ¡Buffff...!", piensa Jaime. "Y voy a pasar 15 días en este camping... ¡Qué vacaciones! ¡Qué horror!"

Alba también va a la playa por la tarde. A las ocho cada día tiene una hora libre y, de ocho a nueve, corre por la playa. Corre siempre que puede[9], porque es muy aficionada al deporte. Hoy corre cerca de donde está Jaime. Al pasar a su lado Alba pierde la cinta del pelo[10]. Jaime la recoge para devolvérsela[11]. La llama pero ella no le oye y sigue corriendo. Él piensa: una mujer muy interesante...

1 **el arte contemporáneo** zeitgenössische Kunst 2 **los edificios góticos** gotische Bauten 3 **los palacios renacentistas** Renaissancebauten 4 **el mercado modernista** Jugendstilmarkt 5 **mucho ambiente por la noche** tolle Stimmung am Abend 6 **siguen haciendo planes** machen immer noch Pläne 7 **(sus) mejores amigos** (seine) besten Freunde 8 **me pican los mosquitos** mich stechen die Mücken 9 **siempre que puede** wann immer es geht 10 **la cinta del pelo** Haarband, Stirnband 11 **devolvérsela** es ihr zurückgeben

Jaime y sus amigos están organizando su vida[1] en el camping. Tienen que ir de compras[2].

JAIME ¿Vamos al supermercado del camping o al pueblo?
MARTHA El supermercado del camping está bien... Necesitamos pilas para la radio, papel higiénico[3], detergente para la vajilla[4] y para la ropa, agua mineral, pan...
UWE Y... ¡cerveza!

Uwe ya sabe muchas palabras en español: "hola", "perdón", "buenos días", "cerveza", "sangría" y, naturalmente, "gato".

EDUARDO ¿Vamos de compras tú y yo, Jaime?
JAIME Vale. Yo también necesito varias cosas. ¿Tiene comida Sófocles?
MARTHA No, no mucha... ¿Compráis una bolsa[5]?
EDUARDO Sí.
MARTHA ¿Hay un quiosco en el camping?
JAIME No sé. ¿Por qué?
MARTHA A ver si puedes comprar un periódico holandés.
EDUARDO Creo que en el supermercado venden periódicos.
MARTHA Si no, en el pueblo...
EDUARDO: Y creo que Uwe necesita un nuevo diccionario.
JAIME Sí, ¡ja, ja, ja!

Jaime y Eduardo van al supermercado del camping. Jaime quiere comprarse un bañador. Va a la sección de artículos de playa[6] y coge uno rojo, verde y amarillo, con palmeras y flores.

JAIME Eduardo, ¿te gusta este bañador[7]?
EDUARDO ¿Para ti? ¡Ja, ja, ja! No, no me gusta nada. Tú necesitas uno más serio.
JAIME ¿Y este otro?
EDUARDO Este es demasiado clásico.

Jaime quiere estar guapo[8] esta tarde en la playa. Por eso se compra un nuevo bañador. Quizás Alba, esa mujer tan interesante que trabaja en el camping, va a correr. Él todavía tiene su cinta del pelo. Hoy quizá pueda dársela[9] y hablar un poco con ella. Finalmente, Jaime y Eduardo compran varias cosas. Entre ellas[10], un bañador de palmeras. Van a la caja a pagar.

EDUARDO ¿Tienen pilas?
CAJERA Sí, ¿cómo estas?
EDUARDO Sí, dos paquetes.
CAJERA Aquí tiene.
EDUARDO ¿Cuánto es?
CAJERA 8 euros.
JAIME Pues yo me llevo[11] este bañador. A mí me gusta... ¿Cuánto vale?
CAJERA A ver... 24 euros.
JAIME Vale, me lo quedo[12].

***

Al cabo de un rato, los dos amigos vuelven con las bolsas del supermercado a la autocaravana. Uwe señala[13] la bolsa de la comida de gato y pregunta...

1 **están organizando su vida** sie richten sich gerade ein 2 **ir de compras** einkaufen gehen 3 **el papel higiénico** Toilettenpapier
4 **el detergente para la vajilla** Geschirrspülmittel 5 **la bolsa** Tüte 6 **los artículos de playa** Strandartikel 7 **el bañador** Badehose, Badeanzug
8 **estar guapo** gut aussehen 9 **quizá pueda dársela** vielleicht kann er ihr es geben 10 **entre ellas** unter anderem 11 **me llevo** ich nehme
12 **me lo quedo** den nehme ich 13 **señala** zeigt

UWE ¿Comida de… perro?
EDUARDO De gato, ga-to. Sófocles es un gaaa-to…
JAIME ¿Ves? Necesita un nuevo diccionario… ¡No se lo hemos comprado…!
MARTHA No. Uwe ha dicho “perro”, “perro”. Y quiere decir “perro”. Tiene un nuevo amigo.

Y es verdad: Uwe ha encontrado un perro abandonado[1].

EDUARDO ¡Dios mío![2] Lo que faltaba[3]… ¿Cómo se llama? ¿Eurípides?
MARTHA No… Sócrates.
UWE Bonito, ¿no? Y es muy bueno…

***

En otro lugar, no muy lejos, también hablan de compras, de otro tipo de compras, en la oficina de Duque. Duque y sus socios hablan de la “operación Camping Mediterráneo”.

—Entonces, tú quieres comprarle el camping a Gaviria… –dice Cano, el arquitecto.

—Sí, claro. Pero él no lo quiere vender –responde Duque–. Necesito esos terrenos[4]. Mirad[5] este plano. Yo tengo 7 hectáreas. Pero para construir este complejo turístico, se necesitan[6] unas 11 o 12. Si no, no es económicamente interesante[7].

—¿Cuánto valen los terrenos? –pregunta Cano.

—¿Los de Gaviria? ¿Un millón de euros? ¿Dos? No sé… El mercado está mal desde 2008… –dice Duque–.

—¿Y no quiere venderlos? ¿No quiere un millón de euros? ¿Prefiere su camping?

—Sí, es un romántico, un viejo loco… –cuenta[8] Omedes.

—¿Y qué podemos hacer? –pregunta Cano, el arquitecto.

—Tranquilos… Yo tengo mis “métodos”… –explica[9] Duque.

—También tenemos otro problema: Vicente Gil, el alcalde… –dice Omedes.

—No hay problema… Le hacemos un regalo. Un buen regalo y ya está. Se compran terrenos, se compran alcaldes…

—¿Tú crees? –pregunta Omedes–. Es un hombre muy serio, muy recto[10]. ¡Ecologista…!

—¿Ecologista? ¿Y qué? Todo el mundo tiene un precio, ¿no? –dice Duque.

Duque no tiene una idea muy buena de la humanidad[11]. Piensa que todo el mundo es como él.

—Le podemos pagar, por ejemplo, su próxima campaña electoral[12] –sugiere el constructor a sus socios–. Hay elecciones[13] en octubre, ¿no?

***

—Los que trabajan en el camping también están organizando compras. Mañana, 28 de julio, es el cumpleaños de Alba (¡27 años!) y quieren regalarle algo.

—¿Qué le compramos? –pregunta Chus.

—¿Unas flores? –dice Pancho.

—No es muy original… –opina Tere.

—No, nada original… ¡Un libro! –dice Mario.

—Siempre le compramos libros –contesta Enriqueta.

1 **un perro abandonado** streunender Hund 2 **¡dios mío!** mein Gott! 3 **lo que faltaba** das fehlte gerade noch 4 **los terrenos** Land
5 **mirad** schaut mal 6 **se necesitan** man braucht 7 **económicamente interesante** wirtschaftlich lohnend 8 **contar** erzählen
9 **explicar** erzählen 10 **muy recto** geradlinig, rechtschaffen 11 **la humanidad** Menschheit 12 **la campaña electoral** Wahlkampagne
13 **las elecciones** Wahlen

Chus tiene una idea.

—¡Ya lo sé! Enriqueta, en la tienda tienes un bañador muy bonito, uno rojo, con palmeras verdes...

—Sí, lo tengo para hombre y para mujer. Acabo de vender[1] uno... Es muy bonito, precioso...

—Pues a Alba le gusta, me lo ha dicho. Quería comprárselo...

—Pues es una buena idea, un bañador. Es un regalo original. ¿Sabemos su talla? –pregunta Tere.

—Es talla única[2] –interviene Enriqueta.

—Ah, perfecto. ¿Y cuánto cuesta? –dice Mario.

—Unos 35 euros, creo. No es caro. Unos cinco euros cada uno...

—Pues le compramos el bañador ese –decide "Chapuzas"–. ¿Y para la fiesta? ¿Qué hacemos? ¿Cómo lo organizamos?

Los compañeros[3] del camping le organizan a Alba una pequeña fiesta de cumpleaños, para después del concierto de "Los Terribles". Es una sorpresa. Alba no sabe nada. Pero no están todos los compañeros. Ibarra no está.

—Yo puedo hacer unas pizzas... –dice Mario, el cocinero.

—Y yo hago un pastel... –añade Enriqueta, la de la tienda–. Un pastel de limón[4], que[5] a ella le gusta mucho.

—Y yo le hago un dibujo[6] –dice Nani, el hijo de Enriqueta.

—En el bar tenemos las bebidas. ¿Cava y cerveza? –dice Manolo.

—Sí, y zumos... –añade Concha.

—Pero el regalo se lo damos antes, ¿no? –comenta Tere.

—Sí, por la mañana.

Por la tarde, Jaime, con su fantástico bañador nuevo, un libro y la cinta del pelo de Alba, va a la playa. Pero hoy Alba tiene mucho trabajo en la recepción y no va a correr. Además, su tío Antonio está muy preocupado[7]. Tiene problemas. Problemas con Duque. Y necesita hablar con Alba. En su hora libre, Alba va a casa de su tío para hablar un rato con él. Antonio le da a su sobrina, sin decir nada, una hoja de papel.

—Mira esto –dice.

—Dios mío..., ¿qué es esto? –pregunta Alba–. ¿Es de Duque?

—Naturalmente.

—Es muy grave. Gravísimo... ¡Es una amenaza de muerte![8]

—Sí, sí lo es. Duque es peligroso. Pero yo no quiero vender el camping. ¡No voy a venderlo! No necesito dinero, soy feliz aquí... Y me gusta Benisol tal como es[9]. No quiero ver estas playas con edificios de quince pisos, como Benidorm o Torremolinos. Yo no le regalo el camping a Duque ni a nadie... ¡No, ni hablar...!

—¿Qué podemos hacer? ¿Hablar con la policía?

—No... No tenemos pruebas[10], no tenemos nada. ¿Esta carta? Bah... Un papel, sin firma[11]... Además, Duque tiene mucho poder. Solo podemos hacer una cosa: resistir.

—No sé, no sé... Tenemos que hacer algo.

Alba sabe que tiene que actuar, que tiene que ayudar a su tío. Pero no sabe cómo. ¿Quién puede ayudarla?

1 **acabar de vender** gerade verkauft haben 2 **la talla única** Einheitsgröße 3 **los compañeros** Kollegen 4 **el pastel de limón** Zitronenkuchen 5 **que** weil (sie den besonders mag) 6 **hacer un dibujo** ein Bild malen 7 **estar preocupado** besorgt sein 8 **la amenaza de muerte** Morddrohung 9 **tal como es** (genau) so wie es ist 10 **tener pruebas** Beweise haben 11 **sin firma** ohne Unterschrift

CAPÍTULO 5

En el Camping Mediterráneo se organizan muchas cosas: conciertos, fiestas, actividades deportivas..., o por ejemplo, aeróbic. Un profesor da una hora de clase todos los días a los clientes del camping. Uwe, el amigo de Eduardo, quiere hacer deporte este verano.

—Eso no es bueno para la salud[1]. Hace demasiado calor... No es bueno para el corazón... –le dice Eduardo a Jaime. Los dos están en el bar y miran como salta su compañero Uwe.

—Es que a ti no te gusta el deporte... Uwe quiere adelgazar[2] –responde Jaime.

—Claro, quiere estar guapo y encontrar novia...

—Pues yo también quiero hacer un poco de deporte estas vacaciones –comenta Jaime.

—¿Tú? ¿Deporte? ¿Qué deporte? Si tú nunca haces deporte...

—Quiero correr, correr un poco por la playa y nadar. Quiero estar en forma... No estoy muy bien.

—Pero si no estás gordo... ¿O es que quieres encontrar novia también tú? Últimamente haces cosas raras, Jaime... Te compras bañadores "tropicales", quieres "estar en forma"... No sé, no sé... A ti te pasa algo[3]... –dice Eduardo extrañado.

—¿A mí? No... Bueno, un poco de estrés, quizá. Y, ya sabes, no llevo una vida muy sana. Cuando vives solo... No tienes horarios regulares, no comes de forma sana... Una pizza, un bocadillo o un yogur de pie en la cocina, sin ni siquiera sentarte[4].

—Para llevar una vida sana, también es importante otra cosa...

—¿Qué?

—¡El amor, Jaime! ¡El amor...! El equilibrio anímico. La soledad[5] no es buena.

—Sí, ya sé. Pero no es tan fácil encontrar pareja. Cambiando de tema[6], ¿jugamos un poco al tenis esta tarde? Hay una pista, aquí en el camping.

—Bueno. Pero a las 7 o a las 8 h. Antes hace mucho calor...

—A las 7 h, mejor. A las 8 h tengo que ver a una persona.

—Ajá... ¿Ya tienes amigos en el camping?

***

Por la tarde Jaime, después de jugar al tenis con Eduardo, va a la playa.

Allí están muchos de los clientes del camping: la señora Bibiana y su marido, que dan todas las tardes un paseo por la playa. El médico dice que tienen que andar mucho, que andar es muy sano.

También están los Jensen, la pareja de jubilados daneses. A ella le gusta pescar y todos los días pesca alguna cosa. Su marido, mientras, lee tranquilamente libros de antropología.

La familia Martínez también va a la playa por las tardes. Los niños juegan, y el señor Martínez duerme una larga siesta. Martínez es camionero. Se pasa la vida en atascos[7] y trabaja demasiadas horas. En el camping es totalmente feliz: duerme mucho, come mucho y está con su familia. La señora Martínez también descansa. En la playa lee revistas con historias de princesas: los problemas de famosos de la tele o las bodas y los divorcios de los actores de moda. Ella dice que solo en la playa puede descansar un poco. Un ama de casa española, con una familia de siete personas, no tiene una vida muy tranquila. "Nunca se habla del estrés del ama de casa", protesta ella. "Pero yo, por ejemplo, todos los días lavo unos catorce calcetines, pongo la mesa tres veces, hago seis camas, limpio dos cuartos de baño, compro un kilo y medio de pan... Soy chófer, profesora, cocinera, economista, señora de la limpieza, camarera, secretaria... O sea[8], ama de casa."

Jaime se instala tranquilamente en la playa con su nuevo bañador. Nada un poco, lee un poco el periódico...

Al poco rato, como todos los días, Alba aparece en la playa corriendo. Jaime la ve a lo lejos[9] y la llama... Ya sabe cómo se llama: Alba... ¡Qué bonito nombre! Quiere devolverle su cinta y hablar un poco con ella. "Es realmente una mujer interesante", piensa.

Jaime y Alba llevan el mismo bañador: con muchos colores y palmeras. Los dos bañadores son de la tienda del camping. Jaime se pone rojo[10]. La situación es un poco ridícula, pero divertida.

—Bonito bañador –dice Alba irónica.

---

1 **bueno para la salud** gut für die Gesundheit 2 **adelgazar** abnehmen 3 **a ti te pasa algo** mit dir stimmt was nicht 4 **sin ni siquiera sentarte** ohne sich hinzusetzen 5 **la soledad** Einsamkeit 6 **cambiando de tema** das Thema wechselnd 7 **pasarse la vida en atascos** das Leben im Stau verbringen 8 **o sea** mit anderen Worten 9 **a lo lejos** von weitem 10 **ponerse rojo** rot werden

—Sí, muy original... –responde él.

—El mío es un regalo de los compañeros del camping. ¡Hoy es mi cumpleaños!

—¡Felicidades![1] ¿Cuántos?

—27.

—Mira, tengo esto... Es tuyo, ¿no? –Jaime le da su cinta.

—Oh, gracias...

Los dos hablan un poco y Alba se sienta un rato en la arena[2], al lado de su nuevo amigo.

—¿Haces mucho deporte? –pregunta Jaime.

—No, no mucho... Un poco, por las tardes. No tengo mucho tiempo.

—¿Trabajas muchas horas en el camping?

—¿Muchas? Bufff... Todos los días, unas doce o trece horas. Somos pocos en el camping y tenemos que trabajar duro. ¿Y tú? ¿A qué te dedicas?

—Yo soy arquitecto.

—¿Arquitecto? Mala gente –dice Alba.

—¿Mala gente? ¿Por qué somos mala gente los arquitectos?

—Bueno, no todos. Nosotros, aquí en el camping, tenemos problemas con un arquitecto. Y especialmente con un constructor y su arquitecto.

—Ah, sí... ¿Qué problemas?

Alba necesita hablar, necesita contarle a alguien el problema de su tío. Y Jaime la escucha.

—Un constructor de Benisol, Duque se llama, quiere comprar el camping. Es un hombre con mucho poder. Peligroso. Quiere construir, especular[3]... Como siempre pasa en la costa española. Ya sabes: Benidorm, Torremolinos, Marbella, Baleares...

—Sí, edificios y más edificios...

—Mi tío es el propietario del camping –añade Alba.

—Ah, no sabía...

—Y no quiere venderlo. Le gusta vivir aquí: el camping es su vida. Además, no quiere ver Benisol destruido[4]. Esta zona tiene mucho valor ecológico. Hay un parque natural, ¿sabes?

—Ah... ¿sí?

—Sí, aquí cerca hay marismas[5], una zona muy húmeda, donde paran muchas aves que vienen de África a Europa.

—¡Qué interesante!

—En concreto[6] hay una especie protegida, el avetoro... Y si encima construyen un complejo turístico...

—¿Te interesan estos temas?

—Mucho. Soy bióloga.

—¿Bióloga?

—Sí, pero es muy difícil encontrar trabajo. En verano trabajo aquí. Además, ahora estoy preparando la tesis. Sobre un tema de ecología marina, precisamente... ¡Uy, me tengo que ir! Son las ocho y media...

Jaime es muy tímido pero, en el último momento, dice:

—¡Qué pena...![7] Todo esto es muy interesante. Los turistas, a veces, no sabemos mucho sobre el país donde estamos y sus problemas... ¿Tomamos una copa luego[8]?

Alba duda un poco (¡trabaja tantas horas[9]!). Pero acepta: es importante sentirse bien con una persona. Y con este hombre se siente bien. Últimamente se siente sola. Necesita hablar.

—A las 11 h hay un concierto... –dice Alba.

—¿Donde?

—En el bar.

—¿Nos vemos allí? –propone Jaime.

"Es verdaderamente una mujer atractiva", piensa cuando se queda solo. "¡Y qué ojos!", suspira[10].

***

Cuando Jaime llega a la autocaravana, sus amigos le dicen:

—Te sienta bien hacer deporte... Tienes buena cara.

—Sí, es verdad. ¡Estás guapo! –añade Martha.

Es normal. Para estar guapo, hay que estar contento. Y hoy, Jaime está contento. ¡Tiene una cita con Alba!

Uwe, por su parte[11], sigue estudiando español.

—A-del-ga-tsar...

—A-del-ga-zzzzar...

—Ya... Adelgazar. Quiero adelgazar... –repite Uwe.

—¡Creo que le gusta una compañera de la clase de aeróbic! –dice Martha muerta de risa[12].

—Sí... Y la peluquera.

—Ah, ¿sí? ¿También?

—También. Me lo ha dicho.

1 **¡felicidades!** herzlichen Glückwunsch! 2 **la arena** Sand 3 **especular** spekulieren 4 **destruido** zerstört 5 **las marismas** Sumpf(-gebiet)
6 **en concreto** genauer gesagt 7 **¡qué pena!** schade! 8 **luego** später 9 **tantas horas** so viele Stunden 10 **suspirar** schmachten
11 **por su parte** für seinen Teil 12 **muerto de risa** sich totlachend

Por la noche todos van al concierto: los clientes y los empleados[2] del camping.

A las 12 h, Mario, el cocinero, saca un pastel y todos cantan "Cumpleaños feliz".

Es una fiesta muy divertida: españoles y extranjeros bailan hasta las 4 h. Alba le enseña a Jaime a bailar el pasodoble[3], Uwe practica su español con Chus, la peluquera, y Eduardo se hace amigo del señor Martínez.

"No todo son problemas", piensa Alba, cuando se va a la cama. "Hay gente estupenda en el camping."

Algunos, sin embargo[4], no han ido a la fiesta: la señora Bibiana y su marido han ido a recepción a protestar por el ruido. Pero en recepción hoy no hay nadie. Ibarra, el director, tampoco está en la fiesta de Alba.

***

Al día siguiente, los cuatro amigos están sentados junto a la autocaravana de Jaime. Se acerca la hora de comer y todos tienen hambre.

—¿Qué comemos hoy? –pregunta Martha.
—Espaguetis –responde Jaime.
—¿Otra vez?
—Sí, pero hoy con verduras... La pasta es muy sana.
—Sí, pero engorda[5].
—No, la pasta no engorda. Engordan las salsas... Y hoy voy a hacer pasta vegetariana[6]; con berenjenas, pimientos,

1 **¡qué bien!** toll, super! 2 **el empleado** Angestellte/r 3 **el pasodoble** Paso doble (*Gesellschaftstanz spanischer Herkunft, der ursprünglich den Stierkampf darstellen soll*) 4 **sin embargo** trotzdem 5 **engordar** dick machen 6 **hacer (un plato)** zubereiten

calabacines, tomates, ajo, cebolla, aceitunas... Una receta "mediterránea"... –explica Jaime.

—Mmmmmm.... qué rico –dice Uwe. "Qué rico"[1] es la nueva frase en español de Uwe. Se la ha enseñado Chus, la peluquera.

—¡No, no, no, no...! ¡Hoy no cocinamos! –dice Eduardo.

—¿Por qué?

—Porque mi nuevo amigo, Pepe Martínez, nos ha invitado a comer una paella.

—¿El vecino? –pregunta Jaime.

—Sí, el de esa tienda. Son muy simpáticos.

—Nos han invitado a comer... ¿qué? –pregunta Martha.

—Paella. ¿No has comido nunca paella?[2] El plato más típico de la cocina española. Es un plato valenciano pero se come en toda España. Una paella bien hecha es... es... ¡Una obra de arte!

—Sí, lo sé. Pero yo no he comido nunca una buena paella –dice Martha– Cuéntame..., ¿qué es exactamente "una paella bien hecha"?

—Es arroz con... Bueno, con muchas cosas. Depende. Hay muchas recetas diferentes. Es un plato muy complicado. Un plato "barroco", como dice Manuel Vicent, que es un escritor valenciano. Hay paella de pescado, paella de carne, paella de caracoles[3]...–responde Jaime.

—¿De qué? –pregunta Martha horrorizada.

—De caracoles. Está riquísima. La mejor. ¡Mi madre hace unas paellas de caracoles...! –exclama Jaime entusiasmado.

—Pues yo no voy –dice Martha–. Si lleva caracoles, yo no voy. Bufff... Qué asco[4]...

—Hay paellas muy especiales: arroz negro, que lleva tinta de sepia[5], arroz con ancas de rana[6], arroz con rata de agua[7], arroz con ardillas... Hay cientos de recetas. En el Levante[8] español hay arroces con todo, para todos los gustos –sigue explicando Jaime.

—Ay, qué horror[9]... Calla, calla...

—Tú, tranquila: Martínez hace paella mixta, la más normal, una versión "light", para turistas. Solo lleva marisco, carne y verduras. Y arroz, claro –dice Eduardo.

—¿Seguro? –pregunta Martha todavía preocupada.

—Sí, seguro.

—¿Y la hace él?

—Sí, las paellas, muchas veces, las hacen los hombres.

—Ah, qué bien –dice Martha. La paella ya le parece mejor.

En ese momento pasa Martínez, que ha ido a Benisol a comprar al mercado. Trae una cesta con los ingredientes de la paella. Y los enseña a sus nuevos amigos extranjeros:

—Calamares, mejillones, almejas, gambas y cigalas... Y el pescado, para el caldo.

—¿Caldo? –pregunta Eduardo–. Yo quiero aprender a hacer paella.

—Pues lo primero: para hacer una buena paella, se hace un caldo de pescado... –dice Martínez.

—Yo pensaba que se hacía con agua... –interviene Eduardo.

—No, el arroz se cuece en el caldo. El tiempo de cocción[10] y la cantidad de caldo son lo más importante. Si pones demasiado caldo, no sale bien.

Benisol está en una región donde se hacen muchas paellas. En el Camping Mediterráneo, Mario, el cocinero, las hace muy buenas. Él dice que es "el rey de la paella". Hoy en el restaurante del camping también tienen paella, la especialidad de Mario: paella de pollo, conejo y "garrofons", unas judías blancas especiales.

—Yo no hago paellas para turistas –comenta Mario con desprecio[11]–. Yo soy valenciano y hago paella de verdad. Un madrileño como Martínez no sabe nada de paellas...

Martínez todos los veranos, desde hace años, habla durante diez días de su "famosa" paella.

—A mí, la de Mario, no me gusta –dice Martínez muy serio.

Mario critica todos los veranos "las paellas de los turistas" del Sr. Martínez.

1 **¡qué rico!** lecker! 2 **¿no has comido nunca paella?** hast du noch nie Paella gegessen? 3 **el caracol** Schnecke, Weinbergschnecke
4 **qué asco** wie eklig! 5 **la tinta de sepia** Tinte des Tintenfisches 6 **las ancas de rana** Froschschenkel 7 **la rata de agua** Wasserratte
8 **Levante** Ostküste Spaniens, auch Regionsbezeichnung für die Gegend um Valencia und Murcia 9 **qué horror** wie schrecklich!
10 **tiempo de cocción** Garzeit, Kochzeit 11 **con desprecio** verächtlich

***

A las 2 h Jaime y sus amigos están en la tienda de los Martínez. Pero la paella no está preparada todavía.

—La paella es un plato “colectivo”, “social”... –explica Jaime a sus amigos–. Siempre hay que esperar, siempre se come tarde y con mucha hambre[1].

—¿Te gusta la paella, guapa? –pregunta Maruja, la abuela de los Martínez, a Martha.

—Mmmm... Bueno, no sé... –duda Martha.

La abuela no lo entiende.

—¿Cómo? ¿Cómo que no sabes? Te gusta o no te gusta...

—Es que no he comido nunca... Quiero decir aquí, en España, una paella de verdad.

La pobre abuela está muy sorprendida. No entiende que haya gente en el mundo que no ha comido nunca paella.

—¿Nunca, nunca...? –pregunta otra vez incrédula[2].

La señora Martínez corta cebollas, pela ajos, ralla tomate...

—¡Bah! Los hombres dicen que ellos hacen la paella pero... –le confiesa a Martha– ellos echan el agua y el arroz. ¡Y luego dicen que la han hecho ellos...!

—Como siempre...

—Cocinar es muy fácil, si alguien te lo prepara todo –añade Maruja Martínez–. Además, luego lo dejan todo sucio por ahí...

Martínez le describe a Eduardo lo que hace.

—¿Ves? Primero echamos los calamares, la sepia, el pollo y el pimiento en el aceite caliente... Aceite de oliva, por supuesto.

—¿Y el tomate?

—No, todavía no. El tomate, luego.

—¿Y las gambas?

—Después, después. Casi al final.

—¿Y cebollas?

—No, yo no pongo cebolla. Hay gente que pone cebolla, pero yo no.

El sofrito huele ya muy bien. Todos tienen un hambre terrible[3]. Los niños Martínez ponen la mesa y toman el aperitivo: patatas, aceitunas, almendras, chorizo...

—¿Cerveza o vino? –pregunta Maruja a sus invitados.

—Tenéis que probar este vino –dice Martínez a sus nuevos amigos–. Es de nuestro pueblo. Lo hacemos nosotros mismos.

1 **con mucha hambre** mit viel Appetit 2 **incrédulo** fassungslos, total erstaunt 3 **tener un hambre terrible** Heißhunger haben

Los Martínez son de un pequeño pueblo de la provincia[1] de Toledo, al sur de Madrid. Tienen todavía la casa de los abuelos, pero viven y trabajan en Madrid.

—La vida en el pueblo es muy dura –explica Martínez a Jaime–. Ya sabes... Tus padres se fueron a Alemania[2] y nosotros, a Madrid. Allí no hay trabajo para todos...

Los fines de semana, la familia Martínez, como muchas familias de origen rural, va al pueblo. Allí conservan las tradiciones: hacen vino, matan el cerdo y hacen embutidos[3], tienen un huerto[4] y árboles frutales[5]...

—¡Qué vino tan bueno! –dice Eduardo.
—Fuerte pero muy bueno –añade Jaime.
—Es que es natural –dice la abuela–. No como el del supermercado, que tiene "mucha química".

La abuela Martínez dice que en Madrid todo tiene "mucha química".

—¿Está bueno el chorizo, hijo? –le pregunta la abuela a Uwe.
—Bueno, muy bueno –contesta Uwe en español.

Con la familia Martínez se aprende mucho español, porque todos hablan mucho. El problema es que, a veces, hablan todos al mismo tiempo.

A las 3 h la paella está casi lista[6]. Pero en ese momento pasa algo terrible.

—Todos a la mesa –dice Martínez orgulloso de su obra[7].

Ya están todos muertos de hambre.

Chichi, el perro de la señora Bibiana, persigue a Sófocles, el gato de Uwe. Y Sócrates, el nuevo amigo de Uwe, persigue a Chichi. Detrás van Uwe y la señora Bibiana, gritando. Y sucede lo inevitable[8]. ¡Adiós paella! Entre todos tumban[9] la paella.

Media hora después están todos en el restaurante del camping. Martínez repite una y otra vez:

—¡La mejor del verano! ¡Noooooooo...! ¡La mejor que he hecho en años...!

Mario, el cocinero, lee la carta.

—Hoy tenemos en el menú del día... Paella, la especialidad de la casa –dice orgulloso.

Esta vez Mario ha ganado el concurso de paellas del verano, porque nadie ha podido probar la de Martínez.

1 **la provincia** Provinz, Region 2 **se fueron a Alemania** sie gingen nach Deutschland 3 **el embutido** Wurst 4 **el huerto** Gemüsegarten
5 **el árbol frutal** Obstbaum 6 **estar (casi) listo** (fast) soweit sein 7 **estar orgulloso de su obra** stolz auf sein Werk sein
8 **lo inevitable** das Unvermeidliche 9 **tumbar** umkippen

CAPÍTULO 7

Ibarra entra en la oficina con una chica. Parece una "Barbie": rubia, alta y delgada, con ropa cara...

—Parece que en la fiestecita de cumpleaños hubo problemas... –le dice Ibarra a Alba.

—¿Problemas?

—Sí, una señora, la del perrito..., ¿cómo se llama?

—La señora Bibiana.

—Eso. Ha venido a protestar por el ruido.

Sin esperar la respuesta de Alba, Ibarra le da la espalda[1] y entra en su despacho con la chica.

—Lo odio –dice Alba entre dientes.

—¿Quién es? –pregunta Milagros, que está limpiando en la recepción. Milagros siempre quiere saber todo lo que pasa[2] en el camping.

—No sé, ni idea –responde Alba–. Milagros, ¿puedes quedarte aquí, en la recepción, un momento? Yo voy a casa. Tres minutos... ¡Voy a buscar una aspirina! Tengo dolor de cabeza[3]... Si viene algún cliente, que espere[4].

—Tranquila, yo tengo que limpiar todo esto.

—Dentro, Ibarra, el director, está haciendo una entrevista de trabajo a la chica.

—Así que te llamas Lali...

—En realidad Eulalia, Eulalia Omedes, pero todos me llaman Lali, sí.

—Y quieres trabajar en el sector del turismo[5].

—He estudiado tres años en la Escuela de Turismo y me gustaría[6]...

—Ah, muy bien, muy bien. ¿Idiomas?

—Inglés... regular. Y el francés, lo leo.

—¿Alemán?

—No, alemán no. Lo entiendo un poco... Pero hablar, no. Francamente, no.

—¿Tienes experiencia?

—Bueno, ahora no estoy trabajando... Estoy estudiando alemán... Pero he trabajado en la empresa de mi padre un verano, de secretaria y... Bueno, nada más. En un camping no he trabajado nunca...

—No importa, no importa. Aquí necesitamos alguien como tú, joven, con ganas de trabajar, con buena presencia... Para la recepción. Tienes que hacer un poco de administración, también. ¿Qué tal de informática?[7] ¿Sabes gestionar una web[8]?

—Pues no, la verdad.

—Tu padre me ha dicho que eres muy trabajadora. Y muy inteligente. Ya sabes que tu padre y yo somos buenos amigos...

Naturalmente, Eulalia Omedes es la hija de Omedes, el socio de Duque, el constructor. Ibarra quiere tener buenas relaciones con Omedes. Y Omedes quiere información sobre el camping. Lali de recepcionista en el Camping Mediterráneo les va muy bien a los dos[9], aunque no sabe nada del camping y no habla idiomas.

"Esto es una mujer", piensa Ibarra. "Y no esa..."

"Esa" es Alba. Ibarra es un auténtico "macho hispánico". Para él las mujeres tienen que ser elegantes, dulces y tontas[10]. Y hablar poco. Alba, lógicamente, no es su modelo de mujer.

---

1 **dar la espalda** den Rücken zudrehen 2 **todo lo que pasa** alles was passiert 3 **tener dolor de cabeza** Kopfschmerzen haben 4 **que espere** soll er/sie doch warten 5 **el sector del turismo** Tourismussektor 6 **me gustaría** ich würde gerne 7 **¿qué tal de informática?** haben Sie IT-Kenntnisse? 8 **gestionar una web** eine Website führen 9 **les va muy bien a los dos** das passt beiden sehr gut 10 **tonto** dumm

Ibarra le dice después a Eulalia:

—Además, no es para mucho tiempo[1]... Este verano, solamente. Ya sabes que tu papá y Duque construyen un complejo turístico aquí...

Omedes le ha prometido a Ibarra el cargo de director del complejo. Pero Ibarra tiene que ayudarle en una cosa: hundir[2] el Camping Mediterráneo y obligar[3] a Gaviria a venderlo. Son los famosos "métodos" de Duque.

Fuera de la oficina, Milagros escucha toda la conversación. "¿Quéeeeeee? ¿Que cierran el camping?" Milagros no puede creer lo que oye.

Alba entra en la recepción con una caja de aspirinas en la mano. Ve que Milagros tiene una expresión muy rara.

—¿Ha venido algún cliente? –le pregunta–. ¿Te pasa algo[4], Milagros?

—No, nada, nada... Alba..., ¿te puedo preguntar una cosa?

—Sí, claro. ¿Qué?

—Oye, ¿tú te vas? ¿Has encontrado otro trabajo?

—No, ¿por qué?

—No, por nada...

Milagros no puede tener secretos y Alba lo sabe.

—¿Qué pasa, Milagros?

—Es que... Bueno que... Ibarra está entrevistando a gente para encontrar nueva recepcionista...

—¿Quéeeee?

—Sí, ha venido una chica y han estado hablando...

—¿La "Barbie" esa? –pregunta Alba.

—No, no se llama Barbie. Se llama Eulalia y es la hija de un constructor de Benisol, de un tal Omedes.

—¿La hija de Omedes...? ¡Es el socio de Duque! Gracias, Milagros, gracias por la información... Es una información muy importante para mí.

Alba sale corriendo. Va en busca de[5] su tío.

Antonio Gaviria no sabe nada de Eulalia Omedes. Ibarra no le ha hablado del tema.

—Tranquila, Alba. Tenemos mucho trabajo. José Luis sabe muy bien lo que hace[6]. Y él es el director...

—Tío, no entiendes nada... Esta chica es la hija de Omedes. ¡Es una espía de Duque!

—Niña... Eso son fantasmas...

—¿Fantasmas? Sí, sí... fantasmas.

1 **no ser para mucho tiempo** provisorisch, nicht von langer Dauer sein 2 **hundir** zugrunde richten 3 **obligar a alguien** jemanden zwingen
4 **¿te pasa algo?** geht's dir nicht gut? 5 **ir en busca de** auf der Suche nach 6 **lo que (hace)** was (er macht)

CAPÍTULO 8

Poco a poco Jaime y Alba se han hecho amigos[1]. Ahora están tomando una cerveza en una terraza en la playa.

Jaime le ha contado la historia de la paella de Martínez.

—¡Pobre Martínez[2]...! Me lo imagino... –comenta ella muerta de la risa.

Luego Alba se queda callada y seria.

—¿Y tú? ¿Qué tal vas? –le pregunta Jaime.
—Mal, bastante mal...
—¿Por qué?
—No sé: la tesis... Trabajo todas las noches hasta las 2 h. Luego me levanto a las 7 h. Los problemas del camping, mis relaciones con el jefe, el director. Ibarra, se llama. Es un imbécil. Además, creo que él... –Alba se calla.
—Que él... ¿qué?
—No sé, no tengo pruebas, pero creo que está del lado de Duque, ya sabes, del constructor.
—¿Tú crees? ¡Pero si Ibarra es el director del camping...!
—Sí, pero... ¿Sabes? Últimamente ha hecho cosas raras. Tiene algún secreto... Y ha contratado una nueva recepcionista.
—¿Y tú?
—No sé. Quiere echarme[3], supongo. ¿Y sabes quién es la nueva recepcionista?
—No, ¿quién?
—Pues la sobrina de un tal Omedes, un socio de Duque. Va a empezar a trabajar mañana –le cuenta Alba.
—Qué raro... ¿Y qué dice tu tío?
—¡Ay, mi tío! ¡Es tan buena persona! Dice que yo veo fantasmas, que Ibarra es un muy buen director... No sé qué hacer.
—Tengo una idea –dice Jaime.
—¿Qué idea?
—Tengo un amigo en Madrid, Fernando Valcárcel. Es periodista y le interesan mucho los problemas ecológicos. Además, últimamente, ha hecho periodismo de investigación[4]. Trabaja en la tele, en un programa que denuncia problemas ciudadanos[5], temas sociales...
—Sí, claro.
—Quizá puede venir, investigar y hacer un reportaje. Seguro que[6] el problema de Benisol le interesa.
—Es una idea genial... Pero, ¿crees que va a venir?
—Sí, creo que sí. Si puede, seguro que viene. ¿Qué hora es? Quizá todavía esté en la oficina. Vamos a llamarle.

***

Son las 9 h y Jaime llama a Fernando. Pero su amigo no coge el teléfono y Jaime le deja un mensaje[7]: “Fernando, soy Jaime Stein. Estoy de vacaciones en España. En un pueblo del Levante, en Benisol. Necesito urgentemente hablar contigo. Te voy a llamar más tarde, sobre las 10 h”.

“Quizá esté de viaje, trabajando o de vacaciones”, piensa preocupado Jaime.

A las 10 h vuelve a llamar. Por suerte[8], ahora sí responde.

—¿Diga?
—Fernandito, hombre, ¿qué tal estás?
—¡Jaime! ¿Cómo te va? He oído tu mensaje. ¿Qué haces en España?
—Pues mira, aquí, de vacaciones.
—Pero si a ti no te gusta la playa... ¿Qué haces en Levante?
—Pues no sé, la verdad... Estoy con unos amigos. Bueno, no está tan mal. Es un sitio bonito y bastante tranquilo...
—Oye, ¿nos vamos a ver o qué?[9] Yo empiezo las vacaciones pasado mañana.
—Tengo trabajo para ti.
—¿Qué? ¿Trabajo? Ni hablar. Te digo que pasado mañana empiezo las vacaciones. Hoy es 31 de julio, ¿no? ¡¡Vacaciones!!! Que este año he trabajado mucho...
—Pues tengo un caso muy interesante. Un reportaje sobre la especulación inmobiliaria en la costa: métodos mafiosos, amenazas de muerte, etc. Además, es una zona ecológicamente protegida...
—¿Ah, sí? –dice Fernando ya un poco más interesado.

1 **hacerse amigos** sich anfreunden 2 **pobre Martínez** armer Martínez! 3 **echar** feuern, rauswerfen 4 **el periodismo de investigación** Investigationsjournalismus 5 **denunciar problemas ciudadanos** Bürgerprobleme an die Öffentlichkeit bringen 6 **seguro que** ich bin sicher, dass ... 7 **dejar un mensaje** eine Nachricht hinterlassen 8 **por suerte** glücklicherweise 9 **¿o qué?** oder was?

—¡Qué pena! Era un caso para ti, Fernando. Quizá le interese a algún periodista de "El Globo". ¿Qué vas a hacer estas vacaciones?

—Bueno, no tengo un plan muy fijo[1]. Ver a la familia, que está en el norte, en Santander, como todos los veranos. Luego quiero visitar a unos amigos en Galicia...

—Pues nada, hombre: vienes a Benisol, trabajas un par de días y, luego, te quedas de vacaciones con nosotros.

—No me gusta el Mediterráneo. Hay demasiada gente y el mar está demasiado caliente.

—¡Tonterías! Esto de aquí es muy bonito. Claro que no va serlo si construyen 500 apartamentos más...

—Vaaaaale, Jaime, voy. ¡Cuando tú quieres algo[2]...! Dime exactamente dónde está ese maldito[3] pueblo.

—¿En qué vas a venir?

—En moto.

—Perfecto. Mira, esto está a unos 20 kilómetros de Castellón.

—Bueno, lo voy a mirar en un mapa. ¿Me buscas una habitación? Yo, de camping, nada, ¿eh?

—Claro, te busco una habitación en un hotel. ¿De cuántas estrellas?

—Mínimo cuatro, por favor –responde irónicamente Fernando.

—¿Cuándo vas a llegar? ¿Mañana?

—No, mañana no puedo. Imposible. Tengo que dejar unas cosas terminadas en la tele. Pasado mañana, si salgo de aquí a las 8 o a las 9 h, puedo estar en Benisol a la hora de comer. ¿Dónde nos encontramos?

—A ver... Lo más fácil: yo voy ahora a buscarte habitación. Mañana por la tarde te llamo, te digo dónde te vas a alojar y quedamos en tu hotel.

—Perfecto. Hasta mañana.

Al día siguiente por la mañana, Jaime va a ver a Alba a la recepción.

—¡Mi amigo el periodista viene mañana! Va a llegar a la hora de comer –dice Jaime al entrar en la recepción.

—¡Qué bien!

—Tenemos que buscarle hotel y llamarle a Madrid.

—No va a ser fácil. Estamos en temporada alta[4]. Voy a llamar al Hotel Azahar... –responde Alba ya marcando[5]–. A ver... Seis, uno, cuatro, ocho, cinco, seis.

—Hotel Azahar, dígame.

—Sí, mira... Soy Alba Gaviria, del Camping Mediterráneo.

—Hola, Alba. Soy Silvia.

—Ah, hola, Silvia, ¿qué tal? No te había reconocido. Quisiera reservar una habitación para un amigo. ¿Tenéis habitaciones libres?

—¿Qué días?

—A partir de mañana. Llega al mediodía.

—Uy, no, lo tengo fatal. Está todo completo. Hasta el día 22 de agosto no tengo nada... Nada de nada. Ni una habitación. Lo siento mucho, chica.

—Bueno, no te preocupes. Oye, ¿qué tal está el Hotel Valencia?

—Dicen que está bien. No es un hotel de lujo, es un tres estrellas, pero no está mal. Tiene piscina y jardín. ¿Tienes el número de teléfono?

—Sí, por aquí lo tengo. Voy a llamar.

—También puedes preguntar en el Hotel La Florida. Es más caro pero está muy bien.

***

Alba llama a cinco hoteles. En agosto todo está completo en Benisol. Finalmente, en el Hostal Rosita, tienen una habitación para Fernando. Es una pensión muy barata en una calle ruidosa del centro de Benisol. La misma Rosita, la propietaria, atiende en la recepción.

—Sí, sí, tenemos una habitación –dice Rosita al teléfono–. Pero no tiene baño.

—No importa, me la reserva –Alba ya está un poco desesperada.

—La pensión completa cuesta 80 euros al día por persona –explica Rosita.

—Solo queremos la habitación. Sin comidas.

—Ah, no. Solo tenemos pensión completa.

—Bueno, pues pensión completa, de acuerdo.

—¿A qué nombre hago la reserva?

—Fernando Valcárcel.

—Vale. Tomo nota, Fernando Valcárcel. ¿Para cuántos días?

—Todavía no lo sé. Una semana o algo así[6].

1 **no tener plan fijo** keinen festen Plan haben 2 **cuando tú quieres algo...** wenn du dir was in den Kopf gesetzt hast ... 3 **maldito** verdammt
4 **la temporada alta** Hochsaison 5 **marcar** wählen 6 **o algo así** oder so ähnlich

Alba cuelga el teléfono y dice:

—¡Por fin! ¡Tenemos una habitación para tu amigo en el Hostal Rosita! Pero no sé si le va a gustar mucho. El Hostal Rosita no es el Hotel Palace. Y está al lado de una discoteca.

—No importa –dice Jaime.

—Yo mañana por la tarde he quedado con[1] Vicente Gil –explica Alba–. Es el alcalde. Es un hombre muy honesto. Quiero hablar de todo esto con él.

—Fenomenal[2]. ¿A qué hora?

—A las ocho.

—Así que[3] mañana no vas a correr.

—No. Tengo que hablar con Gil. Todavía podemos salvar Benisol.

—Sí, no es demasiado tarde.

—Hoy mi tío ha recibido un nuevo anónimo[4].

—¿Otro? ¿Y qué dice?

—Mira –dice Alba enseñándole una nota.

—¿Y qué dice tu tío? –pregunta Jaime.

—Está muy preocupado pero no quiere hacer nada. ¿A qué hora nos vemos mañana? Tengo ganas de[5] conocer a tu amigo el periodista.

—Pues después de tu cita con el alcalde.

—Muy bien. Pero no aquí en el camping. Mejor en el pueblo. Hay que ser discretos.

—¿Dónde?

—Hay un bar en el paseo marítimo, que se llama "Paquito". Podemos tomar algo allí. Hacen un pescadito frito[6] buenísimo. El mejor de la zona. ¡Y unos calamares...!

—Pues mañana a las 10 h en "Paquito".

—OK.

Los dos empiezan a hablar como en una película policíaca.

***

Cuando Jaime se va, Ibarra sale de su despacho.

—Ah, estás ahí... –dice Alba sorprendida.

—Sí, claro, en mi despacho. Veo que tienes buenos amigos entre los clientes...

—Sí –responde secamente Alba. Lo que significa "a ti qué te importa[7]"–. Voy a Correos y al banco –añade, y se va.

"No lo soporto[8] ", piensa.

Después, Ibarra llama por teléfono.

—El Sr. Duque, por favor.

—Está reunido. ¿De parte de quién? –contesta una secretaria.

—De José Luis Ibarra.

—Espere un momento, a ver si le puedo pasar.

Luego se oye la voz de Duque.

—Hombre, José Luis, ¿cómo te va?

—Creo que vamos a tener problemas.

—¿Problemas? ¿Qué problemas?

—La "niña[9]" esta, la sobrina de Gaviria... Tiene una cita con el alcalde, y espera a un periodista de Madrid...

—Ah, ¿sí?

1 **quedar con** sich verabreden mit 2 **fenomenal** super, toll, fantastisch 3 **así que** also, demnach 4 **el (mensaje) anónimo** anonyme Nachricht 5 **tener ganas de** Lust haben zu 6 **el pescadito frito** gebratene Fischchen 7 **a ti qué te importa** was geht dich das an? 8 **no soportar algo** etwas nicht ausstehen können 9 **la niña esta** die da

En la plaza Mayor de Benisol, en verano, algunos artesanos venden sus productos en un “mercadillo”: bolsos, pendientes, pañuelos, juguetes[1]... Algunos turistas pasean y otros toman helados en las terrazas de los bares. El Ayuntamiento de Benisol está en la plaza Mayor, en un viejo edificio del siglo XIX, en bastante mal estado.

Son las ocho de la tarde pero todavía hace calor. Vicente Gil, el alcalde, trabaja cada día hasta muy tarde.

—Luego dicen que los funcionarios[2] no trabajan –dice Alba cuando entra.

Vicente es amigo suyo y también su ex profesor. Fue su profesor de Historia en el instituto, cuando Alba tenía 17 años. Desde entonces[3] son buenos amigos.

Hace algunos años, un grupo de profesores e intelectuales se presentaron a la elecciones[4] municipales, como independientes. Querían luchar contra la especulación. Y... ¡sorpresa!: ganaron las elecciones. Ahora Vicente es el alcalde de Benisol. No es brillante pero es eficaz. Es un alcalde trabajador y honesto. Y eso que no es fácil en un pueblo turístico, donde siempre han mandado personajes como Duque. Naturalmente, a Gil no le quieren mucho algunos en Benisol. Duque, por ejemplo.

Gil va cada día a trabajar en bicicleta y escribe poemas. Duque va diciendo por ahí[5] que es un loco, que Benisol puede ser más grande que Benidorm, y que así habría[6] trabajo para todos.

—¿Qué tal, Alba? Te veo muy bien... –dice Vicente al verla entrar.
—Pues no estoy tan bien.
—¿Qué pasa?
—Tengo un problema gordo.
—¿Tú también? Yo tengo varios “problemas gordos” –dice él riendo.

Y es verdad: Gil tiene bastantes problemas. Benisol ha crecido mucho en los últimos años. Tiene 4800 habitantes y faltan servicios. Se necesitan más zonas verdes, más plazas de guardería y más semáforos. En invierno, cuando no hay turistas, el índice de paro[7] es muy alto. Este verano, la delincuencia[8] ha aumentado mucho, por culpa de la situación económica.

Últimamente, un grupo de “cabezas rapadas[9]” crea graves problemas en las discotecas.

Y, el problema número uno: la lucha por conservar Benisol y sus alrededores, ya bastante degradados[10]. Ahora, por ejemplo, el Ayuntamiento quiere crear una zona peatonal en el centro, pero algunos comerciantes no quieren. Dicen que están en crisis por culpa de un nuevo centro comercial, que está en las afueras. El Ayuntamiento tiene poco dinero, poco personal y pocos recursos. Además, como son independientes, no les ayuda ningún partido político.

—Cuéntame tu problema. Los míos son muy aburridos... ¿Puedo hacer algo yo? –pregunta el alcalde.
—Sí, y mucho. ¿Qué sabes tú de un complejo turístico nuevo? En Playa Larga, al lado del camping.
—Duque y compañía han presentado un proyecto y han pedido permisos de construcción. Nuestros técnicos lo están estudiando.
—¿Estudiando? Es una locura, una barbaridad... ¡Van a destruir Benisol!
—Sí, Alba, ya sé que es muy grave. Pero no es tan fácil: hay unos planes urbanísticos, hay unas leyes... Según[11] el plan urbanístico actual, parece que necesitan más espacio. Les faltan algunas hectáreas. Además, está el tema ecológico... Pero como[12] tienen mucho dinero para invertir...
—Les hace falta el Camping Mediterráneo –añade Alba.

1 **el juguete** Spielzeug 2 **el funcionario** Beamter 3 **desde entonces** seitdem 4 **presentarse a unas elecciones** sich zur Wahl aufstellen lassen 5 **va diciendo por ahí que...** erzählt überall herum, dass ... 6 **habría** es gäbe 7 **el índice de paro** Arbeitslosenzahl 8 **la delincuencia** Kriminalität 9 **el cabeza rapada** Neonazi, Skinhead 10 **degradado** verfallen 11 **según** gemäß, laut 12 **como** da

CAPÍTULO 10

Alba sigue sentada en el despacho de Vicente Gil. Ha decidido contarle toda la historia del camping.

—Ya sabes que trabajo en el camping de mi tío, ¿no? Estoy haciendo la tesis y esperando encontrar trabajo como bióloga. Y de momento[1]...

—No es fácil para los jóvenes científicos, ya lo sé.

—Bueno, pues, desde hace unos años estoy en el camping. Me ocupo de la recepción, de la oficina y esas cosas.

—Duque y sus amigos dicen que vais a vender el camping. Dicen que estáis negociando...

—¿Negociando? ¡Qué va![2] –responde Alba–. Nos están amenazando[3]. Y no sabemos qué hacer. Por eso quería hablar contigo.

—¿Amenazando? ¿Qué ha pasado exactamente? –dice el alcalde sorprendido.

—Te voy a contar toda la historia, desde el principio. En 1985, murieron mis abuelos y mi tío heredó unos campos. Varias hectáreas. Entonces, decidió montar el camping[4]. Y ya en ese momento tuvo presiones de Duque...

—¡Duque! Ese maldito constructor. ¡Su ambición no tiene límites! –exclama él.

—Bueno, pues, en 1985, Duque quiso comprarle a mi tío los terrenos del campo para construir un hotel. Pero mi tío no quiso vendérselos. Construyó el camping y hasta ahora ha funcionado bien.

—Sí, lo sé.

—Hace unos meses, Duque le hizo una oferta. Un millón de euros.

—No está mal.

—Pero para mi tío el camping es su vida. No quiere ni hablar de venderlo.

—Claro.

—Pero ahora tiene miedo[5]. Hace unos días llegó una carta anónima. Y ayer, otra. Además, Duque tiene un aliado[6] importante dentro del camping.

—¿Cómo?

—Sí, Ibarra, el director. Son buenos amigos. Ibarra lleva muy mal el camping[7]. Quiere hundirlo. Hundir el camping para obligar a mi tío a vender.

—Pues si hay amenazas, hay que hablar con la policía[8] –dice Gil–. Y con el juez.

—¿Con la policía? –pregunta Alba–. ¿Con Gomis? ¿Confías en él? –Gomis es el comisario de policía de Benisol. A Alba no le gusta mucho.

—No es mala persona –comenta Vicente–. Es un poco antipático, un poco bruto[9]...

—¿No le pueden comprar Duque y los otros? ¡Son auténticos mafiosos!

—Sí, lo sé... Pero en este caso no. Gomis es un hombre recto. No se deja comprar. Si quieres, yo hablo con él.

—¿Y vosotros qué vais a hacer?

—El año pasado Duque y sus socios pidieron permiso para construir un gran complejo turístico. Van diciendo a todo el mundo en el pueblo[10] que van a crear muchos puestos de trabajo para el pueblo.

—¿Y vais a darles permiso? –pregunta Alba.

—Una comisión técnica lo está estudiando. Creo que el departamento de Medio Ambiente no va a hacer un informe positivo. Es una zona muy importante desde el punto de vista ecológico. Yo tampoco estoy de acuerdo con ese proyecto.

—Eso es una buena noticia.

—Alba, no te preocupes. Vamos a encontrar una manera de parar a Duque y a sus amigos. Hoy mismo voy a hablar con Gomis. Tráeme los anónimos.

—En el camping conocí a un chico alemán, muy majo. Tienen un amigo periodista, que trabaja en la tele. Periodismo de investigación. Ha llegado hoy a Benisol y va a ayudarnos. Dentro de un rato voy a hablar con él para contarle todo esto.

—Bien, si salimos en la tele, no va a ser tan fácil para Duque...

Alba sale del Ayuntamiento más animada y más tranquila. Parece que su amigo Gil no quiere el proyecto de Duque para Benisol y está intentando pararlo. Por otra parte, Alba y el alcalde han decidido ponerse en contacto con Gomis, el comisario de policía, y denunciar las amenazas de Duque y sus compinches. "Hay que ser optimista", piensa.

1 **de momento** bis jetzt 2 **qué va** ach was! 3 **amenazar** bedrohen 4 **montar un negocio** ein Geschäft aufbauen 5 **tener miedo** Angst haben 6 **el aliado** Verbündeter, Alliierter 7 **llevar un negocio** ein Geschäft führen 8 **el comisario de policía** Polizeikommisar 9 **bruto** ungehobelt 10 **el pueblo** Bevölkerung

Es casi de noche cuando Alba sale del Ayuntamiento, pensando en la televisión y en los periódicos. Sabe que un artículo en una revista nacional o que un reportaje en la tele pueden ser importantes para salvar la costa de Benisol y conseguir el apoyo[1] de mucha gente en el país. El viento es fresco y agradable, y huele a mar. Alba empieza a caminar hacia el paseo marítimo. Calcula que Jaime y Fernando Valcárcel ya deben estar allí, esperándola en "Paquito".

Alba entra en la calle Mistral, una calle estrecha del barrio viejo en la que no hay muchas tiendas y no pasa mucha gente. De pronto, del portal[2] del número 17, salen dos hombres. Tienen un aspecto[3] muy peligroso y uno tiene, además, cara de boxeador[4]. Alba no tiene tiempo de ver nada más. Siente algo duro y frío en la espalda. "Una pistola", piensa. Nunca ha tenido una en la espalda, pero lo sabe.

—¡Quieta[5] y callada[6]! –dice el de cara de boxeador, que la coge fuerte del brazo.

"Estos trabajan para Duque", piensa Alba muerta de miedo.

Muy deprisa, la llevan al puerto y la meten en un coche deportivo amarillo. Después, nota un pequeño pinchazo[7] en el brazo. "Me están drogando[8]", piensa. Luego, siente una terrible sensación de sueño. Ya no tiene miedo. Solo quiere una cosa: dormir.

El coche con los dos hombres y Alba dormida se pone en marcha. Pasa por el paseo marítimo, justo por delante de "Paquito", el bar en el que Jaime y Fernando la esperan. Luego, el coche gira a la derecha, sigue de frente[9] hasta el final, por una avenida. Gira otra vez y entra en la calle Manuel de Falla. Allí, delante del número 67, el deportivo amarillo se para. Uno de los hombres baja y abre la puerta de un garaje. El otro entra llevando a Alba en brazos. Luego, la calle se queda en silencio. Solo pasa una señora mayor, una viejecita. Pero Alba no ve nada. Está durmiendo como un bebé.

La viejecita es la abuela de los Martínez.

***

Fernando llega a Benisol en su moto unas horas antes, a las 15 h. Jaime le está esperando en el Hostal Rosita.

—Lo siento, no hay ni una habitación libre en todo Benisol. Solo he encontrado esto. Si quieres venir al camping... En la autocaravana hay una cama libre...

—No, no, voy a estar bien aquí –dice Fernando muy diplomático.

Dejan la bolsa de viaje en el hostal y deciden ir al camping.

Cuando llegan al camping, los amigos de Jaime están sentados delante de la autocaravana. Jaime les presenta a su viejo amigo Fernando.

—Este es Fernando –dice Jaime.

—Hola, ¿qué tal? Jaime nos ha hablado mucho de ti.

—Hola, ¿qué tal?

—¿Queréis tomar algo? –pregunta Martha–. ¿Una cerveza?

—Bueno, pero pequeña, ¿eh? –acepta Fernando–. Con este calor...

—¿Qué tal el viaje? –pregunta Eduardo.

—Bien, muy bien, sin problema. No había mucho tráfico[10]. Y, además, en moto es muy agradable.

En ese momento pasa por ahí Martínez, el vecino.

—¿Qué tal? ¿Cómo vamos?[11] –dice.

1 **el apoyo** Hilfe, Unterstützung 2 **el portal** Haustür 3 **tener aspecto** aussehen 4 **la cara de boxeador** Gesicht wie ein Boxer
5 **¡quieto!** keine Bewegung! 6 **¡callado!** Mund halten! 7 **el pinchazo** Stich 8 **drogar** betäuben, Drogen verabreichen
9 **de frente** geradeaus 10 **el tráfico** Verkehr 11 **¿cómo vamos?** wie geht's?

—Hola, Martínez, ¿qué tal? Mira, te presento a un amigo de Madrid, Fernando.

—Hombre[1], madrileño, como nosotros...

Martínez siempre tiene ganas de hablar. Martha opina que les visita para descansar de su familia. De la abuela y de los cuatro niños.

—¿Una cerveza fresquita, Martínez? –le ofrece Eduardo.

Martínez la acepta rápidamente y se sienta. Jaime se pone un poco nervioso. Quiere contarle el problema de Alba a Fernando. Pero Fernando está feliz, con sus nuevos amigos y su cerveza.

—Oye, pues es bonito esto. Yo no conocía esta zona –dice.

—Está muy bien –explica Martínez–. Es un camping tranquilo, nada ruidoso, con el mar al lado. Y no es caro... Y en el camping está uno como en casa: tu nevera, tu habitación, tu cocina, tu tele... ¡Hasta[2] el microondas hemos traído este verano!

Y es que la caravana y las tiendas de los Martínez son realmente como una casa. Muebles, electrodomésticos... La abuela ha puesto incluso geranios en la ventana de la caravana.

—Tengo una idea... –dice por fin Martínez–. ¿Por qué no venís mañana a comer una paella? Os la debo. Así conocemos mejor a vuestro amigo... Fernando te llamas, ¿verdad?

—Sí, Fernando.

—Ay, qué pena la del otro día... –suspira Martínez pensando en su paella–. ¡Cómo olía[3]! La mejor de mi vida...

—Es que Martínez es especialista en paellas, ¿sabes? –aclara Jaime–. Hace unas paellas riquísimas.

—No como las de los restaurantes –añade Martínez.

Fernando mira extrañado a Martínez, que se ha puesto de pronto muy triste, y a Martha, que casi no puede controlar la risa.

Luego, aparecen Sófocles y Sócrates. El gato y el perro se han hecho muy amigos y son inseparables.

Martínez les mira con odio, pero no dice nada.

***

A las 10 h Jaime y su amigo Fernando, el periodista, llegan a "Paquito", el bar del puerto donde han quedado con Alba.

—¿Qué van tomar? –pregunta el camarero.

—Yo una caña, ¿y tú?

—Yo otra.

—Dos cervezas... ¿Algo para picar[4]? Calamares, anchoas, pescadito, gambas, pulpo, patatas bravas... –vuelve a preguntar[5] el camarero.

—¿Una de pescadito? –sugiere Jaime.

—Vale, y unos calamares.

—¡Marchando una de calamares y una de pescadito! –grita el camarero a la cocina.

Los dos viejos amigos hace dos años que no se ven y tienen muchas cosas de que hablar[6]. Mientras charlan alegremente, un coche deportivo amarillo pasa frente a ellos.

A las 10.45 h se dan cuenta de que es tarde.

—¡Qué raro! Llega muy tarde tu amiga, ¿no? –pregunta Fernando.

—Sí, es un poco extraño.

Toman dos cervezas más y esperan. Jaime está ya un poco nervioso.

A las 11 h empieza a pensar que ha pasado algo.

—No puede ser. Es una chica muy seria, muy formal. Nunca llega tarde –le cuenta a Fernando–. Vamos al camping. A lo mejor[7] nos hemos entendido mal –propone luego.

1 **¡hombre!** Mensch! 2 **hasta** sogar 3 **¡cómo olía!** wie die gerochen hat! 4 **picar** eine Kleinigkeit essen
5 **volver a hacer algo** etwas erneut machen 6 **tener cosas de que hablar** Dinge besprechen müssen 7 **a lo mejor** vielleicht

A las 11.20 h Fernando y Jaime salen hacia el camping en la moto de Fernando. Primero, Fernando va al bar. Allí habla con Mario, con Manolo y con Concha.

—No, Alba no ha venido por aquí. No la hemos visto... –dice Concha.

—A mí me ha dicho que tenía cosas que hacer en el pueblo, en Benisol –añade Manolo.

—Mario, ¿tú has visto a Alba? –pregunta Concha al cocinero, que sale de la cocina.

—No, no la he visto. ¡Si no he salido de la cocina en todo el santo día...! ¿Por qué?

Luego la buscan en la recepción. Ibarra ya se ha ido. En la oficina solo está Milagros, la señora de la limpieza.

—¿Alba? No, no, por aquí no ha venido –dice ella–. ¿Pasa algo? –pregunta.

—No, no, nada. Quería hablar con ella –miente Jaime.

Preguntan también a Enriqueta, la de la tienda, a Chus y a Tere, las peluqueras, a "Chapuzas"... Nadie la ha visto.

Finalmente, van a casa de Antonio Gaviria, el tío de Alba.

—Antes de salir, me ha dicho que tenía una cita con un amigo y con un periodista –dice el tío.

—Sí, con nosotros...

—¡Esta chica! Siempre se busca problemas... ¿Dónde estará? –suspira Gaviria, preocupado.

***

A las 12 h Jaime y Fernando salen de casa de Gaviria.

—¿Qué hacemos? –pregunta Fernando.

—No sé... Esperar un poco. Vamos a nuestra caravana y tomamos algo –propone Jaime.

Pasan por delante de las tiendas de la familia Martínez.

—Buenas noches –les saludan los Martínez.

—Oiga, joven... ¿Ya está mejor su amiga? –pregunta de pronto la abuela Martínez.

Jaime no entiende la pregunta.

—¿Cómo dice?[1] –pregunta sorprendido.

—Que cómo está su amiga –vuelve a decir la abuela–. Alba se llama, ¿no? Es que esta tarde no estaba muy bien, creo.

—¿Cómo? ¿Por qué lo dice, abuela? –pregunta Jaime nervioso–. ¿Qué ha visto? Cuéntenos...

—Nada, es que esta tarde he ido al pueblo con mis hijos...

—Sí, hemos ido de compras –cuenta la señora Martínez.

—Y hemos dado una vuelta[2] por el pueblo –añade la hija.

—Y nos hemos comido un helado –dice el pequeño.

—Y la abuela se ha perdido –interviene otro de los niños.

—¡Niños, dejad hablar a la abuela! Siga contando, abuela –dice Martínez, impaciente.

Todos sospechan[3] que la abuela va a contar algo importante. Todos callan y la escuchan.

—Pues iba yo con mis hijos paseando tranquilamente... Y, de pronto, se han perdido... Eran las nueve y media o algo así...

—Se ha perdido usted, abuela –dice Maruja.

—Bueno, no importa –sigue la abuela–. Entonces, estaba yo buscándolos y he seguido por una calle. ¿Cómo se llamaba esa calle...? Era el nombre de un músico... ¿Verdi? ¿Beethoven? No... Déjame pensar... Era un músico español...

—Iba usted por una calle, ¿y qué? –pregunta Jaime impaciente.

—Iba yo paseando, mirando... Y de pronto, se ha parado un coche. Un coche amarillo, de esos que van muy rápido y que solo tienen dos asientos...

—Un deportivo –dice la niña.

—Eso –confirma la abuela–. Y del coche ha bajado un hombre. Muy feo, muy feo, feísimo... Alto y feo. Yo he pensado: "Igual de feo que el tío Ramiro el de Villaendrina". Se parecía a[4]...

—Siga, abuela –insiste Martínez.

—Bueno... Pues luego ha bajado otro hombre. Este no era tan feo como el otro...

—¿Y...? –todos le piden que continúe su historia.

—No había nadie en la calle. Bueno, solo yo, que pasaba por allí. Y los hombres del coche, claro –añade la anciana.

Todos la escuchan en silencio.

—Entonces uno de ellos, el feo, ha sacado en brazos a una chica. La chica estaba enferma, creo yo. O dormida, no sé... Al verla he pensado: "¡Anda, pero si es Alba, la del camping! ¿Qué le debe pasar?" Pero no les he dicho nada. La cuidaban los dos hombres muy bien. Han entrado en un edificio y yo he seguido buscando a mi familia. Los he encontrado comiendo unos helados en una heladería, tan felices...

1 **¿cómo dice?** wie bitte? 2 **dar una vuelta** spazieren gehen, eine Runde drehen 3 **sospechar** vermuten, ahnen 4 **parecerse a** jemanden ähneln, aussehen wie

—¡Abuela, por favor! ... ¿Por qué no nos ha contado antes todo esto? –dice enfadada con su suegra la señora Martínez.
—¿Por qué? ¿Pasa algo? ¿Es importante?

***

En unos minutos todo la gente del camping sabe que pasa algo grave, que Alba está en peligro. "Han secuestrado a Alba[1]" es la frase que se repite entre empleados y clientes. Gaviria llama a Vicente Gil, el alcalde, y a Gomis, el comisario de policía. Pero Fernando, Jaime y los demás actúan más rápido que la policía...

—Abuela, ¿ha montado usted en moto alguna vez? –le pregunta Fernando a la abuela Martínez.
—Claro. Mi marido tenía una moto cuando éramos novios.
—Pues, suba. Vamos a buscar esa calle. Jaime, ¿tú vienes en coche con Martínez?
—Yo también voy –dice "Chapuzas".
—Y yo –añade Mario, el cocinero.

Todos en el camping quieren buscar a Alba. Incluso los Jensen, en sus bicicletas, salen hacia el pueblo.

Uwe sube al coche de Chus. Con ellos van Sócrates y Sófocles. Salen, a toda velocidad, detrás de la moto de Fernando, hacia Benisol.

***

Mientras, en la calle Manuel de Falla, Alba empieza a despertarse. Le duele la cabeza[2] y no sabe dónde está.

—¿Qué pasa? ¿Dónde estoy? ¿Quiénes sois vosotros? –pregunta confusa.
—Tranquila, guapa. No pasa nada. Solo has dormido una pequeña siesta –dice el feo y se ríe de su propio chiste.

El feo es "El Ardilla", un conocido "gorila[3]" de Benisol. Trabaja en la entrada de la discoteca "Galaxia", la más importante del pueblo. La discoteca es uno de los negocios de Duque.

—¿Qué queréis de mí? –pregunta Alba.
—De ti nada, bonita –responde el otro hombre.
—Solo queremos darle un pequeño mensaje a tu querido tío –dice "El Ardilla".
—Hay un señor que quiere decirle una cosa: que ese camping es un negocio demasiado peligroso... ¡Hay negocios mucho mejores! Nuestro jefe sabe mucho de negocios.
—Y ahora quédate aquí tranquilita[4], nosotros vamos a volver mañana por la mañana... Ah, y no vive nadie en este edificio, así que no vale la pena[5] gritar –dice el feo.

Salen y cierran la puerta con llave. Alba empieza a llorar. Tiene hambre y sed, y le duele una rodilla. Tiene sangre en la pierna. Seguramente se ha caído durante el secuestro.

***

Mientras, una abuela y un joven periodista dan vueltas en moto por Benisol.

—¿Es esta calle, abuela? –pregunta Fernando por décima vez.
—A ver... No, me parece que no. La calle esa era más estrecha. Y no tenía árboles. Ni tanta luz.

Todo el grupo de amigos han decidido registrar todo Benisol, hasta encontrar a Alba.

Preguntan en los bares, en las tiendas. Pero nada, ni rastro[6]. Nadie ha visto a Alba. Solo la abuela Martínez y sus secuestradores.

—¿Qué hora es? –pregunta Fernando cuando se encuentra con Jaime y Martínez.
—Las 2 h –dice Jaime.
—¿Qué hacemos? ¿Seguimos?
—Yo sí. Esa gente es muy peligrosa.
—Sí, ya lo veo –confirma Fernando.
—Y tú vas a tener un buen reportaje para tu programa, una buena exclusiva[7] –dice Jaime con tristeza.
—Venga, ánimo, Jaime. La vamos a encontrar –le dice. Fernando le conoce bien y adivina[8] los sentimientos de su amigo–. Te gusta mucho esa chica, ¿verdad? –le pregunta.
—Sí, creo que sí –confiesa Jaime–. Es una mujer especial. Últimamente estaba un poco deprimido, ¿sabes? Me sentía solo. Pero desde el día en que la conocí...
—Dios mío, ¡qué mala suerte!: una vez que[9] Jaime se enamora y nos secuestran a la chica –dice Fernando tratando de quitar dramatismo a la situación.

***

De pronto, Sócrates, el nuevo perro de Uwe, entra corriendo en la pequeña y oscura calle donde están Jaime y Fernando. Detrás van Sófocles, Uwe y Chus.

—¡Sócrates! ¿Adónde vas? –grita Chus.

1 **secuestrar a alguien** jemanden entführen 2 **dolerle la cabeza a alguien** jemandem tut der Kopf weh 3 **el gorila** Gorilla
4 **¡quédate aquí tranquilita!** bleib ja schön ruhig hier!
5 **no valer la pena** nicht wert sein 6 **ni rastro** keine Spur
7 **la exclusiva** Exklusivreportage 8 **adivinar** raten 9 **una vez que** da passiert einmal was Gutes

Sócrates se para delante de una puerta. Empieza a olerlo[1] todo y a ladrar muy fuerte. Guau, guau, guau[2]... No para de ladrar[3] delante del número 67, un edificio gris de tres plantas, que parece abandonado.

—¿Cómo se llama esta calle? –pregunta Fernando.
—Manuel de Falla –dice Chus.
—¡Un músico español! –gritan Fernando y Eduardo al mismo tiempo.
—¡Sócrates la ha olido!
—¡Alba está ahí dentro! ¡Hay que abrir esa puerta! ¡Albaaaaa! –grita angustiado[4] Jaime.
—Mira, hay sangre[5] en el suelo –dice Chus–. Puede estar herida.
—Pues esta calle no me suena nada[6] –dice la abuela Martínez–. ¡Esta cabeza mía...!

La policía llega enseguida y tira la puerta abajo. Una ambulancia llega también en pocos minutos. Pero Alba está bien, asustada[7] pero bien. Solo tiene una pequeña herida en la rodilla.

Poco a poco, delante del número 67, se reúne[8] mucha gente: están todos los compañeros del camping, algunos clientes como los Jensen, Gil, el alcalde...

Alba tiene que acompañar a Gomis, el comisario de policía.

***

Al día siguiente todos están ya más tranquilos.

—La policía ha detenido esta madrugada a "El Ardilla", en la discoteca –les dice Alba a Fernando y a Jaime–. Además, hay muchas pruebas contra Duque. Dice Gomis que se puede demostrar que él está detrás de todo.
—Esperemos –añade Antonio Gaviria.
—Y ahora, lo siento, pero yo he venido a trabajar –aclara Fernando sacando una pequeña grabadora[9].
—Oh, no...
—¡Esto va a ser un reportaje impresionante! ¿Cómo empezó todo? –le pregunta Fernando a Gaviria con voz de locutor de la televisión.

Como consecuencia del secuestro de Alba, todo Benisol conoce ya los planes de Duque: la construcción del nuevo complejo turístico en los terrenos del camping. La gente también sabe que el Ayuntamiento tiene dificultades para impedirlo[10].

En el bar del camping se reúnen unas 60 personas. Enriqueta, la del supermercado, se ha convertido en el líder de la movilización[11]:

—Hay que hacer algo. ¡Esto no puede ser! –grita Enriqueta a los reunidos–. Hay que defender el camping!

—Sí, señor, bien dicho –grita Martínez, que está en primera fila.

Hasta la señora Bibiana y su marido participan.

—Podemos escribir a todos los periódicos y hablar con las cadenas de televisión –propone un cliente.
—Eso, eso... ¡Publicidad! ¡Todo el mundo tiene que saber qué pasa en Benisol! –dice Mario, el cocinero.
—¡Abajo la especulación capitalista! –grita de pronto[12] la abuela Martínez–. Es que mi padre era anarquista, cuando la guerra, ¿sabe usted? –le dice a un señor que está a su lado.

Al final, después de mucha discusión, deciden organizar una manifestación en defensa de la costa de Benisol.

Al día siguiente, Jaime va a buscar a Alba a la recepción.

—Esto no ha terminado –dice Alba–. Van a intentarlo otra vez, dentro de un tiempo. Esta gente es muy peligrosa. Solo les interesa ganar dinero rápido.
—Sí, pero de momento... La gente de Benisol está informada. Van a luchar.
—Eso espero. Quizá podamos estar un tiempo tranquilos. ¿Vienes a la playa a dar un paseo? Hace mucho calor, ¿no?
—¿Y tu tesis?
—Después. Necesito descansar un poco.
—Sí, han sido unos días muy intensos... –responde Jaime pensando en sus propios sentimientos.
—Muy intensos –dice Alba con una sonrisa cómplice.
—¡Qué romántico! –dice Chus, la peluquera, que los ve pasar–. No hay nada como el amor. ¿Verdad, Uwe?

1 **oler** schnüffeln 2 **guau** Wau 3 **ladrar** bellen 4 **angustiado** verängstigt 5 **la sangre** Blut 6 **no me suena nada** das sagt mir nichts
7 **asustado** erschrocken, verängstigt 8 **reunirse** sich versammeln 9 **la grabadora** Aufnahmegerät 10 **impedir** verhindern
11 **la movilización** Mobilisierung, Bürgerbewegung 12 **de pronto** plötzlich

Unidad 1 gente que estudia español

2 Nombres y apellidos

01

Esperanza Cobos López
Antonio Castaño Verdún
Miguel Hernández Tapia
María José Benito Zamora
Gloria García Flores
Juan Manuel Aguirre Encabo
Juan Antonio Pascual Vázquez
Isabel Marcos Olmedo
Federico Salinas Domínguez

3 Apellidos

02

1. Ge, o, ene, zeta, a, ele, e, zeta.
2. Efe, e, erre, ene, a, ene, de, e, zeta.
3. Erre, o, de, erre, i, ge, o.
4. U, erre, a, ene, ge, a.
5. Hache, e, erre, ene, a, ene, de, e, zeta.
6. Ce, a, eme, pe, o, ese.
7. Efe, i, e, erre doble, o.

6 Sorteo

03

Los números premiados en el sorteo de hoy han sido los siguientes:
- ■ de la serie dos, el número nueve, cero, cinco, dos, uno.
- ■ de la serie dos, el número cuatro, siete, seis, cinco, ocho.
- ■ de la serie tres, el número cinco, tres, seis, ocho, dos.
- ■ de la serie cuatro, el número cinco, seis, cero, nueve, uno.
- ■ y de la serie cuatro, el número cero, ocho, dos, uno, cero.

7 a, be, ce...

04

1. pe, ele, a, i griega, a.
2. o, ce hache, o.
3. efe, i, e, ese, te, a.
4. ene, a, te, u, erre, a, ele, e, zeta, a.
5. eme, o, ene, u, eme, e, ene, te, o.
6. ce, i, u, de, a, de.
7. pe, o, ele, i, te, i, ce, a.
8. ge, e, ene, te, e.

8 Países

05

Guatemala
Nicaragua
Paraguay
Uruguay
México
Perú
Puerto Rico
El Salvador
Ecuador

9 ¿Es una pregunta?

06

- ■ ¿Esto es un libro?
- ■ Esto es un bolígrafo.
- ■ Esto es una clase.
- ■ ¿Esto es una pizarra?
- ■ Esto es una silla.
- ■ ¿Esto es una mesa?
- ■ Esto es Ecuador.
- ■ ¿Esto es Cuba?
- ■ ¿Este es Carlos Gardel?
- ■ Este es Picasso.
- ■ Esta es Shakira.
- ■ ¿Esta es Gloria Estefan?
- ■ Este es Salvador Allende.
- ■ ¿Esta es Frida Kahlo?
- ■ Este es Juan Diego Flórez.

10 Esto es, este es...

07

1. Mira, este es Julián.
2. Y esto es Pedraza.
3. Estos son María y Andrés.
4. Y esta es Charo, la hermana de Julián.
5. Estos son Jesús y Fermín.
6. Y estas tres somos Charo, Julia y yo.

13 Necesito un número

08

1.
- ■ Bienvenido al 1-18-18, Servicio de Información de Telefónica. Esta llamada tiene un coste de 35 céntimos de euro.
- ● Buenos días, le atiende Víctor García. ¿En qué puedo ayudarle?
- ○ Sí, necesito un número de teléfono de aquí de Málaga, a nombre de Pedro Pérez Martín.
- ● ¿Pérez Martín?
- ○ Sí.
- ● Tome nota. El número solicitado es: 9-5-3-1-6-5-7-4-2. El número solicitado es: 9-5-3-1-6-5-7-4-2.
- ■ Gracias por llamar al 1-18-18. Ha sido atendido por el teleoperador 03-03-80. Gracias por su llamada. En Telefónica estamos para ayudarle.

09

2.
- ● Buenos días, le atiende Gema González, ¿en qué puedo ayudarle?
- ○ ¿El número de Marcos Martínez Paz, por favor?
- ● ¿De Barcelona?
- ○ Sí, sí, de Barcelona.
- ● Un momento. Tome nota: 9-3-3,
- ○ 9-3-3,
- ● 2-7-3,
- ○ 2-7-3,
- ● 0-4-8.
- ○ 0-4-8. Gracias.
- ● A usted por llamar al 1-18-24. Buenas tardes.

10

3.
- ● Bienvenido al 118-50. Le atiende Luis. Buenos días.
- ○ Buenos días. Necesito el número de teléfono de un abonado de Cáceres.
- ● Cáceres. Dígame el apellido, por favor.
- ○ Mas.
- ● ¿Y el segundo?
- ○ Pérez.
- ● ¿Mas Pérez, Mario?
- ○ Sí, eso.
- ● Tome nota: 9-2-7, 2-0-9, 4-2-3.
- ○ 9-2-7, 2-0-9, 4-2-3.
- ● ¿De acuerdo?
- ○ Sí, gracias.
- ● Gracias a usted, hasta luego.

11

4.
- ● Información directa, buenas tardes.
- ○ Buenas tardes. Quería saber el teléfono de Milagros Martín Martín, de la avenida de la Constitución, número, 4, de Madrid.
- ● Tome nota: 9-1-6, 4-1-0, 9-6-4.
- ○ Gracias
- ● A usted por su llamada.

12

5.
- ● Buenas tardes, le atiende Javier, ¿en qué puedo ayudarle?
- ○ ¿Me dice el número de teléfono de Paula Mínguez Peralta, por favor?
- ● ¿Méndez Peralta?
- ○ No. Mínguez: Mínguez Peralta.
- ● ¿Me facilita la población, si es tan amable?
- ○ Sí, sí, Barcelona.
- ● Muy bien. Tome nota: 9-3, 3-1-0, 7-9, 2-2.
- ○ Vale...
- ● ¿Desea algo más?
- ○ No, gracias.
- ● A usted por su llamada.

14 Sonidos

13

Jaime	Argentina
Gerardo	Gómez
Gil	Javier
José	Guevara
Juan	Guadalajara
Guinea	García
Guerra	Paraguay
González	Gala
Guatemala	Juárez
Gargallo	Aragón

Unidad 2 gente con gente

2 Números

14

- ● ¿Sabes dónde vive Penélope?
- ○ Creo que en el número 74 de la avenida de la Constitución.
- ● ¿Cuántos años tiene tu abuela?
- ○ Es bastante mayor, tiene ya unos 85 años.

- ● Siete por siete son... 49, ¿verdad?
- ○ Sí, sí, 49.

- ● Es horrible. Tengo que trabajar 52 horas a la semana.
- ○ ¿52? Yo solo trabajo 24 y gano más que tú.

3 Lotería

15

Los números premiados en la bonoloto de esta semana son: el once, el quince, el veintisiete, el treinta y tres, el treinta y cinco, el cuarenta, el cuarenta y cinco, y el cuarenta y nueve.

4 **¿De quién hablan?**

16

- Es muy activa.
- Son muy alegres.
- Son muy cariñosas.
- No es nada inteligente.
- Es muy serio.
- Son muy simpáticos.
- No es nada simpática.
- Es soltero.
- Es bastante tímido.
- Son muy trabajadoras.
- Son muy traviesos.
- Es muy deportista.
- Son viudas.
- Son suecos.

17 **Respuestas**

17

a) ¿Trabajas en el banco?
b) ¿Habla usted inglés?
c) ¿Cómo se llama tu hermana?
d) ¿A qué se dedica tu padre?
e) ¿De dónde sois?
f) ¿Estudiáis en la Universidad?

20 **¿Eso es una pregunta?**

18

1. Se llama Raquel.
2. Es de Málaga.
3. ¿Tiene 18 años?
4. Trabaja en un banco.
5. Vive en la Plaza Mayor.
6. ¿Son italianos?

Unidad 3 gente de vacaciones

5 **¿De qué están hablando?**

19

1.
● ¿Te gustan?
❍ Sí, están muy bien.
2.
● ¿Te gusta?
❍ Sí, muchísimo.
3.
● Y este, ¿qué te parece?
❍ Pues... no me gusta mucho.
4.
● No me gustan nada.
❍ ¿De verdad que no te gustan?
● No, nada.
5.
● Qué, ¿te gusta?
❍ Muchísimo, me gusta mucho.

8 **¿Cómo continúa la frase?**

20

1. No me gusta nada viajar solo...
2. Queremos viajar a Nicaragua y a México...
3. No me gustan nada los aviones...
4. Yo prefiero la montaña...

12 **Un apartamento en Tenerife**

21

● Viajes Solimar, buenos días.
❍ Sí, llamo por el anuncio del apartamento en Tenerife.
● ¿Cuál? ¿El de Playa Teresitas?
❍ Mmm. No sé... Aquí dice: ocasión... cinco personas...
● Ah, sí. El de Teresitas. Está muy bien. Tiene...
❍ ¿Exactamente, dónde está?
● Bueno, en Playa de las Teresitas. Es una playa muy buena.
❍ ¡Ajá!
● Al norte de Santa Cruz.
❍ Ya.
● Está muy cerca del aeropuerto de Los Rodeos. A unos quince kilómetros.
❍ ¿Quince kilómetros?
● Sí, es una zona muy tranquila. El apartamento está cerca de la playa.
❍ Ya.
● Es muy bonito.
❍ ¿Y tiene teléfono?
● Sí, hay teléfono, antena parabólica, aire acondicionado...
❍ ¿Y parking? ¿Tiene parking?
● Sí, también. Hay parking, jardín y piscina.
❍ ¿Tenis también?
● Sí, dos pistas en la urbanización. Y un campo de minigolf.
❍ ¿También hay golf?
● No, no: un campo de minigolf. Pero muy cerca sí que hay un campo de golf.
❍ Ya. Y el apartamento, ¿cómo es?
● Bueno, ya le digo, muy bonito. Tiene vistas al mar, una terraza bastante grande. Son dos habitaciones...
❍ ¿Dos habitaciones? ¿No dice para cinco personas?
● Sí, claro: dos habitaciones dobles y el sofá-cama del salón.

15 **¿De acuerdo?**

22

1. No me gusta nada ir a la playa en agosto.
2. Yo no quiero ir a Granada en avión.
3. No me interesa nada la política.
4. Ana toca un poco el piano.
5. A Cristina le encantan los Beatles.
6. Yo prefiero ir de vacaciones en septiembre.
7. A mí me gusta muchísimo estudiar idiomas.
8. Yo no tengo apartamento en la costa.

19 **Dos estilos de vacaciones muy diferentes**

23

● Yo, cuando viajo, solo voy a hoteles buenos... Viajo mucho, por mi trabajo, y quiero comodidad... Especialmente en vacaciones. Lo único que quiero es descansar, jugar un partido de golf, o de tenis, comer en un buen restaurante... ¿Y sabes qué me gusta también? Ir al casino a jugar un poquito: baccará, póquer...
❍ Pues a mí me gustan los campings y los albergues. Son sitios en los que se conoce a mucha gente. Me gusta conocer gente en vacaciones. Y para eso es fantástico el tren. Es mejor que el avión o el coche. Y es más barato... También me gusta hacer excursiones en bicicleta y correr. En verano, mi novio y yo siempre vamos al festival de San Sebastián. Vamos en tren, con nuestras mochilas y nuestra tienda. Está muy bien.

Unidad 4 gente de compras

6 **A mí me gustan estas**

24

1.
● Esta es muy grande, ¿no?
❍ Bueno, tengo una talla más pequeña.
2.
● ¿Estas son buenas?
❍ Sí, muy buenas.
● ¿Y cuánto valen?
3.
● ¿Cuánto valen estas?
❍ 3 euros cada una.
4.
● ¿Y cuánto vale este?
❍ A ver... 21 euros.
5.
● A ver, quería estos.
❍ ¿Estos?
● Sí, sí, estos.
6.
● Este me gusta mucho.
❍ A mí también.
7.
● ¿Cuánto vale este?
❍ Este vale... 60 euros.
8.
● Este es muy bueno.
❍ Sí, a nosotros también nos gusta este.
9.
● ¿Estos son para usted?
❍ Sí, para mí.
10.
● ¿Esta es italiana?
❍ No, está fabricada en España.

9 **Gentilandia**

25

Gentilandia está situada al sureste del continente y su extensión es de 44 000 km cuadrados. Tiene 325 000 habitantes, de los cuales más de 200 000 son mujeres. En la capital, Cabanillas, vive la mitad de la población. El sueldo medio de los habitantes del país es de 650 000 pesitos, unos mil dólares, al mes. Por eso Gentilandia tiene una de las rentas per cápita más altas de la región. Pero no es un país caro: una cerveza en un bar cuesta unos 50 pesitos, una habitación en un hotel vale entre 6000 y 10 000 pesitos y se puede comer muy bien en un buen restaurante por 3500 pesitos. Si quieres más información sobre este país, puedes llamar a la oficina de turismo de Cabanillas. El número de teléfono es el 729-25-23, con el prefijo 01 si llamas desde el extranjero.

15 **Rebajas**

26

¡Grandes ofertas Gentishop! ¡Solo este fin de semana! Camisas de caballero, antes 33, ahora 27 euros. Pantalones de señora y caballero, antes 45, ahora 39 euros. Zapatos y botas, antes 48, ahora tan solo 35 euros. Jerséis de primavera y verano, antes 42, ahora solo 33. ¡Venga a las rebajas de Gentishop! ¡Más por menos dinero! Para usted, señora, faldas y vestidos por solo 22 euros, cuando antes le hubieran costado 35. Y para usted, caballero, chaquetas de verano, antes 95, ahora solo 80 euros.

17 **¿Qué le regalo?**

27

1. ¿Qué te parece un pañuelo de seda?
2. ¿Y una botella de licor, whisky, o coñac?
3. ¿Un póster de Charles Chaplin?
4. Una película de Woody Allen.
5. ¡Un bolso! ¿No te parece una buena idea comprarle un bolso?
6. Una corbata. Eso: una corbata, ¿no?

Unidad 5 **gente en forma**

5 **Erre que erre**

28

carne	aburro
deporte	dormir
raqueta	dinero
beber	regular
verdura	horario
cintura	Roma
querer	Rodríguez

7 **El cuerpo**

29

Bienvenidos al programa "Todos en forma". Hoy vamos a empezar con tres ejercicios de relajación. Vamos allá. Primer ejercicio. Las piernas juntas, las manos en el suelo y el cuerpo recto. Doblar los codos y tocar el suelo con la cabeza. Segundo ejercicio. Ahora de pie, las piernas abiertas y las manos detrás de la cabeza. Girar el cuerpo a la derecha y a la izquierda. Eso es... Uno, dos, uno, dos, uno, dos... Y tercer ejercicio. Las manos, la cabeza y la espalda apoyadas en el suelo. Levantar las piernas hasta tener los pies enfrente de los ojos.

9 **¿Yo, tú, él...?**

30

1. Todos los lunes nos levantamos a las ocho para ir a trabajar.
2. ¿Duermes ocho horas todos los días?
3. Por la mañana doy un paseo de una hora.
4. Ahora viven en un apartamento nuevo en Madrid.
5. ¿Tenéis dinero suficiente para comprar el regalo de Javier?
6. Es una persona extraña: no trabaja, pero vive muy bien.
7. Van a clase todos los días.
8. ¿Tomas vino en las comidas?

12 **Perdone, señora**

31

1.
● Perdón, señora. ¿Me contesta a unas preguntas para Radio Ondas?
○ Sí, sí, pregunte, pregunte.
● ¿Usted cree que lleva una vida sana?
○ ¿Yo? Muchísimo, ya lo creo. Mire, como mucha verdura, no fumo, no tomo café...
● ¿Y deporte? ¿Practica algún deporte?
○ Mmm... no. Deporte, no. Bueno, sí, nado.
● Ah, pero, ¿cuánto? ¿Una vez a la semana, dos...?
○ ¡No, no! A veces... Bueno, en verano todos los días.
● ¿En la playa?
○ Sí, en la playa. Vamos todos los años con mi marido y con unos amigos.
● Gracias. Muchas gracias.

32

2.
● Perdón, señor. Somos de Radio Ondas y estamos haciendo una encuesta sobre las costumbres sanas de los españoles.
○ Ah, es un tema muy importante. Mire yo creo que hay mucha gente que no lleva una vida sana. Hay gente que come muy mal. Y que no...
● Ya, ya,...
○ Sí, sí, pregunte, pregunte...
● Perdone. Nos interesa saber qué cosas hace usted.
○ ¿Yo? Muchas. Por ejemplo, ando mucho. Cada día doy un paseo de una hora. Porque tengo un problema. Trabajo en una oficina, y estoy demasiadas horas sentado.
● Ya, ya. Y aparte de eso, ¿practica algún deporte?
○ Bueno, a veces vamos a jugar al tenis con unos amigos. Y también salimos en bicicleta.
● ¿Y en cuanto a la alimentación?
○ Claro, claro. También es un tema muy importante. Siempre desayuno cereales con fibra. La carne y el pescado, siempre a la plancha. Mucha fruta, a mí me gusta mucho la fruta.
● Ah, bien. Gracias, muchas gracias.

Unidad 6 **gente que come bien**

5 **Hacer la compra**

33

● Hola buenos días.
○ Buenos días, dígame, ¿qué le pongo?
● A ver, ¿a cuánto están las fresas?
○ A 3 euros el kilo.
● Pues, póngame dos kilos.
○ Muy bien. ¿Algo más?
● Sí, deme un paquete de azúcar y 200 gramos de ese jamón.
○ ¿Este?
● Sí, ese. 200 gramos.
○ ¿Algo más?
● No, ya está. ¿Cuánto es todo?
○ A ver, son... 6 con 70 euros.
● Aquí tiene. Gracias.

17 **Libro de reclamaciones**

34

● ¿Perdone? ¡Perdone! ¡Perdone..., camarero...!
○ Un momento, un momento:
● ¿Puede venir un momento?
○ Eh, sí, un segundo que, eh...Sí, dime, perdón.
● Bueno, resulta que el plato que me ha traído no es el que yo he pedido. Yo pedí verdura con pescado y me ha traído carne con patatas.
○ Ah, pues, ah... ¿Esto, qué camarero ha sido? ¿Quién la ha atendido?
● Usted, usted, me ha atendido usted, no sé si se acuerda.
○ Perdone, disculpe, es que hay mucho trabajo, aah...
● Sí, sí, no, ya veo...
○ Sí, perdón, sí veo que me, que lo he.... Sí disculpe es un error. Es que hay mucha gente... Se lo cambio en un segundo. Disculpe.
● De acuerdo.
[...]
○ Y el postre para la señorita.
● Perdone, le hemos pedido tarta de chocolate, no flan. Y los cafés no antes, sino a la vez. Si yo me tomo el café, ya no tengo ganas de tomarme el postre después.
○ Eh, perdón, perdón. Entonces, de postre, ¿qué, qué...? Que no tenía flan... ¿Qué quiere?
● No, a ver, espere un momento. O sea, el pescado no lo he tocado, si usted me, cada... me va trayendo platos cada tres cuartos de hora, como puede entender mi digestión se hace de cuatro horas.
○ Pero es que, disculpa...hay mucho trabajo. Se le cambia el plato. Le traigo...
● Vale, solo escúcheme un momento.
○ Sí.
● Esto parece un auténtico despropósito. O sea, la sopa estaba fría, encima se equivocan de plato, tardan media hora en traerme el pescado, el pescado vuelve a estar frío y no me lo tomo... Este restaurante no es barato... O sea, no sé por quién toman a la gente.
○ Disculpa es que hoy es un día de mucho trabajo. La invito a un...
● Me invita, no. Usted tiene que prestar atención a lo que hace.
○ Mil disculpas, perdóneme...
● No, no, es que no se puede tratar así a los clientes y menos en un restaurante que se dice que tiene un buen trato...
○ Perdone, pero es que mire cómo estamos. O sea, hay mucho trabajo... Yo le pido un poco de paciencia solo...

- No, lo siento. Yo le veo muy despistado a usted, y si esto usted no lo sabe ver...
- ❍ Eh, perdón. Sé que ha habido un error en su pedido, pero le pido disculpas.
- No, pues no. Es que estas cosas no son así. Ni disculpas, ni nada. Las cosas se hacen bien, o no se hacen.
- ❍ Eh, mil disculpas, pero, por favor, tranquilícese.
- ¡Que me tranquilice! ¡No me da la gana de tranquilizarme! Ahora mismo le pido el libro de reclamaciones.

Unidad 7 gente que trabaja

6 Profesiones diferentes

35 **1.**

- ¿Cómo es un día cualquiera, un día normal para ti?
- ❍ Pues, me levanto tarde, porque normalmente me acuesto tarde. Luego ensayo unas dos o tres horas. Para mi trabajo es importante estar en forma y trabajar mucho la voz. Y siempre hay que estar aprendiendo cosas, preparándose... Y, por la tarde, pues depende... A veces también ensayo, o descanso un rato, en mi casa. Leo, voy de compras... Cuando estoy en casa, claro, porque viajo bastante: Viena, Milán, París, Londres... No paro.

36 **2.**

- ¿Cómo es tu trabajo?
- ❍ Bueno, es una profesión muy interesante. Lo más importante es que ayudas a la gente. También conoces a mucha gente distinta. Es duro, pero cualquier esfuerzo merece la pena.
- ¿Y no es difícil para una madre de familia? Tú tienes hijos, ¿no?
- ❍ Sí, claro, bueno... Pero es una profesión en la que trabajas mucho. Y lo más importante es organizarse. Trabajo a veces los fines de semana, por la noche, pero bueno, el trabajo es muy interesante.

37 **3.**

- ¿Trabajas muchas horas?
- ❍ Pues... cuando estoy aquí, unas diez horas al día.
- ¿Y viajas mucho?
- ❍ Sí, lo malo de este trabajo, pues son los viajes. Un día estás en Sevilla, el otro tienes una reunión en Madrid... No sé, es un poco estresante. Siempre con prisas.
- ¿Y no es este un mundo un poco "machista"?
- ❍ ¿Un poco? Mucho... Desgraciadamente somos pocas todavía. Sí, sí. Es un mundo de hombres.

38 **4.**

- ¿Que cuántas horas de trabajo? ¡Todas! No sé... Siempre hay cosas que hacer. Nosotros en casa somos seis.
- ❍ ¿Seis?
- Sí, no paras nunca. Sábados, domingos...

¡Y no hay vacaciones! ¿Sabe?

39 **5.**

- ¿Cuántas horas estás en la tienda?
- ❍ Unas siete horas.
- ¿Te gusta tu trabajo?
- ❍ Sí, a mí me gusta tratar con la gente, hablar, aconsejar a los clientes... Bueno, claro, a veces hay gente un poco pesada pero... No sé, me gusta el trabajo cara al público.

10 ¿Qué ha hecho Alicia?

40

- Veo que hablas muchos idiomas...
- ❍ Sí, es que me gusta mucho estudiar idiomas. Me encanta. He estudiado inglés en la escuela y luego he estudiado francés, árabe y... también un poquito de ruso. Bueno, y además también he vivido un tiempo en Holanda y hablo un poquito el holandés...También estuve unos meses en Italia...
- ¿Has vivido en Holanda y en Italia...?
- ❍ Sí, en Italia también.
- Y los últimos años has estado viajando por varios países, ¿no?
- ❍ Sí, he viajado mucho. Por toda Europa...Y por el norte de África.
- ¿Pero por trabajo?
- ❍ Sí, es que he estado trabajado para una empresa farmacéutica española...
- ¿Un laboratorio farmacéutico?
- ❍ Sí, es un laboratorio que produce medicamentos, a partir de algas y productos marinos... Se llama Thalos.
- Mmm, interesante, sí.
- ❍ Sí, mucho.
- Pero exactamente, ¿cuál era tu trabajo?
- ❍ Bueno, en realidad, han sido varios. He empezado haciendo labores de secretaria de dirección y, después, he empezado a trabajar como intérprete. He acompañado a los técnicos en sus viajes porque es que he estudiado biología, concretamente, oceanografía. Y bueno, tengo una formación científica...
- Pero, o sea, de bióloga, exactamente, ¿no has trabajado nunca?
- ❍ No, no, de bióloga, nunca... He terminado la universidad y he empezado a trabajar en la empresa...Y como me ha gustado el trabajo... Es que he conocido mucha gente, he viajado, he aprendido cosas muy interesantes del mundo...

11 Entrevista de trabajo

41 **1.**

- Hola Pepe.
- ❍ Hola.
- ¿Me explicas un poco qué estás haciendo?
- ❍ De acuerdo.
- Estudios, por ejemplo.
- ❍ Sí, bueno, pues... tengo el EGB, o sea el graduado escolar, el COU, y luego, por otra parte, he hecho la carrera de topógrafo.
- Mmm.
- ❍ Y bueno, mientras tanto, pues he estado trabajando en distintos trabajos. Bueno, combinando un poco los estudios con pequeños trabajillos, por ejemplo de camarero, y bueno, básicamente de camarero.
- Ya.
- ❍ En alguna pequeña oficina y... Bueno, luego estuve trabajando en la construcción.
- ¡Ajá!
- ❍ Haciendo unas autopistas y casas... Bueno, cosas de estas, ¿no?
- Muy bien.
- ❍ Hasta que la empresa quebró y ahora, bueno, pues vengo para... para este trabajo.
- ¡Ajá! Muy bien.
- ❍ Para hacer estas oposiciones.
- De acuerdo. Muy bien.

42 **2.**

- Hola, Amalia.
- ❍ Hola.
- Pues, ¿me explicas un poco... trabajo, estudios?
- ❍ Sí. Yo soy licenciada en Ciencias Exactas, en la Universidad de Barcelona. Antes de acabar la carrera me puse a trabajar, a dar clases de matemáticas, en una... en una facultad, privada.
- Mmm... Mmm...
- ❍ Y luego empecé a hacer la tesis doctoral, la acabé, sigo... y sigo dando clases en el mismo sitio.
- O sea, que tienes experiencia y aparte...
- ❍ Sí.
- Mmm... ¿Idiomas sabes, Amalia?
- ❍ Inglés.
- Muy bien. Pues, nada, pues muchas gracias.
- ❍ A ti.

43 **3.**

- Hola, buenos días.
- ❍ Hola.
- ¿Te llamas?
- ❍ Clara.
- Ah, muy bien, Clara, pues cuando quieras.
- ❍ Bueno, he hecho la carrera de ingeniería industrial.
- Mmm...
- ❍ Pero no acabé el proyecto. Y, bueno... He estado trabajando durante trece años en una, en una empresa...
- Mmm...
- ❍ Llevando digamos la parte de ventas de analítica, para aparatos para hospitales, y, bueno, bastantes contactos con el extranjero, porque la empresa es una multinacional danesa.
- ¿Has trabajado en el extranjero?
- ❍ Sí, dos años en Alemania...
- Mmm...

○ Y... y un año en Francia...
● Mmm...
○ Y ya está.
● ¿Dominas el alemán?
○ Sí, el alemán, sí.
● ¿Y el francés?
○ El francés también.
● Lo que pasa es que el título no lo tendrás, porque si no has hecho el proyecto...
○ ¡No, claro! El proyecto.
● Bueno, pero con la experiencia que tienes, ya nos va bien.
○ Muy bien, gracias.
● De nada.

14 Mis habilidades

44

■ ¿Hablas italiano?
■ ¿Sabes tocar la guitarra?
■ ¿Has estado alguna vez en Granada?
■ ¿Has trabajado en el extranjero?
■ ¿Has visitado el Museo del Prado?
■ ¿Has leído El Quijote?
■ ¿Has estudiado en la Universidad?
■ ¿Has trabajado en una empresa japonesa?
■ ¿Has estado en Mallorca?
■ ¿Has tenido algún accidente de coche?
■ ¿Has visto Casablanca? La película, quiero decir.
■ ¿Sabes bailar el mambo?

18 La sílaba tónica

45

trabajar	profesional
trabajador	inglés
puerta	profesión
ganar	trabajado
monótono	árabe
rápido	mexicano
guitarra	peligro
México	músico

Unidad 8 gente que viaja

6 Peregrinos

46

1. ¿Quién acaba de pasar por Burgos?
2. ¿Quién no ha llegado aún a Orreaga?
3. ¿Cuántos van a pie?
4. ¿Quién va en bicicleta?
5. ¿Quién está entre Nájera y Burgos?
6. ¿Quién está a punto de llegar a Astorga?
7. ¿Quién va a caballo?
8. ¿Quiénes han pasado ya por Villafranca del Bierzo?
9. ¿Cuántos no han llegado aún a Frómista?

12 ¿Abierto o cerrado?

47

1.
● Hoy es lunes, ¿no?
○ Sí, lunes.
● ¿Abren en La gaviota los lunes al mediodía? Hacen unas paellas buenísimas.
○ Pues, no sé. ¿Llamamos?

48

2.
● ¿Qué le compramos a Manuel para su cumpleaños?
○ No sé. Un jersey, o una camisa.
● Bueno... Pues podríamos ir a "El Corte Fiel". Están de rebajas.
○ ¿Hoy? Pero si es domingo.
● Ya, pero me parece que hoy está abierto.
○ Pero es que son las ocho.
● Sí, es un poco tarde.

49

3.
● ¿Qué te parece si tomamos una copa en Mikis? Hay un pianista muy bueno.
○ Vale, pero la última, ¿eh?, que es muy tarde...
● ¿Qué hora es?
○ Las dos.
● Vaya, pues igual está cerrado.
○ No, cierran muy tarde. Vámonos.

13 Horarios

50

Servicio de Información de Renfe.
Trenes con destino Segovia. Trenes diarios: a las 5.45 con llegada a las 7.42; a las 10.17 con llegada a las 12.05; y a las 14.17 con llegada a las 15.55. Trenes que circulan todos los días laborables, excepto sábados: a las 6.17 con llegada a las 8.13; a las 16.23 con llegada a las 18.01. Trenes que circulan a diario, excepto los domingos: a las 20.17 con llegada a las 22.30.

16 Reserva

51

1. ¿Tienen habitaciones para el día 10?
2. ¿Y me puede decir el precio?
3. ¿Con baño?
4. Pues, quisiera reservar una doble.
5. Tres noches, del 10 el 13.
6. Todavía no lo sé seguro, pero entre las ocho y las nueve.
7. No, no, de la tarde.

18 Viajes y acentos

52

1. (acento argentino)
Cuando voy de vacaciones, voy al mar, y... lo que más me gusta es que es un pueblito al lado del mar, y entonces te levantás, no tenés horarios, no tenés que vestirte, te ponés la malla, te fijás si está lindo el día. Si está lindo el día, te vas a la playa. Si el día está feo, te quedás adentro. Te quedás leyendo, te quedás escuchando radio, escuchando música... Como es una casa, podés hacer lo que querés. Y si el día está lindo, te vas al mar o te vas al río, que está cerca también y que te podés bañar. Te podés bañar, podés caminar, podés pescar. Seguramente te encontrás con gente que conocés, te quedás charlando, tomando mate. Y... y así se te pasa el día, ¿no? Y después, a la noche, tampoco no hay mucho que hacer porque es un pueblo requeteaburrido, pero bueno, te sacás la sal, te ponés un poco de crema para que no te arda el sol y... y te quedás charlando con amigos.

53

2. (acento cubano)
Lo mejor de las vacaciones es tomar un... un barco y irse a recorrer las... las islas que están... que son pequeñitas y están cerca de... de la Isla Mayor. Y... porque hay lugares muy... muy bonitos, lugares de una vegetación casi virgen, y playas muy... muy claras, de un agua muy... muy cristalina, muy blanquita y... y una arena muy... muy fina. Y además, en estos lugares casi no vive gente, ni todavía están contaminados por turismo. Y... como tienes el barco, pues, te vuelves a subir en el barco y te vas a lugares. Si te apetece... si te viene mejor ver... ver gente que esté en plan divertido o que les guste bailar o... o conversar. Entonces ya te, te haces un poco más sociable. Y lo más divertido de las vacaciones es no tener que... que pensar en horario, no tener que pensar en que tienes que... que cumplir ninguna obligación. Y... y combinar la playa con... con otras cosas.

Unidad 9 gente de ciudad

6 Una ciudad para estudiar

54

Con sus 186 323 habitantes, Salamanca es una ciudad española de tamaño medio. Está situada a unos 200 Km al oeste de Madrid y a unos 100 Km al este de la frontera portuguesa.
El Puente Romano, las dos catedrales, la Plaza Mayor, la Universidad y cantidad de iglesias, conventos, palacios y edificaciones antiguas hacen de Salamanca uno de los conjuntos monumentales de mayor interés y belleza de España.
La actividad industrial ha aumentado en los últimos años: existen industrias de embutidos, textiles, mecánicas y metalúrgicas. Pero la importancia de Salamanca reside principalmente en su carácter de ciudad universitaria. La Universidad de Salamanca es una de las universidades más antiguas de Europa junto con la de Bolonia y París, y sigue siendo, en la actualidad, una de las más importantes de España.
El gran número de estudiantes, tanto españoles como extranjeros, le da a la ciudad su carácter especial: una vida cultural intensa y mucho ambiente a todas horas.
El clima es continental, con inviernos fríos y veranos calurosos.

15 ¿Qué dice?

55

1. Es una ciudad pequeña. Creo que solo somos unos 35 000...

2. Es una ciudad bastante tranquila. No hay nada de...
3. Pero en el centro hay bastante tráfico. Yo no voy en coche a trabajar porque a veces no encuentro...
4. Hay muy poca vida cultural. Solo hay dos museos, un teatro y tres...
5. Los alquileres son muy altos. Y, actualmente, el problema económico principal de las parejas jóvenes es...
6. El Ayuntamiento ha decidido prohibir la entrada de los coches en la parte antigua de la ciudad. Toda la zona monumental va a ser...
7. La gente que trabaja no sabe qué hacer con los niños pequeños. No hay ni una sola...
8. El clima no es muy bueno. En invierno, un frío horrible y en verano, te mueres de...
9. Hay dos centros comerciales nuevos. Y, claro, los pequeños comerciantes protestan. Dicen que están... 10. Ahora hay un polígono industrial nuevo. Se están instalando muchas...
11. Tenemos un campo de fútbol, un club de tenis y también...
12. Hay bastante paro, sobre todo entre...

16 Vocales

56
La escuela está allí.
Se ha instalado una nueva universidad.
Esto es el casco antiguo.

17 Tres ciudades de Latinoamérica

57
1.
Si usted va a Cuba, lo mejor que puede hacer es darse una vueltecita por la parte oriental. La parte oriental de Cuba es la zona caliente, es la zona más caribeña. Está Santiago de Cuba, que es famosa por su son, por sus calles empinadas, por su ron: hay un ron muy bueno que se llama Paticruzado, que no pueden dejar de probar... Pero en la parte oriental hay una ciudad enigmática, misteriosa, que se llama Baracoa. Es la ciudad más oriental, la puntita más oriental de toda la isla. Baracoa es una ciudad que tiene mucho encanto. Fue una de las primeras villas que se fundaron y tiene playa, una playa muy bonita. Tiene una laguna, que se llama la Laguna de la Miel, porque es muy clarita... Está cerca de la zona de la Sierra Maestra. La Sierra Maestra tiene ríos, tiene el río más caudaloso de Cuba, que es el Toa y ahí se puede hacer camping, se puede hacer canoa, bajando el río. Hay zonas donde se cultivan especies que no se dan en ningún otro lugar y Baracoa tiene, además, una gente maravillosa. Vas caminando por la calle. Te paran, te llevan a tu casa. No se habla mucho de ella pero es una ciudad para conocer.

58
2.
Está al sureste de México y es una ciudad colonial, muy bonita, con muchas... este... mucha actividad cultural y está rodeado de pueblos indígenas. A la vez, está cerca Montealbán, que es un enclave prehispánico de la cultura zapoteca. Y bueno, es uno de los enclaves arqueológicos más significativos de México. Por otra parte, está también cerca la playa, bueno, a ocho horas... Pero, este... la ventaja que tiene ir a la zona de Oaxaca es que son playas, pues... las pocas playas que quedan vírgenes, ¿no? Y que, bueno, se puede vivir así... Es un especie de paraíso hippie, ¿no?, todavía.

59
3.
Bueno, Buenos Aires es una ciudad increíble. Es grande, llena de sitios para visitar y muchas salas de teatro y cines. Puedes ver absolutamente todo tipo de espectáculos, y al mismo tiempo es una ciudad con mucha gente diversa y distinto tipo de gente... y actitudes *y inclinaciones y todo. Es la ciudad que no duerme, es el orgullo. La Avenida Corrientes no cierra durante las 24 horas y tienes todo abierto... No como aquí... O sea que cuando vas allá, la vas a pasar muy bien. Además la gente es muy agradable y te van... te tratan muy bien...

19 ¿Cómo lo digo?

60
- ● Yo creo que se vive mejor en el campo que en la ciudad.
- ❍ Mentira.
- ■ Mentira. Se vive muy aburrido en el campo.
- ❑ El campo es insoportable. No hay nada que hacer.
- ✖ El campo... Y en verano, con los mosquitos y el calor...
- ▲ Sí, aparte de que todo el mundo sabe tu vida y... Es mucho mejor la ciudad.
- ❑ Más movida, más...
- ■ El campo para pasar un día y volver a la ciudad.
- ▲ Sí...
- ❍ Claro, poder ir o estar cuando quieras...
- ▲ Y volver, claro. Pero vivir definitivamente allá, no.
- ✖ Bueno, también hay gente que... una vida sana y... y que tiene una profesión que le permite estar... estar en, en el campo, igual sí. Les va bien. Respiran un aire puro.

Unidad 10 gente y fechas

2 Fechas importantes

61
- ● Bienvenidos a "¿Cuándo fue?", el programa que desafía vuestros conocimientos de historia. Pero vayamos ya sin más demora con nuestro primer concursante. Ya sabe que tiene que elegir tres temas de los cinco que tenemos: vidas de famosos, avances de la técnica, premios Nobel y científicos, acontecimientos sociales y políticos y magnicidios. ¿Cuáles elige?
- ❍ Vidas de famosos, acontecimientos sociales y políticos, y magnicidios.
- ● Muy bien. Pues ahí va la primera pregunta. Como es bien sabido, la viuda de John F. Kennedy, el asesinado presidente de los Estados Unidos, pasó a ser la señora Onassis, ya que se casó con el magnate griego Aristóteles Onassis. ¿En qué fecha tuvo lugar la boda?
- ❍ En 1968.
- ● ¡Ajá! Nuestro primer concursante dice que 1968. De acuerdo. Veamos la segunda pregunta, de acontecimientos sociales y políticos ¿En qué año dimitió el General De Gaulle como presidente de la República Francesa?
- ❍ Mmm... fue en el 1967... No, no, no, fue al año siguiente, en mayo del 68, justo un año después... no recuerdo el día.
- ● Vale. Ya sabe usted –nuestros oyentes también lo saben– que basta con saber el año. Tercera pregunta: magnicidios. Probablemente usted conozca esta frase: "No temas, vas a matar a un hombre..."
- ❍ Che Guevara.
- ● ¡Muy bien! Pues eso es lo que le preguntamos: fecha de la muerte de Che Guevara.
- ❍ Nueve de octubre de 1967, en la Quebrada del Yuro, Bolivia.
- ● ¡Vaya! Parece que es un tema que conoce usted bien. Pues ya tenemos sus tres respuestas. Veamos qué nos dice el jurado...
- ● Vamos ahora con nuestro segundo concursante. Elija usted también tres temas.
- ❍ Avances de la ciencia y la técnica, Premios Nobel y magnicidios.
- ● Perfecto. Veamos, la primera pregunta: sobre avances de la ciencia y la técnica. Todo el mundo ha oído hablar de las famosas Cataratas del Niágara, y muchos de nuestros oyentes las habrán visitado. Si se han subido en el transbordador, ya sabrán que fue construido por el ingeniero e inventor español Leonardo Torres Quevedo, quien también ideó máquinas de calcular digitales que imprimían automáticamente los resultados, construyó dirigibles, sofisticados autómatas que jugaban al ajedrez, etcétera. Pero, ¿el transbordador para las Cataratas del Niágara lo construyó en el año...?
- ❍ 1950.
- ● Mil novecientos cincuenta. Bueno... Segunda pregunta: Premios Nobel. El escritor colombiano Gabriel García Márquez obtuvo el Premio Nobel de Literatura en el año...

○ Mmm... Diez de diciembre del ochenta y dos.
● Año 1982, ¡ajá! Y por último nuestra tercera pregunta, sobre magnicidios: fecha en que fue asesinado el dirigente sueco Olof Palme...
○ 1996... creo.
● Nos dice que en 1996. Bueno, pues vale. Y ya tenemos también sus tres respuestas. Ahora veremos cuál de los dos concursantes ha dado más respuestas acertadas.

3 Frases para completar

62
1. Hablo ruso...
2. Estudió en una universidad extranjera...
3. Trabajó en la radio...
4. Pasó las vacaciones en un pueblo de la montaña...
5. Llego un poco tarde,
6. Bajo por la escalera,
7. Esperó en un banco del parque,
8. Llamo desde un teléfono público...
9. Cenó solo en casa,
10. Desayuno oyendo la radio,

4 Continuación lógica

63
1. La semana pasada estuve en el Museo del Prado.
2. El domingo fue al Museo del Prado.
3. Ayer estuvo en la playa.
4. Ayer fui a una discoteca.
5. Ayer no te vi en clase.
6. En 1968 conocí a María.
7. En 1969 conoció a Elena.
8. Anteayer jugué un partido de fútbol en Madrid.
9. El Real Madrid jugó ayer.
10. ¿Ayer? Fui a la playa.

Unidad 11 gente en casa

6 ¿Cuál es tu dirección?

64
1.
● Arturo Coromina Valdés.
○ ¿Valdés con be o con uve?
● Con uve. La calle es: Avenida de los Plátanos, 187, entresuelo primera.
○ ¿Y el código postal?
● 44566 Aguaviva.
○ Teruel, ¿no?
● Sí, Teruel.

65
2.
● Silvia Cano Puértolas. Paseo de la Estación, 46, primero izquierda.
○ Perdona, ¿primero qué?
● Primero izquierda. En Molina de la Sierra, Madrid. Y el código postal es el 28003.
○ 28003.
● Eso.

66
3.
● Benito Cantero García.
○ ¿Cómo?
● Benito Cantero García. Avenida de Navarra, 16, 01007, Vitoria.

67
4.
● Carmen Díaz Ciruelo.
○ ¿Díaz qué?
● Díaz Ciruelo.
○ Vale.
● Plaza de la Paja, 3, bajos, 28008, Madrid.
○ 28008, Madrid.

8 Entonces...

68
Coge la línea cinco y baja en Plaza de España.
Sigue por esta calle hasta la Avenida de Cervantes.
Toma el metro y baja en la parada de Hospital General.
Coge estas cartas y llévalas a la recepción.
Llama al hotel y diles que llegamos esta noche.
Ve por esta calle hasta una plaza y ahí, gira a la derecha.

15 Se vende casa

69
● ¿Cómo ha ido el día?
○ Bien... como siempre. Hoy ha venido una pareja muy joven, profesionales sin hijos.
● Mmm... ¿y les has enseñado el piso de Plaza de España?
○ Uy, no. No. Quieren, quieren algo más tranquilo. En Plaza España hay mucho ruido.
● Bueno, puedes enseñarles el de Reyes Católicos. Tiene luz y es tranquilo.
○ Bueno... no sé. Buscan algo pequeñito, no muy caro, pero en el centro y moderno. No quieren un piso viejo. Mañana les enseño algunos más, a ver si encontramos algo para ellos.
● Bueno, a ver si hay suerte.
○ ¿Y tú qué? ¿Qué tal tu día?
● Bien, pero ha venido otra vez el señor de ayer, ¿te acuerdas? El empresario, el que tiene dos hijos, y quiere un chalé con mucho espacio. Todo lo que le enseño le parece pequeño...
○ Ah, ¿y le has enseñado el de 500 metros? Es precioso...
● ¿Cuál?
○ Sí, hombre, el de 500 metros, el grande, el que es precioso.
● Sí, sí, pero no le gusta. Quiere uno con piscina, mucho jardín y como mínimo cinco habitaciones.
○ ¿Cinco habitaciones?

18 Be y uve

70

lava	barrio
la vecina	vino
avenida	barco
novio	viaje
habitación	lava
sabe	cabo
abuelo	sabe
nube	Álava
gato	diez
guerra	dar
García	diferente
pagar	cada
agosto	hablado
hago	poder

Unidad 12 gente e historias

9 ¿Cómo se conocieron?

71
1.
Bueno, pues, fue, eh... un cumpleaños de... Es que tiene tela. Mi amiga estaba saliendo con un chico y fuimos a celebrar el cumpleaños del chico, y entonces en este cumpleaños, había dos más que hacían este cumpleaños también. Era una celebración de tres cumpleaños, y allí había mucha gente. Y lo más bueno es que yo... me pareció ver un vecino que cuando yo era pequeña, había jugado con él... mmm, pero muy pequeña, hacía como diez años que no lo veía, ¿no? Y me daba mucho corte ir a decirle algo porque pensé, a lo mejor este se piensa que... que, que voy a ligar o que yo qué sé. Pero fui y le dije: ¡oye! ¿tú eres tal? Sí, sí, sí, sí. Estuvimos hablando mogollón de tiempo, y ya nos veremos, ya nos veremos, y a partir de... de la fiesta, pues, un día, eh..., se le escapó el perro, pero, o sea, tú imagínate, estar diez años viviendo en la misma... en la misma casa, y que no había pasado nada, y desde la fiesta esta, un día vino a buscar el perrito que se le había escapado, un perrito pequeño, otro día me oía que yo estaba regando las plantas y se acercaba, y no sé qué, y a partir de aquí, un día al cine, otro día a pasear, otro día no sé qué. Y mira, y el vecino de al lado... y diez años sin nada.

72
2.
A ver, pues yo lo conocí en... en el pasillo de... de un instituto, del instituto donde estudiábamos. Y es un chico que... que conocía de vista, y que me gustaba, y pensaba: mira, es... es guapo y... Pero nunca había hablado con él, ni me había acercado ni nada, y un día, pues, iba subiendo unas escaleras, y entonces, se me acercó y me dijo: ¡oye! Tú eres Gema, ¿no? Y yo: sí. Es que me he enterado que haces teatro, y necesitamos una chica que nos falta para hacer una obra. Y yo le dije: pues sí, sí, yo encantada. Y entonces ya pues... quedamos que nos veríamos un día para... para que me pasara el papel, para hablar, y ya está. Quedamos el primer día de ensayo, y a partir ya de aquí, ya... se fue... se fue acentuando más la relación, pero nos conocimos así, en unas escaleras, en un pasillo del... del instituto.

73
3.
Bueno, yo fui a hacer un curso... un curso sobre el documental, y entonces, el profesor que teníamos nos invitó a su casa a tomar... a tomar algo, ¿no?, a todo el grupo de gente que... que habíamos ido. Y entonces, justamente aquel día, apareció un sobrino suyo que pasaba por ahí. Y entonces..., bueno, subió, nos lo presentó, no sé qué, y al cabo de un rato, pusieron música. Y el chico en cuestión se puso a bailar y yo dije: ¡Uau! ¿qué es esto? Y, bueno, ya... yo también me puse a bailar, y estuvimos bailando, luego nos acompañaron hasta el hotel donde estábamos, no sé qué, y ya quedamos para el día siguiente. Bueno, y etcétera.

11 Recuerdos en la radio

74
- ● ¿Y qué es lo que recuerda especialmente de su juventud?
- ○ Recuerdo especialmente el día en que vi por primera vez el plástico.
- ● ¿El plástico?
- ○ Sí, sí, el plástico. Esto era por el año... 54 ó 55. Antes del plástico, la vida era muy distinta. Ya cuando llegó el plástico, la vida cambió mucho, especialmente, en casa. Recuerdo que en las escuelas, por ejemplo, nos daban leche en polvo por las mañanas...
- ● La ayuda americana.
- ○ Sí, a raíz de los acuerdos de Franco con Eisenhower, que visitó España en 1955.
- ● El régimen buscaba el reconocimiento internacional.
- ○ Sí, claro. Estados Unidos, el Vaticano...
- ● Argentina; de Argentina vino Perón y su mujer, Eva Perón...
- ○ Exactamente. Eso fue, si no recuerdo mal, en el 56.
- ● ¿No fue antes? Yo creo...
- ○ Sí, creo que sí...
- ● En todo caso, nos estaba hablando de la leche en polvo...
- ○ Sí, una leche en polvo malísima. Yo la tomaba con cacao, mucho azúcar y cacao. Bueno, a lo que iba... Para los niños, el asunto era un problema, porque cada semana rompíamos un vaso de cristal.
- ● Para los niños, y para las familias... Comprar un vaso cada semana.
- ○ Comprar un vaso cada semana era más caro que comprar la leche... El caso es que recuerdo perfectamente el primer vaso de plástico que tuve: lo tirabas al suelo y no se rompía.
- ● Alucinante, ¿no?
- ○ Sí, alucinante. España entera era un país alucinante...
- ● ¿Y qué otras cosas recuerda?
- ○ Bueno, tengo recuerdos de hechos importantes, que me impresionaron mucho... Cuando mataron al Che. Fue en 1967. Yo tenía 32 años. Para los de mi generación, la noticia fue como una bomba. Entonces todavía no era el mito de póster. Era un mito vivo.
- ● Fue una época de atentados contra grandes mitos.
- ○ Sí... Recuerdo un año después la muerte de Lutero King, en el 68. Y los hermanos Kennedy; primero John, en el 63, y luego Robert... Pero la que más me impresionó fue la del Che.
- ● Y en cuanto a los avances de la ciencia, ¿qué noticias recuerda como más impresionantes?
- ○ Lo más espectacular fue la llegada a la luna. Lo recuerdo perfectamente. El día 21 de julio de 1969. Lo vimos por televisión.

18 Lo realmente importante

75
1.
Estaba muy cansado, me dolía la cabeza, tenía mucho trabajo... decidí quedarme en casa.

76
2.
Todo el mundo corría, nadie sabía qué hacer, había mucho ruido... De pronto vi a Jaime. Subí en su coche y salimos corriendo. Luego, en la autopista, otra vez: controles de policía, atascos de coches, todo el mundo hacía sonar el claxon... Llegamos a casa cansados y nos fuimos a dormir sin cenar.

77
3.
No tenía noticias de él desde hacía varios días, no me escribía, no me llamaba, yo llamaba a su casa pero nadie me respondía. Otras veces tenía puesto el contestador automático pero luego no me devolvía la llamada. Cogí el tren y fui a verlo. Lo encontré bastante deprimido. Estuvimos juntos aquel fin de semana y me explicó sus problemas: ya sabes, lo de su padre, lo de su novia... Hice lo que pude por ayudarle.

Unidad 1 gente que estudia español

1 Primeras palabras

A. Mögliche Antworten:
- escribir: 1
- leer: 4
- escuchar: 3
- hablar: 2
- teléfono: 2
- libreta: 1
- nombre: 2
- país: 5
- clase: 1 / 3 / 4
- número: 2
- profesor: 3 / 4
- pizarra: 3 / 4

B. Mögliche Antworten:
estudiar, correo electrónico, libros, apellido, etc.

2 Nombres y apellidos

	Nombre	1.er apellido	2º apellido	No está en la lista
Cobos		✓		
Castaño		✓		
Miguel	✓			
María José	✓			
José María				✓
Flores			✓	
Aguirre		✓		
Vázquez				
Isabel	✓			
Domínguez			✓	
Pujante				✓

3 Apellidos

1. González
2. Fernández
3. Rodrigo
4. Uranga
5. Hernández
6. Campos
7. Fierro

4 Intereses

A. Freie Antwort.

B. Freie Antwort.

5 En español

A. Mögliche Antworten:
- **Gracias** significa "danke" / "thank you" / "merci" / ...
- **Adiós** significa "auf Wiedersehen" / "good bye" / "au revoir" / ...
- **Mañana** significa "Morgen" / "tomorrow" / "fête" / ...
- **Chica** significa "junge Frau" / "girl" / "fille" / ...
- **Amigo** significa "Freund" / "friend" / "ami" / ...
- **Agua** significa "Wasser" / "water" / "eau" /...

B. Mögliche Antworten:
- ¿Cómo se dice en español "studieren" / "to study"/ "étudier" /...?
- ¿Cómo se dice en español "tanzen" / "to dance" / "danser" / ...?
- ¿Cómo se dice en español "Sonne" / "sun" / "soleil" / ...?
- ¿Cómo se dice en español "guten Tag" / "good morning" / "bon jour" / ...?
- ¿Cómo se dice en español "Sommer" / "summer" / "été" / ...?

6 Sorteo

(Von links nach rechts und von oben nach unten)
- serie 2: 90521
- serie 2: 47658
- serie 3: 53682
- serie 4: 56091
- serie 4: 08210

7 a, be, ce...

1. playa
2. fiesta
3. ciudad
4. ocho
5. política
6. gente
7. naturaleza
8. monumento

8 Países

1. Guatemala
2. Nicaragua
3. Paraguay
4. Uruguay
5. México
6. Perú
7. Puerto Rico
8. El Salvador
9. Ecuador

9 ¿Es una pregunta?

- ¿Esto es un libro?
- Esto es un bolígrafo.
- Esto es una clase.
- ¿Esto es una pizarra?
- Esto es una silla.
- ¿Esto es una mesa?
- Esto es Ecuador.
- ¿Esto es Cuba?
- ¿Este es Carlos Gardel?
- Este es Picasso.
- Esta es Shakira.
- ¿Esta es Gloria Estefan?
- Este es Salvador Allende.
- ¿Esta es Frida Kahlo?
- Este es Juan Diego Flórez.

10 Esto es, este es...

A.
1. El chico (Julián).
2. El pueblo (Pedraza).
3. El chico y la chica que se saludan (María y Andrés).
4. La chica (Charo).
5. Los chicos (Jesús y Fermín).
6. Las tres chicas (Charo, Julia y yo).

B.
Cuando Verónica habla de un hombre, usa **este**.
Cuando habla de una mujer, usa **esta**.
Cuando habla de hombres o de hombres y mujeres, usa **estos**.
Cuando habla de mujeres, usa **estas**.
Cuando habla de una cosa o un lugar, usa **esto**.

11 Preguntas de clase

1. Bicicleta.
2. Persona que canta.
3. Con cu.
4. Masculino.
5. Con ce.
6. Casa.
7. Femenino.

12 Sustantivos

A.
- (f) la playa
- (f) la libreta
- (f) la política
- (f) la mano
- (f) la clase
- (f) la comida
- (m) el paisaje
- (f) la cultura
- (m) el monumento
- (f) la tradición
- (m) el negocio
- (f) la fiesta

B.
- las playas
- las libretas
- las políticas
- las manos
- las clases
- las comidas
- los paisajes
- las culturas
- los monumentos
- las tradiciones
- los negocios
- las fiestas

13 Necesito un número

1. Pedro Pérez Martín: 953 165 742.
2. Marcos Martínez Paz: 933 273 048.
3. Mario Mas Pérez: 927 209 423.
4. Milagros Martín Martín: 916 410 964.
5. Paula Mínguez Peralta: 933 107 922.

14 Sonidos

Laut /χ/

- Jaime
- Gerardo
- Gil
- José
- Juan
- Argentina
- Javier
- Guadalajara
- Juárez

Laut /g/

- Guinea
- Guerra
- González
- Guatemala
- Gargallo
- Gómez
- Guevara
- Guadalajara
- García
- Paraguay
- Gala
- Aragón

15 ¿Cómo te llamas?

A.

● ¿Cómo te llamas?
❍ Salvador Villa.
● ¿Salvador es tu nombre o tu apellido?
❍ Es mi nombre.
● ¿Y cómo se escribe, con be o con uve?
❍ Se escribe con uve.
● ¿Y Villa?
❍ También con uve.
● ¿Cuál es tu número de teléfono?
❍ Es el 948 29 35 46.
● ¿Y tu dirección de correo electrónico?
❍ Es salvavilla@dif.com

B. Freie Antwort.

16 ¿Y vosotros?

1.
● **Yo** soy brasileño, ¿y vosotros?
❍ Yo **soy** argentino, y **ella**, italiana.

2.
● ¿Los señores Durán?
❍ Sí, **somos** nosotros.
● ¿Sus nombres, por favor?
❍ Yo me **llamo** Eva, y **él**, Pedro.

3.
● ¿Pablo Castellón?
❍ Soy **yo**.

4.
● Perdón, ¿Juan María Fuster?
❍ **Es** él.
■ Sí, soy **yo**.

5.
● ¿Y cómo **te** llamas?
❍ Alberto, ¿y tú?
● **Yo**, Elisa.

6.
● Ustedes **son** los señores Ribas, ¿verdad?
❍ Sí, y **usted** Esmeralda Antón, ¿no?

17 Más países

Un género musical

- El bolero: Argentina, Bolivia, Brasil, Chile, Colombia, Costa Rica, Cuba, Ecuador, España, Estados Unidos, México, Nicaragua, Panamá, Paraguay, Perú, Puerto Rico, República, Dominicana, Venezuela...
- La cumbia: Colombia y Panamá.
- La salsa: Colombia, Cuba, Estados Unidos, Panamá, Puerto Rico, República Dominicana y Venezuela.

Un paisaje

- Las cataratas de Iguazú: Argentina y Brasil.
- La selva de Tikal: Guatemala.
- El salar de Uyuni: Bolivia.

Una bebida

- El mate: Argentina, Bolivia, Chile, Paraguay y Uruguay.
- La horchata: Cuba (horchata de ajonjolí), Ecuador (horchata de flores y hierbas aromáticas), España (horchata de chufa), México (horchata de arroz o de avena), Puerto Rico (horchata de ajonjolí).
- El mote con huesillos: Chile.

Un director de cine

- Andrés Wood: Chile.
- Fernando Trueba: España.
- Alfonso Cuarón: México.

Una comida

- Las pupusas: El Salvador.
- El ajiaco: Colombia, Chile.
- El gazpacho: España.

Un escritor

- Roberto Bolaño: Chile, España.
- Ana María Shua: Argentina.
- Mario Vargas Llosa: Perú.

Un cantante

- Rubén Blades: Panamá, Estados Unidos.
- Julieta Venegas: México.
- Alejandro Sanz: España.

AGENDA

18 Palabras nuevas

A.

- (f) la mesa
- (f) la cantidad
- (f) la escuela
- (m) el juego
- (f) la suerte
- (f) la televisión
- (f) la universidad
- (f) la calle
- (f) la medicina
- (m) el teléfono
- (m) el doctor
- (f) la siesta
- (m) el avión
- (f) la comunicación
- (m) el tren
- (m) el café
- (f) la madre
- (m) el libro
- (m) el autor
- (m) el señor
- (m) el profesor

B.

Los nombres terminados en	son generalmente:		pueden ser m. o f.
	m. (masculinos)	f. (femeninos)	
-o	✓		
-a			✓
-ción, -sión			✓
-dad			✓
-e			
-or	✓		

Unidad 2 gente con gente

1 Primeras palabras

A. Mögliche Antworten:

- madre: 4
- hablar inglés: 1, 2, 3, 5
- familia: 4
- hijo/a: 2, 4
- simpático/a: 1, 2, 3, 5
- años: 1, 2, 3, 5
- soltero/a: 2
- hablar español: 1, 2, 3, 5
- jugar al tenis: 1
- música: 2
- profesión: 1, 3, 5
- estudiante: 2

B. Mögliche Antworten: padre, abuelo, casado, joven, mayor, etc.

2 Números

74, 85, 49, 52, 24.

3 Lotería

A. Freie Antwort.
Los números de la grabación son: once, quince, veintisiete, treinta y tres, treinta y cinco, cuarenta, cuarenta y cinco, y cuarenta y nueve.

B. Freie Antwort.

4 ¿De quién hablan?

1. Juan es
- (no es) nada inteligente,
- muy serio,
- soltero,
- bastante tímido,
- muy deportista.

2. Carolina es
- muy activa,
- (no es) nada inteligente,
- (no es) nada simpática,
- muy deportista.

3. Luis y Blanca son
- muy alegres,
- muy simpáticos,
- muy traviesos,
- suecos.

4. Julia y Carmen son
- muy alegres,
- muy cariñosas,
- muy trabajadoras,
- viudas.

5. Pablo y Javi son
- muy alegres,
- muy simpáticos,
- muy traviesos,
- suecos.

5 Es muy importante

A. Freie Antwort.

B. Freie Antwort.

6 Termina en –a

masculino singular	femenino singular	masculino plural	femenino plural
-o	**-a**	**-os**	**-as**
activo	activa	activos	activas
serio	seria	serios	serias
tímido	tímida	tímidos	tímidas
simpático	simpática	simpáticos	simpáticas
travieso	traviesa	traviesos	traviesas
perezoso	perezosa	perezosos	perezosas
callado	callada	callados	calladas
Weitere:			
nervioso	nerviosa	nerviosos	nerviosas
cariñoso	cariñosa	cariñosos	cariñosas
-or	**-ora**	**-ores**	**-oras**
trabajador	trabajadora	trabajadores	trabajadoras
Weitere:			
hablador	habladora	habladores	habladoras
soñador	soñadora	soñadores	soñadoras
-e		**-es**	
sociable		sociables	
inteligente		inteligentes	
amable		amables	
alegre		alegres	
pedante		pedantes	
independiente		independientes	
Weitere:			
elegante		elegantes	
adorable		adorables	
-ista		**-istas**	
pesimista		pesimistas	
optimista		optimistas	
Otros:			
deportista		deportistas	
egoísta		egoístas	

7 Vive en la calle Picasso

A.
- Nombre: **Raquel**
- Apellidos: **Mora Villar**

B.
- Nombre: **Tecla**
- Apellidos: **Riaño Santos**

C.
- Nombre: **Uwe**
- Apellidos: **Scherling**

D.
- Nombre: **José Luis**
- Apellidos: **Baeza Puente**

8 Palabras que van juntas

A.

Tocar...
- la batería
- la guitarra
- el saxofón
- el piano

Jugar a...
- el fútbol
- el tenis
- el squash

Hacer...
- aeróbic
- deporte
- fotografías
- punto

Estudiar...
- Historia
- inglés
- Económicas
- Derecho

B.

Mögliche Antworte:
- **Tocar** la flauta, el bajo, la trompeta...
- **Jugar** al baloncesto, al balonmano, al ajedrez...
- **Hacer** yoga, judo, meditación...
- **Estudiar** Medicina, Arquitectura, Fisioterapia...

9 Así son

Beatriz Salas Gallardo
- Es **periodista**.
- Es **española**.
- Juega al **tenis** y **estudia** inglés.
- Es muy **trabajadora**.

Jorge Rosenberg
- Es **fotógrafo**.
- Es **argentino**.
- Colecciona **sellos**.
- Es muy **cariñoso**.

10 Presentaciones

11 ¿Qué falta?

A.

	ser	estudiar	hablar	llamarse
yo	soy	estudio	hablo	me llamo
tú	eres	estudias	hablas	te llamas
él, ella, usted	es	estudia	habla	se llama
nosotros/as	somos	estudiamos	hablamos	nos llamamos
vosotros/as	sois	estudiáis	habláis	os llamáis
ellos, ellas, ustedes	son	estudian	hablan	se llaman

B. Freie Antwort.

12 Esta es mi gente

A. Freie Antwort.

B. Freie Antwort.

13 Un árbol genealógico

14 ¿De dónde son?

- Hergé: **belga.**
- Carla Bruni: **italiana.**
- Napoleón y Josefina: **franceses.**
- Vladimir Putin: **ruso.**
- Van Gogh: **holandés.**
- Marlene Dietrich: **alemana.**
- Haruki Murakami: **japonés.**
- Kylie Minogue: **australiana.**
- Shakira: **colombiana.**
- Neymar: **brasileño.**
- Beyoncé y Jay-Z: **estadounidenses.**
- Los Rolling Stones: **británicos.**
- Paul McCartney: **británico.**
- Dolce & Gabanna: **italianos.**
- Nelson Mandela: **sudafricano.**

15 Un juego de geografía

A. Mögliche Antworten:
- **África**: angoleño, argelino, caboverdiano, camerunés, chadiano, marfileño, egipcio, emiratense, etíope, gabonés, ghanés, guineano, ecuatoguineano, libio, malí, marroquí, mauritano, mozambiqueño, nigeriano, senegalés, somalí, sudafricano, tunecino, ugandés, zambiano...
- **América:** argentino, arubeño, beliceño, bermudeño, boliviano, brasileño, canadiense, chileno, colombiano, costarricense, cubano, dominicano, ecuatoriano, salvadoreño, estadounidense, guatemalteco, haitiano, hondureño, jamaicano, mexicano, nicaragüense, panameño, paraguayo, peruano, puertorriqueño, uruguayo, venezolano...
- **Asia**: afgano, saudí, armenio, bahreiní, bangladesí, camboyano, chino, coreano, filipino, indio, indonesio, iraní, iraquí, israelí, japonés, jordano, kuwaití, libanés, nepalí, pakistaní, qatarí, singapurense, sirio, tailandés, vietnamita...
- **Europa**: albanés, alemán, austríaco, belga, bosnio, búlgaro, checo, croata, danés, escocés, eslovaco, esloveno, español, estonio, finlandés, francés, griego, holandés, húngaro, inglés, irlandés, islandés, italiano, lituano, luxemburgués, noruego, polaco, portugués, rumano, ruso, serbio, sueco, suizo, turco, ucraniano...
- **Oceanía:** australiano, micronesio, neozelandés, palauano, papú, salomonense, samoano...

B. Forma femenina plural:
- **África**: angoleñas, argelinas, caboverdianas, camerunesas, chadianas, marfileñas, egipcias, emiratenses, etíopes, gabonesas, ghanesas, guineanas, ecuatoguineanas, libias, malís, marroquís, mauritanas, mozambiqueñas, nigerianas, senegalesas, somalís, sudafricanas, tunecinas, ugandesas, zambianas...
- **América**: argentinas, arubeñas, beliceñas, bermudeñas, bolivianas, brasileñas, canadienses, chilenas, colombianas, costarricenses, cubanas, dominicanas, ecuatorianas, salvadoreñas, estadounidenses, guatemaltecas, haitianas, hondureñas, jamaicanas, mexicanas, nicaragüenses, panameñas, paraguayas, peruanas, puertorriqueñas, uruguayas, venezolanas...
- **Asia**: afganas, saudís, armenias, bahreiníes, bangladesís, camboyanas, chinas, coreanas, filipinas, indias, indonesias, iranís, iraquís, israelís, japonesas, jordanas, kuwaitís, libanesas, nepalís, pakistanís, qatarís, singapurenses, sirias, tailandesas, vietnamitas...
- **Europa**: albanesas, alemanas, austríacas, belgas, bosnias, búlgaras, checas, croatas, danesas, escocesas, eslovacas, eslovenas, españolas, estonias, finlandesas, francesas, griegas, holandesas, húngaras, inglesas, irlandesas, islandesas, italianas, lituanas, luxemburguesas, noruegas, polacas, portuguesas, rumanas, rusas, serbias, suecas, suizas, turcas, ucranianas...
- **Oceanía**: australianas, micronesias, neozelandesas, palauanas, papúes, salomonenses, samoanas...

16 Mi perfil

Freie Antwort.

17 Respuestas

a. Sí, trabaja en un banco.
b. Sí, inglés y francés.
c. Laura.
d. Es biólogo.
e. Carla, de Segovia, y yo, de Ávila.
f. Sí. Ana, biología y yo, física.

18 Preguntas

Mögliche Antworten:
1. ¿Sois abogadas?
2. ¿Cuántos años tiene Carlos?
3. ¿Cómo se llaman tus padres?
4. ¿Es de Barcelona?
5. ¿Habláis inglés?

19 ¿Tú o usted?

Tú	Usted	Respuesta
● ¿Cómo te llamas?	● ¿Cómo se llama?	○ Javier Odriozola.
● ¿Cuántos años tienes?	● ¿Cuántos años tiene?	○ 42.
● ¿Dónde trabajas?	● ¿Dónde trabaja?	○ En una escuela de idiomas.
● ¿De qué trabajas?	● ¿De qué trabaja?	○ Soy profesor.
● ¿De dónde eres?	● ¿De dónde es?	○ Andaluz, de Granada.

20 ¿Eso es una pregunta?
A.
1. Se llama Raquel.
2. Es de Málaga.
3. ¿Tiene 18 años?
4. Trabaja en un banco.
5. Vive en la Plaza Mayor.
6. ¿Son italianos?

21 Cosas en común
Mögliche Antworten.
- Laura tiene 26 años y Raúl también.
- Maribel habla inglés y Laura y Raúl también.
- Elvira y Raúl son de la misma ciudad.
- Juanjo es de Valencia e Ignacio también.
- Laura y Elvira tienen la misma afición.

AGENDA

22 Mis nuevas palabras
Mögliche Antworten.
- **Carácter**: tímido, activo, simpático, inteligente, pesimista...
- **Profesión**: médico, profesor, biólogo, economista, abogado...
- **Estado civil**: soltero, casado, viudo, divorciado, separado...
- **Hobbies**: jugar a tenis, hacer punto, tocar el piano...
- **Nacionalidad/ Idioma**: francés, español, inglés...

Unidad 3 gente de vacaciones

1 Primeras palabras
A. Mögliche Antworten:
- viajar: 1, 2, 3, 4, 5
- museo: 2, 5
- visitar: 2, 3, 4, 5
- barco 4:
- monumento: 3
- hotel:
- verano : 1
- playa: 1
- montaña: 4
- excursión: 4
- paisaje: 4
- pueblo: 4

B. Mögliche Antworten:
tiempo libre, avión, viaje, diversión, maletas, pasaporte...

2 Anuncios de viajes
- Raquel: "¡Ven a la montaña!"
- Miguel: "Londres, París y Roma"
- Cristina: "¡Ven a la montaña!"
- Francisco: "Londres, París y Roma"
- Encarna: "Londres, París y Roma"

3 Vacaciones ideales
A.
1. Le gusta viajar solo, en bicicleta, a la montaña y en primavera.
2. Le gustan los viajes organizados, viajar en avión, a países o a ciudades diferentes y en invierno.
3. Le gusta viajar con los amigos, en moto, a la playa y en verano.
4. Le gusta ir con su novio/a, en otoño, en tren y a la montaña.

B. Freie Antwort.

4 ¿Gusta o gustan?
1.
● Me **gusta** muchísimo vivir en el centro.
○ ¿Sí? A mí me **gustan** más los barrios tranquilos.

2.
● ¿Quieres ir en moto? ¿Vamos a dar un paseo?
○ ¡Huy! No, gracias. A mí me **gusta** más andar.

3.
● ¿Te **gusta** la comida mexicana?
○ Sí, muchísimo.

4.
● A mí, las playas con mucha gente no me **gustan** nada.
○ A mí tampoco, la verdad.

5.
● ¿Te **gusta** Madrid?
○ Bueno, es que en general las ciudades grandes no me **gustan** mucho.

5 ¿De qué están hablando?
1. a. unas fotos de las vacaciones
2. a. una novela
3. b. un disco de música clásica
4. b. unos chicos
5. a. una exposición de pintura

6 ¿Te gusta o te encanta?
(no) me interesa/ me encanta/ me gusta mucho/ no me gusta nada: viajar en moto, la política, leer poesía, jugar al rugby, el cine americano, trabajar, el jazz, la televisión, la historia de España, aprender idiomas, la música pop.
(no) me interesan/me encantan/ me gustan mucho/ no me gustan nada: las tapas, las discotecas, Bach y Vivaldi, las playas desiertas.

7 A ellos les encantan
Mögliche Antworten.
- A mis hermanos no les gusta nada la música clásica.
- A mí me gusta mucho la pintura de Dalí.
- A Carlos no le gustan mucho los viajes organizados.
- A María y a ti os gustan las novelas de Cortázar, ¿verdad?
- A Carmen y a mí nos encantan las canciones de Pablo Milanés.
- A ti te gusta viajar en coche, ¿verdad?

8 ¿Cómo continúa la frase?
1. No me gusta nada viajar solo, prefiero viajar con mis amigos.
2. Queremos viajar a Nicaragua y a México porque nos interesa mucho Hispanoamérica.
3. No me gustan nada los aviones, prefiero viajar en coche o en tren.
4. Yo prefiero la montaña porque me gusta mucho la naturaleza y andar.

9 Un típico pueblo español
A.
1. verdadero
2. falso
3. verdadero
4. verdadero
5. falso
6. falso
7. falso
8. verdadero
9. verdadero
10. falso

B.
- La farmacia no está en la calle Mayor.
- No hay dos farmacias en el pueblo.
- La caja de ahorros no está en el parque.
- El cine no está al lado de la piscina.
- El campo de fútbol no está en la calle Mayor.

10 De visita en Linares del Río
1.
● Perdone, ¿dónde **está** la oficina de Correos?
○ En la plaza de España.

2.
● **¿Hay** una farmacia por aquí?
○ Sí, en el parque **hay** una. / Sí, la farmacia **está** en el parque.
3.
● ¿Dónde **hay** un hotel en este pueblo?
○ En la avenida de la Constitución.
4.
● ¿Dónde **está** el hospital, por favor?
○ Solo **hay** un ambulatorio que está en el parque.
5.
● Perdone, **¿hay** una agencia de viajes en el pueblo?
○ No, no **hay** ninguna agencia de viajes en el pueblo.
6.
● **¿Hay** un camping en el pueblo?
○ Sí, **está** al lado de la piscina.

11 Tu barrio y tú

Mögliche Antworten.

10 COSAS QUE HAY CERCA DE MI CASA
En mi barrio hay...
1. un cine.
2. una farmacia.
3. dos supermercados.
...

5 COSAS QUE FALTAN EN MI BARRIO
En mi no barrio hay...
1. polideportivo.
2. parque.
3. hoteles.
...

12 Un apartamento en Tenerife

EL APARTAMENTO ESTÁ...
- cerca de la playa.
- cerca de un campo de golf.
- cerca de la ciudad de Santa Cruz,
- en una zona muy tranquila

EN LOS APARTAMENTOS HAY...
- aire acondicionado.
- teléfono.
- parking.
- piscina.
- pistas de tenis.

13 Un apartamento en España

A. Freie Antwort

B. Freie Antwort.

14 A mí también

A.
1.
● Me gusta la naturaleza.
○ A mí también.
■ A mí no.
2.
● Quiero visitar museos.
○ Yo también.
■ Yo no.
3.
● No me gustan las grandes ciudades.
○ A mí tampoco.
■ A mí sí.
4.
● No quiero caminar demasiado.
○ Yo tampoco.
■ Yo sí.

B.
● Quiero conocer Andalucía.
○ Yo también.
■ Yo no.

● Me gusta muchísimo el teatro.
○ A mí también.
■ A mí no.

● No tengo vacaciones en agosto.
○ Yo sí.
■ Yo no. / Yo tampoco.
● No me interesa nada el golf.
○ A mí sí.
■ A mí no. / A mí tampoco.

15 ¿De acuerdo?

1. b. A mí tampoco.
2. d. Yo tampoco.
3. b. A mí tampoco.
4. c. Yo también.
5. a. A mí también.
6. c. Yo también.
7. a. A mí también.
8. d. Yo tampoco.

16 Tus nuevas palabras

Mögliche Antworten.
- Transportes: el tren, la bicicleta, el avión, el coche...
- Compañía: la familia, los amigos, el novio / la novia...
- Lugares: la montaña, el campo, la ciudad, la playa...
- Tiempo: el verano, el otoño, el invierno, la primavera...

17 El mapa de Sudamérica

A. Freie Antwort.

B.
1. Son unas islas que están al sureste de Argentina: Las Malvinas.
2. Es un lago que está al oeste de La Paz: El Titicaca.
3. Es la capital de El Perú y está al noroeste del país: Lima.
4. Es un río que pasa por el norte de Argentina: El Paraná.
5. Es una ciudad que está al este de Caracas: Barcelona.
6. Es un río que está entre Argentina y Uruguay: Río de la Plata.

C. Mögliche Antworten.
a. Machu Picchu: es una montaña que está al oeste del lago Titicaca / entre Perú y Bolivia...
b. Amazonas: es un río que está al norte de Brasil...
c. Córdoba: es una ciudad que está al suroeste de Santiago / al sureste de Buenos Aires...
d. San Vicente: es una isla que está al noreste de Barcelona...

D. Freie Antwort.

18 Un test sobre tu carácter

Freie Antwort.

AGENDA

19 Dos estilos de vacaciones muy diferentes

B.

Unidad 4 gente de compras

1 Primeras palabras

A. Mögliche Antworten:

- centro comercial: 1, 3
- precio: 1
- camiseta: 4
- tarjeta: 2
- farmacia: 3
- comprar: 1, 2, 3, 5
- negro: 4
- chaqueta: 4, 5
- zapatos: 3, 4
- tienda:1, 2, 3, 5
- flores: 3

B. Mögliche Antworten: rebajas, oferta, talla, ropa, pagar, regalar, etc.

2 Listas de la compra

RAMÓN TIENE QUE IR A:
- la librería/papelería "Quevedo".
- el supermercado "Rico" o a la perfumería "Burbujas".
- la farmacia "Yáñez".
- la tienda de electrodomésticos "Electro Media".

ANAMARI TIENE QUE IR A:
- la panadería "Buenas Migas".
- la librería/papelería "Quevedo".
- el supermercado "Rico".
- la tienda de deportes "En forma".
- la tienda de ropa "People".

ALBERTO TIENE QUE IR A:
- la zapatería "A Pie".
- la librería/papelería "Quevedo".
- el supermercado "Rico".
- la tienda de electrodomésticos "Electro Media".

3 ¿Dónde compro...?

1. Las flores, en la floristería.
2. El anillo, en la joyería.
3. Los sobres, en la papelería.
4. El perfume, en la perfumería.
5. Las verduras, en el supermercado.
6. El cava, en el supermercado.

4 Tener o no tener

1.
● Oye, Jaime, **¿tienes** cámara de fotos?
❍ Yo no, pero mi mujer **tiene** una.
2.
● ¿Cuántos años **tenéis**?
❍ Yo **tengo** veintidós y Gloria, veinte.
3.
● Los padres de Javier **tienen** muchísimo dinero.
❍ Sí, creo que **tienen** un yate de lujo.
4.
● ¿Celia y tu **tenéis** hijos?
❍ Sí, **tenemos** dos niñas, Ana y Bea.

5 Tengo que...

Freie Antwort.

6 A mí me gustan estas

A.
1. Un perfume.
2. Una chaqueta.
3. Unas botellas de cava.
4. Unos calcetines.

B.
1. una americana
2. unas pilas
3. unas revistas
4. un perfume
5. unos pasteles
6. un disco de jazz
7. un reloj
8. un paquete de café
9. unos zapatos
10. una cafetera

7 Monedas

A.
- Maskuline Nomen: el yen, el euro, el rublo, el dólar, el real, el peso, el dírham, el yuan y el sol.
- Feminine Nomen: la rupia, la libra y la corona.

B.
1. 3500: tres mil quinientas rupias
2. 200: doscientos yenes
3. 685: seiscientos ochenta y cinco euros
4. 3790: tres mil setecientos noventa rublos
5. 269: doscientos sesenta y nueve dólares
6. 820: ochocientos veinte reales
7. 1020: mil veinte pesos
8. 1100: mil cien dírhams
9. 52: cincuenta y dos libras
10. 441: cuatro cientas cuarenta y una coronas
11. 830: ochocientos treinta yuanes
12. 175: ciento setenta y cinco soles
13. Freie Antwort.
14. Freie Antwort.
15. Freie Antwort.

8 ¿Cuánto cuesta?

A.
1.
● ¿Cuánto cuestan estos pantalones?
❍ 205 euros.
2.
● ¿Cuánto cuestan estos zapatos?
❍ 95 euros con 50 céntimos.
3.
● ¿Cuánto cuesta esta postal?
❍ 60 céntimos.
4.
● ¿Cuánto cuesta este televisor?
❍ 1600 euros.
5.
● ¿Cuánto cuestan estas pilas?
❍ 3 euros
6.
● ¿Cuánto cuestan estas flores?
❍ 19 euros.

7.
● ¿Cuánto cuesta este libro?
❍ 24 euros.
8.
● ¿Cuánto cuesta este pastel?
❍ 16 euros.

B. Freie Antwort.

9 Gentilandia

A. 44 000, 200 000, 650 000, 6000, 3500.

B.
1. Tiene 325 000 habitantes.
2. Más de 200 000 son mujeres.
3. Cuesta unos 50 pesitos.
4. Puede costar unos 3500 pesitos.
5. Es el (01)729-25-23.

10 Para no repetir

1. Lo tengo en casa.
2. Sí, la necesito el sábado para ir a una fiesta.
3. Sí, los traigo hoy.
4. Pues siempre las compro en el supermercado de Gentishop.

11 Las usas para pagar

A.
1. reloj
2. pasteles
3. zapatos
4. comida
5. revistas
6. tarjeta de crédito
7. vestido
8. pizzas

B. Freie Antwort.

12 Regalos de Navidad

1.
● A la tía Alicia **le** compramos una novela, ¿no?
❍ Sí. Y a la tía Mari, no sé. ¿Otra novela?
● Vale, **les** regalamos una novela a las dos.
2.
● *El primo Gonzalo* quiere unas gafas de esquí.
❍ Bueno, pues **le** compramos unas gafas.
3.
● ¿Y *a los tíos Rodrigo y María*?
❍ No sé **les** regalamos entradas para el teatro.
● ¿Otra vez? No, mejor otra cosa.
4.
● Y *a la abuela*, ¿qué **le** compramos?
❍ *A la abuela* **le** compramos un reloj de pared.

13 ¿Tienes cámara de fotos?

A.
1. Nos referimos a una categoría abstracta.
2. Nos referimos a un elemento concreto.

B. Mögliche Antworten:
1. Sí, tengo un reloj muy caro./ No, nunca llevo reloj.
2. Sí, tengo unas gafas Ray Ban./ No, no me gustar llevar reloj.
3. Sí, tengo una moto muy grande. / No, no tengo. Prefiero el coche.
4. Sí, tengo una guitarra española./ No, no tengo. Toco la flauta.
5. Sí, tengo internet en casa y en el móvil.
6. Sí, tengo televisor en mi piso de Barcelona pero no en mi casa del pueblo.

14 Prendas de ropa

A.

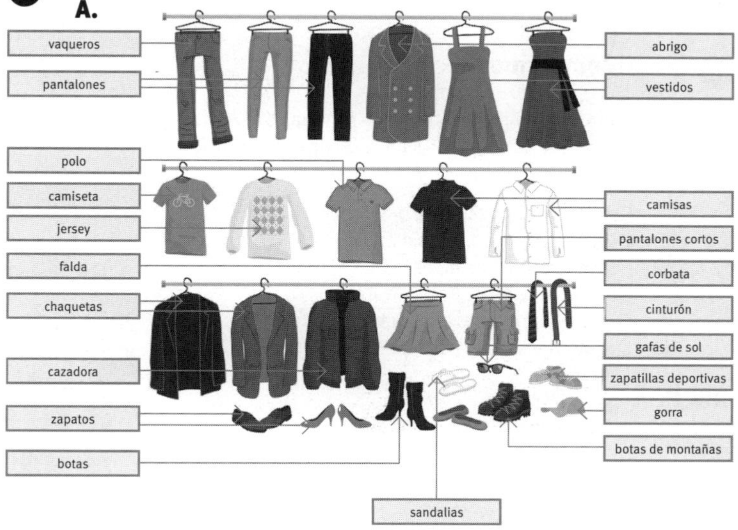

B. Mögliche Antworten:
- Para llamar la atención en una fiesta, Antonia tiene que ponerse un vestido llamativo.
- Para conocer a los padres de su pareja, Saúl tiene que ponerse una camisa seria.
- Para pasar un día en la playa, Antonia tiene que ponerse ropa informal.
- Para ir a la ópera o al teatro, Saúl tiene que ponerse un traje elegante.
- Para ir a clase de pintura, Antonia tiene que llevar una camiseta vieja.
- Para jugar con sus sobrinos en el parque, Saúl tiene que ponerse ropa juvenil.

15 Rebajas

- Las camisas de caballero ahora valen 27 euros.
- Los pantalones de señora y de caballero ahora valen 39 euros.
- Los zapatos y las botas ahora valen 35 euros.
- Los jerséis de primavera y verano ahora valen 33 euros.
- Las faldas y vestidos de señora ahora valen 22 euros.
- Las chaquetas de verano de caballero ahora valen 80 euros.

16 Colores

A.
Mögliche Antworten:
- Cosas marrones: el chocolate, la madera y la leña.
- Cosas azules: el mar, unos vaqueros y el cielo.
- Cosas negras: el carbón, la noche y el petróleo.
- Cosas verdes: los árboles, el pimiento y la hierba.
- Cosas rosa: el cerdo, el flamenco y la Pantera Rosa.
- Cosas amarillas: el girasol, el aceite y las estrellas.
- Cosas rojas: el clavel, el tomate y la fresa.

B.

masculino singular	femenino singular	masculino plural	femenino plural
-o rojo blanco amarillo negro	**-a** roja blanca amarilla negra	**-os** rojos blancos amarillo negros	**-as** rojas blancas amarillas negras
-e verde		**-es** verdes	
-a naranja		**-as** naranjas	
-consonante (**-l**, **-n**, **-s**) azul, marrón, gris		-consonante + **e** (**-les**, **-nes**, **-ses**) azules, marrones, grises	
-a rosa, violeta			

17 ¿Qué le regalo?
Freie Antwort.

18 ¿Cuál compramos?
A.
1. Hablamos de dos cosas de la misma categoría.
2. Hablamos de dos cosas de diferente categoría.

B.
1. ¿Cuál compramos, esta o esta?
2. ¿Qué compramos, esto o esto?
3. ¿Cuáles compramos, estos o estos?
4. ¿Qué compramos, esto o esto?
5. ¿Cuáles compramos, estas o estas?
6. ¿Qué compramos, esto o esto?

AGENDA

19 Falsos amigos
A. Freie Antwort.

B. Freie Antwort.

20 ¿Quién? ¿Qué? ¿A quién? ¿A dónde?
B. Mögliche Antworten:
- Regalar: comprar, dar, ofrecer, etc.
- Necesitar: ver, beber, comer, etc.
- Ir: dirigirse, subir, viajar, etc.

Unidad 5 gente en forma

1 Primeras palabras
A. Mögliche Antworten:
- salud: 3, 4, 5
- alimentación: 3, 5
- hábitos: 3, 5
- ejercicio: 2, 3, 4
- estrés: 1
- brazos: 2, 3
- dormir: 1
- trabajar: 1
- fumar:
- comer: 3, 5
- equilibrio: 3
- cuerpo: 2, 3, 4, 5

B. Mögliche Antworten: deporte, costumbres, sano/a, ir en bicicleta, etc.

2 Trabaja demasiado
- come demasiado **3**
- bebe demasiado alcohol **3**
- come muy poco **2**
- come mucha fruta **2**
- trabaja demasiado **1**
- no toma azúcar **2**
- duerme poco **1**
- hace mucho deporte **2**
- hace yoga **2**
- toma demasiado café **1**
- come muchos dulces **1**
- fuma demasiado **1**
- anda bastante **2**
- no fuma **2**
- va en bici **1**
- juega al golf **3**
- se acuesta muy tarde **1**
- está mucho tiempo sentado/a **3**

3 Como mucho pescado
A.
- COMER: pescado, fruta, carne, chocolate, fibra y dulces.
- BEBER: alcohol, agua, café y té.
- TOMAR: alcohol, agua, fruta, café, té, fibra y azúcar.
- HACER: deporte, gimnasia y yoga.

B. Freie Antwort.

4 Muy diferentes, muchas diferencias
A.
1. No tiene **mucho** tiempo libre. **Leo**
2. Camina **mucho. Félix**
3. Come **mucho. Leo**
4. Tiene **muchos** animales. **Félix**
5. Se va al campo **muchos** fines de semana. **Félix**
6. Conoce a **mucha** gente importante. **Leo**
7. Es **muy** ecologista. **Félix**
8. Viaja **mucho** al extranjero. **Leo**
9. Habla **muy** poco. **Félix**
10. Hace **mucho** deporte. **Félix**
11. Es **muy** simpático. **Félix**
12. Le gustan **mucho** las plantas. **Félix**
13. Habla lenguas extranjeras **muy** bien. **Leo**
14. Lleva una vida **muy** sana. **Félix**
15. Tiene **mucho** estrés. **Leo**
16. Mira una pantalla **muchas** horas al día. **Leo**

B.
- **Muy** se usa con **adjetivos** y **adverbios** y es invariable.
  z. B.: Es **muy** ecologista. / Habla **muy** poco. / Es **muy** simpático. / Habla lenguas extranjeras **muy** bien. / Lleva una vida **muy** sana.
- **Mucho/a/os/as** se usan con **nombres** y concuerdan con ellos en género y número.
  z. B.: No tiene **mucho** tiempo libre. / Se va al campo **muchos** fines de semana. / Conoce a **mucha** gente importante. / Hace **mucho** deporte. / Tiene **mucho** estrés./ Mira una pantalla **muchas** horas al día.
- **Mucho** se usa con **verbos** y es invariable.
  z. B.: Camina **mucho.** / Come **mucho.** / Viaja **mucho** al extranjero.

C. Freie Antwort.

5 Erre que erre
Kurze Vibration /ɾ/
- verdura
- carne
- cintura
- deporte
- querer
- dinero
- beber
- horario
- querer
- dormir
- regular
- Rodríguez

Lange Vibration /r/
- raqueta
- aburro
- regular
- Roma
- Rodríguez

6 Los hábitos de Gloria
Mögliche Antworten:
- Fuma mucho.
- Toma mucho café.
- Lee mucho.
- Bebe mucha coca-cola.

- Duerme muy poco.
- Está muy cansada.
- Tiene mucho estrés.
- Pasa mucho tiempo sentada.

7 El cuerpo

A.

La cabeza, el codo, el brazo, la rodilla, los ojos, la mano, la espalda, el pie, la pierna.

B.

Las piernas, las manos, los codos, la cabeza, la espalda, los pies y los ojos.

C.

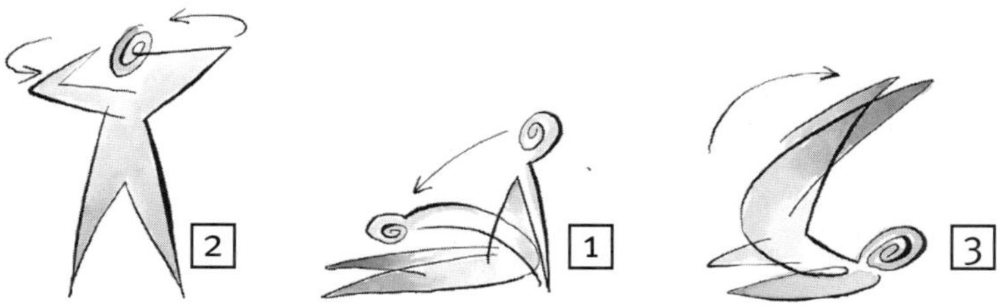

8 Es bueno para...

- Ir en bicicleta es bueno para las piernas.
- Nadar es bueno para la espalda.
- Jugar al ajedrez es bueno para la mente.
- Dar un paseo es bueno para la circulación.
- Bailar es bueno para la cintura.
- Jugar al golf es bueno para el corazón.
- Jugar al tenis es bueno para los brazos.
- Hacer yoga es bueno para todo el cuerpo.

9 ¿Yo, tú, él...?

	1	2	3	4	5	6	7	8
yo			✓					
tú		✓						✓
él, ella, usted						✓		
nosotros/as	✓							
vosotros/as					✓			
ellos, ellas, ustedes				✓			✓	

10 Rutinas

A.

- Información 1: AMAYA.
- Información 2: UWE.
- Información 3: DAVID.
- Información 4: BEATRIZ Y JORGE.

B.

1. Levantarse, dar, acostarse.
2. Ir, escribir, hacer.
3. Jugar, dormir, estudiar, ver.
4. Querer, tener, comer, cocinar, pensar.

11 Me acuesto pronto

1.

● ¿A qué hora **os levantáis** vosotros normalmente?
❍ Yo a las ocho u ocho y media, pero María a las siete y media porque **tiene** clase en la universidad a las nueve.

2.

● Carlos **se acuesta** a las diez y media de la noche, porque **empieza** a trabajar a las seis de la mañana.

3.

● Y tú Marta, ¿qué **haces** normalmente en vacaciones?
❍ Bueno, nada especial, mi marido y yo **vamos** al apartamento de mis padres en Benidorm.

4.

● ¿Qué **prefieres**, ducharte o bañarte?
❍ Bueno, pues normalmente **me ducho**, pero a veces, especialmente los fines de semana, **me baño.**

5.

● ¿Y tus hijos **ven** mucho la televisión?
❍ ¡Uf! Muchísimo, dos o tres horas cada día.

12 Perdone, señora

	LA SEÑORA	EL SEÑOR
Anda mucho: una hora diaria.		✓
Fuma y toma café.		
Juega al tenis.		✓
No toma café.	✓	
Come mucha fruta.		✓
Juega al golf.		
Come mucha verdura.	✓	
Toma mucha fibra.		✓

13 ¿Unas vacaciones aburridas?

A. Freie Antwort.

B.

	bañarse	aburrirse	querer
yo	me baño	me aburro	quiero
tú	te bañas	te aburres	quieres
él, ella, usted	te baña	se aburre	quiere
nosotros/as	nos bañamos	nos aburrimos	queremos
vosotros	os bañáis	os aburrís	queréis
ellos/as, ustedes	se bañan	se aburren	quieren

	dormir	jugar	hacer	dar
yo	duermo	juego	hago	doy
tú	duermes	juegas	haces	das
él, ella, usted	duerme	juega	hace	da
nosotros/as	dormimos	jugamos	hacemos	damos
vosotros	dormís	jugáis	hacéis	dais
ellos/as, ustedes	duermen	juegan	hacen	dan

	tomar	ir	estar	ser
yo	tomo	voy	estoy	soy
tú	tomas	vas	estás	eres
él, ella, usted	toma	va	está	es
nosotros/as	tomamos	vamos	estamos	somos
vosotros	tomáis	vais	estáis	sois
ellos/as, ustedes	toman	van	están	son

C.

Im Spanischen gibt es drei Verbgruppen: Verben, die auf **–AR**, auf **–ER** und auf **–IR** enden. Viele dieser Verben sind regelmäßig (tomar, comer, escribir), es gibt aber auch unregelmäßige:

- Bei Verben mit **e** wird dieser Vokal zu **ie** in den Formen von yo, tú, él/ella und ellos/as .Zum Beispiel: **querer, despertarse, pensar.**
- Bei Verben mit **o** (oder **u**) wird dieser Vokal zu ui in den Formen von **yo, tú, él/ella** und **ellos/as.** Zum Beispiel: **dormir, jugar, poder.**
- Verben, bei denen die 1. Person Singular unregelmäßig ist. Zum Beispiel: **hacer, poner, dar, ir ...**

D. Freie Antwort.

14 Consejos

Mögliche Antworten:

1. Si quieres aprender español tienes que ver películas hispanas en versión original y encontrar oportunidades de hablar con nativos.
2. Si quieres comer bien tienes que comprar en el mercado.

3. Para tener buenos amigos hay que saber elegirlos.
4. Si quieres ganar mucho dinero tienes que invertir en bolsa.
5. Para conseguir un buen trabajo es importante ser constante.
6. Para ser feliz hay que tener una actitud positiva.
7. Para no tener problemas con la pareja es bueno comunicarse mucho y ser comprensivo.
8. Para ahorrar/no gastar energía es necesario tener electrodomésticos de bajo consumo y alta eficiencia.

15 Tengo un problema

Mögliche Antworten:

1. Tienes que hacer más deporte.
2. Puedes pedir un préstamo en el banco.
3. Puedes comprarle un piso.
4. Tienes que buscarte una novia española.

16 Un día de la vida Milagros

Milagros **se** despierta, **se** ducha, **se** viste a eso de las 7:30 h. Después despierta a su hijo Nicolás, le ayuda a vestir**se** y, entonces, desayunan juntos. A las 8:30 salen de casa, van hasta la parada del autobús y, allí, Milagros se despide de Nicolás con un beso. A las 9:00 h llega a la oficina y **se**. pone a trabajar hasta la hora de la pausa, las 11:00 h más o menos. A esa hora, sale a desayunar algo, normalmente un bocadillo en el bar de la esquina. A las 12:00 h se sienta otra vez a trabajar en su escritorio, hasta las 14:00.
Como trabaja lejos de casa, **se** queda a comer cerca de la oficina, en un restaurante de menú. Después de la comida, continúa trabajando. A las 17:00 h **se** va de la oficina. Algunas tardes hace la compra y limpia la casa y otras juega al tenis con unas amigas, mientras su madre **se** ocupa de Nicolás. A las 21:00 h prepara la cena para todos. A las 23.30 **se** relaja un rato viendo la tele hasta la hora de dormir.

17 Palabras que quiero recordar

Freie Antwort.

AGENDA

18 Las palabras en su contexto

B.
Mögliche Antworten:
EL EJERCICIO FÍSICO Y LA ALIMENTACIÓN:
a. fuertes, intensos...
b. tranquilo, simple...
c. realizar, hacer...
d. regular, usual...
EL EQUILIBRIO ANÍMICO:
e. suponen, son...
f. buena, gran, importante...
g. misma
h. desayuno

C.
Mögliche Antworten:
a. la intranquilidad, el nerviosismo, la inquietud, el miedo...
b. ayuda, favorece...
c. agravar, ampliar, elevar, intensificar, potenciar...
d. impedir, prevenir, alejar...
e. culpa, responsabilidad, fracaso...
f. lograr, obtener, alcanzar...

Unidad 6 gente que come bien

1 Primeras palabras

A. Mögliche Antworten:
- chorizo: 2
- lata de refresco: 6
- menú: 10
- sartén: 4
- aceite: 9
- dieta: 9, 10
- tortilla de patata: 3, 7, 9
- postre: 8
- pescado: 5
- receta:
- verdura: 1
- huevos: 7
- patatas: 3

B. Mögliche Antworten: dieta mediterránea, primer/segundo plato, bebida, fruta, etc.

2 Me gusta muchísimo

A. Mögliche Antworten:
- Me gusta muchísimo/bastante el queso.
- No me gusta mucho/nada el jamón.
- Me gustan muchísimo/bastante las cerezas.
- No me gustan mucho/nada los berberechos.

B. Freie Antwort.

3 La lista de la compra

A.
- 2 **litros** de leche
- 1 **paquete** de azúcar
- 3 **latas** de cerveza
- 1 **docena** de huevos
- 2 **kilos** de manzanas
- 1 **cartón** de leche.
- 1 **botella** de vino tinto
- 250 **gramos** de queso
- 3 **paquetes** de macarrones
- 1 **barra** de pan

B. Mögliche Antworten:
- Un paquete de **arroz.**
- Una botella de **vino.**
- Un litro de zumo de **naranja.**
- Una lata de **atún.**
- Un cartón de **leche.**
- Una jarra de **cerveza.**
- Una barra de **pan.**
- Un kilo de **garbanzos.**
- Un tarro de **azúcar.**
- 200 gramos de **jamón ibérico.**

4 En la sección de lácteos

A.
- VERDURA: espárragos, cebollas, guisantes.
- LEGUMBRES: garbanzos.
- EMBUTIDO: chorizo, jamón.
- PESCADO: truchas, gambas, sardinas.
- CARNE: cordero, cerdo, pollo.

B. Mögliche Antworten:
- VERDURA: tomates, patatas, fresas...
- LEGUMBRES: lentejas, alubias...
- EMBUTIDO: longaniza, salchichón, mortadela...
- PESCADO: merluza, calamares, salmón...
- CARNE: conejo, ternera, hamburguesa...

5 Hacer la compra

A.
1. ¿A cuánto están las fresas?
2. ¿Cuánto es todo?
3. Jamón, azúcar y fresas.

B. Mögliche Antworten:
○ ¿Tienen tomates?

○ Pues póngame un kilo, por favor.
○ ¿A cuánto están los huevos?
○ Pan... ¿tienen pan?
○ ¿Cuánto es todo?
○ Aquí tiene. Muchas gracias.
○ Hasta luego.

6 Test sobre alimentación saludable

A. Freie Antwort.

B. Freie Antwort.

7 Soy alérgico a los frutos secos

A. Freie Antwort.

B.
- **¿Lleva carne?** Es que soy vegetariano.
- **¿Lleva cacahuetes?** Es que soy alérgico a los frutos secos.
- **¿Lleva gambas?** Es que no me sienta bien el marisco.
- **¿Tiene gas?** Es que me sientan mal las bebidas con gas.
- **¿Lleva harina de trigo?** Es que no puedo comer gluten.
- **¿Lleva salsa roquefort?** Es que no me gusta el queso.

C. Freie Antwort.

8 Platos típicos

A.
1. Gazpacho
2. Pisto
3. Paella
4. Cocido

B. Freie Antwort.

9 De primero...

A.
- **Ensalada mixta:** primer plato. Verduras cortadas y mezcladas, con algo de sal, aceite de oliva, limón y vinagre.
- **Sancocho:** primer plato o plato único. Caldo espeso con tubérculos (patata, yuca, ñame...) o legumbres (fríjoles, lentejas, habas...) y carne o pescado. Típico de Canarias (España), Colombia, Cuba, Ecuador, Panamá, Puerto Rico, República Dominicana y Venezuela.
- **Ensaimada:** postre. Hecho con masa de harina, azúcar, huevos y manteca de cerdo. Típico de Mallorca (España) y muy popular en San Pedro (Argentina).
- **Locro:** plato único. Guiso con alubias (frijoles, porotos), maíz o patatas. Típico de las zonas andinas de Argentina, Bolivia, Colombia, Ecuador, Paraguay y Perú.
- **Bienmesabe:** postre. Dulce hecho con azúcar, almendras, huevos, almíbar, bizcochos y canela molida. Típico de Andalucía y Canarias, con variantes en Colombia, Venezuela y otros países de América.
- **Ceviche:** Plato único. Pescado marinado en jugo de limón con sal, pimienta negra, cebollas, cilantro, chiles (ajíes) y ajo picados. Originario de Perú, pero común en Chile, Colombia, Costa Rica, Ecuador, El Salvador, Guatemala, Honduras, México, Nicaragua y Panamá.
- **Fideuá:** primer plato o plato único. Es similar a la paella, pero en vez de arroz lleva fideos. Originario de la Comunidad Valenciana.
- **Pozole:** plato único. Sopa típica de maíz y carne de México.
- **Dulce de leche:** ingrediente para postres. Originario de Argentina y Uruguay, pero con variantes en Perú, Colombia, México y otros países.
- **Zarangollo:** aperitivo o entrante. Huevos revueltos con calabacín, cebolla y, a veces, patata. Típico de Murcia (España).
- **Arroz con patacones (o tostones):** plato único. Arroz con trozos fritos y aplanados de plátano verde. Típico de los países del Caribe.

B.
- **Primer plato:** judías verdes con patatas, crema de champiñones, espárragos con mayonesa, sopa de pescado, ensaladilla rusa, salmorejo.
- **Segundo plato:** filete de ternera con patatas, costillas de cerdo, calamares a la romana, huevos con chorizo, pollo asado, merluza a la romana,
- **Postre:** flan, helado, manzana al horno, tarta de Santiago, crema catalana, yogur natural.

10 En el restaurante

● ¿Qué va a tomar?
○ Pues de primero la sopa de la casa.
● ¿Y de segundo?
○ A ver... ¿El bacalao qué tal?
● Es bacalao fresco, fantástico...
○ Pues entonces bacalao.
● ¿Y para beber?
○ Agua mineral sin gas.
(un rato después)
○ Por favor, un poco más de agua.
● Ahora mismo. ¿De postre quiere algo?
○ No gracias. Un café solo y me trae la cuenta, por favor.

11 Cosas de cocina

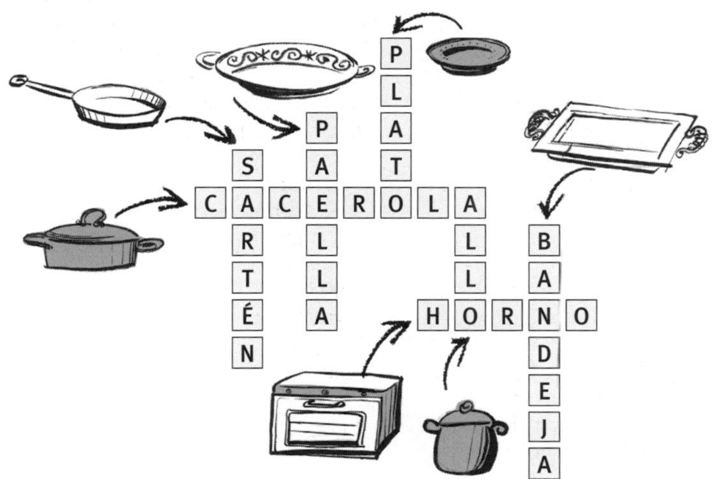

12 Puré de manzana

A. Se pelan las manzanas y se cortan en trozos pequeños. Después, se calienta un poco de mantequilla en una cacerola y se añaden las manzanas con un poco de sal. Se pone un vaso de agua y medio de vino blanco y se hierve todo durante diez minutos.

B. Freie Antwort.

13 ¿Cómo se comen?

Mögliche Antworten:
1. Se comen crudos: plátanos, naranjas.
2. Se hacen a la plancha: gambas, calamares.
3. Se hacen en una sartén: huevos fritos, tortilla.
4. Llevan salsa: bacalao al pil pil, pulpo a la gallega.
5. Se hierven: judías, garbanzos.
6. Se comen sin sal: yogur, manzanas.
7. Se asan al horno: pollo, cabrito.
8. Se pelan: patatas, cebollas.

14 Pollo con ciruelas

Primero, hay que cortar el pollo en trozos, limpiar**los** y salar**los**. Después, poner un poco de aceite en una cacerola, calentar**lo** y freír el pollo por los dos lados durante diez minutos, retirar**lo** y guardar**lo**. En el mismo aceite, echar la cebolla y freír**la**. Es mejor freír**la** a fuego lento, así no se quema. Luego, añadir el pollo y poner en la cacerola las ciruelas y mezclar**las** bien con el pollo y con la cebolla. Añadir el vino y el jerez y dejar cocer durante 25 minutos.

15 Un producto típico español

A.
1. naranja
2. lata
3. gamba

4. postre
5. vino
En vertical: jamón

B. Freie Antwort.

16 Pepe y Elvira
Hoy, para desayunar, hemos tomado un café con **leche**, **zumo** de naranja y pan con **mantequilla** y mermelada. A eso de las dos hemos ido a una cervecería del centro para tomar el **aperitivo** con unos amigos: un par de vinos y unas **tapas**. Hemos comido tarde, a las tres y pico, en casa de la madre de Pepe. Nos ha preparado un pescado **al horno** con **patatas** que estaba riquísimo, y de **postre** ha hecho natillas. Para cenar, yo no he tomado casi nada, sólo un poco de fruta pero Pepe se ha preparado un **bocadillo** de jamón y queso.

AGENDA

17 Libro de reclamaciones
A.
1. b
2. c
3. c
4. c
5. b
6. c

B. Freie Antwort.

C. Freie Antwort.

Unidad 7 gente que trabaja

1 Primeras palabras
A. Mögliche Antworten:
- currículum: 4
- oficina: 1
- tocar el piano: 5
- trabajo: 1, 2, 3, 4, 5, 6
- experiencia: 4
- cocinero: 3
- enfermera: 6
- peluquería: 2
- profesión: 1, 2, 3, 4, 5, 6

B. Mögliche Antworten: empleo, candidato, salario, contrato, etc.

2 Profesiones y razones
A. Freie Antwort.

B. Freie Antwort.

3 Las profesiones de mis conocidos
Freie Antwort.

4 ¿Qué están haciendo?
A.
1. D
2. C
3. E
4. A
5. F
6. H
7. I
8. B
9. G

B.
1. Hacer
2. Dar
3. Ir: irregular
4. Pedir: irregular
5. Escribir
6. Mirar
7. Cuidar
8. Decir: irregular
9. Leer: irregular

C. Mögliche Antworten:
1. Está calculando.
2. Está revisando un informe médico.
3. Están subiendo una caja en el camión.
4. Está sirviendo la comida.
5. Está reparando un ordenador.

5 Ser amable es importante
Mögliche Antworten:
- **Ser amable**: camarero, recepcionista, taxista, dependiente en una tienda, asistente de vuelo...
- **Saber escuchar**: médico, psicólogo, asistente social...
- **Tener paciencia**: maestro de niños, científico, profesor...
- **Ser una persona comunicativa**: periodista, comercial, actor...
- **Ser tranquilo**: vigilante de museo, pastor, cirujano, piloto de aviones...
- **Ser una persona organizada**: ingeniero, arquitecto, abogado, cocinero...

6 Profesiones diferentes
A.
- Ana: conversación 3.
- Beatriz: conversación 4.
- Juana: conversación 5.
- Lucía: conversación 1.
- Pepa: conversación 2.

B. Mögliche Antworten:
- Ana: mujer de negocios.
- Juana: dependienta de una tienda de ropa.
- Lucía: cantante de ópera.
- Beatriz: ama de casa.
- Pepa: doctora.

7 Palabras que van juntas
A.
- ESTAR DISPUESTO A: trabajar en equipo, viajar.
- SABER: escuchar, idiomas, trabajar en equipo, informática.
- TENER: experiencia, buena presencia, paciencia, buen carácter, voluntad de progresar.
- TOCAR: un instrumento, el piano.
- HACER: deporte, teatro, gimnasia.
- ESCRIBIR: poesía, teatro, novelas.
- SER: dinámico/a, sociable, tímido.

B. Mögliche Antworten:
- ESTAR DISPUESTO A: trabajar horas extra, cambiar de ciudad/país, asumir responsabilidad...
- SABER: mantener la calma, resolver problemas, aceptar las críticas, coordinar equipos, aportar soluciones...
- TENER: disponibilidad inmediata, capacidad de improvisar, don de gentes, un título universitario...
- TOCAR: la guitarra, en una banda de rock...
- HACER: cursos de formación profesional/de idiomas...
- ESCRIBIR: un libro, informes...
- SER: constante, paciente, entusiasta...

8 ¿Estudias o trabajas?
Freie Antwort.

9 Profesiones de mi entorno
Freie Antwort.

10 ¿Qué ha hecho Alicia?
A.

	Presente	Pretérito perfecto
hablar	hablas	
gustar	me gusta	
encantar	me encanta	
estudiar		he estudiado
estudiar		he estudiado
vivir		he vivido
hablar	hablo	
vivir		has vivido
estar		has estado
viajar		he viajado
estar		he estado
ser	es	
llamarse	se llama	
ser		han sido
empezar empezar		he empezado he empezado
acompañar		he acompañado
estudiar		he estudiado
tener	tengo	
trabajar		has trabajado
terminar		he terminado
empezar		he empezado
gustar		ha gustado
conocer		he conocido
viajar		he viajado
aprender		he aprendido

B.
Freie Antwort.

11 Entrevista de trabajo

	Pepe	Amalia	Clara
Ha estudiado en la universidad.	✓	✓	✓
Ha trabajado tres años en una empresa danesa.			✓
Ha hecho el servicio militar.	✓		
Ha trabajado de camarero/a.	✓		
Ha estudiado Ciencias Exactas.		✓	
Ha trabajado en el extranjero.			✓
Ha dado clases en una universidad privada.		✓	
Habla tres idiomas extranjeros.			✓
Ha trabajado y estudiado al mismo tiempo.	✓	✓	
Ha hecho la tesis doctoral.		✓	
Habla inglés.		✓	
Ha vivido en Francia y en Alemania.			✓

12 Participios
- JUGAR: jugado.
- BEBER: bebido.
- IR: ido.
- DORMIR: dormido.
- TENER: tenido.
- BUSCAR: buscado.
- PAGAR: pagado.
- VISITAR: visitado.
- ALQUILAR: alquilado.
- PRONUNCIAR: pronunciado.
- ESCRIBIR: escrito.
- ESCUCHAR: escuchado.
- DESAYUNAR: desayunado.
- LEER: leído.
- ESTAR: estado.

13 Piensa en un famoso que...
A. Mögliche Antworten:

Datos	Nombre
Ha ganado un Óscar.	Pedro Almóvar
Ha ganado Wimbledon.	Rafael Nadal
Ha sido presidente de los Estados Unidos. Ha luchado contra el racismo.	George W. Bush Nelson Mandela
Ha trabajado con Gorge Clooney.	Brad Pitt
Ha escrito novelas en español.	Gabriel García Márquez
Ha estado en la cárcel.	Paris Hilton
Ha vivido en Cuba.	Zoe Valdés
Ha tocado muchas veces con John Lennon.	Paul McCartney
Ha hecho una película con Marilyn Monroe.	Tony Curtis
Ha trabajado con Francis F. Coppola.	Al Pacino
Ha jugado en el Barça, el equipo de fútbol de Barcelona.	David Villa
Ha escrito una novela en francés.	Gao Xingjian
Ha participado en unas olimpiadas.	Pau Gasol

B. Freie Antwort.

14 Mis habilidades
A. Freie Antwort.

B. Preguntas:
- ¿Hablas italiano?
- ¿Sabes tocar la guitarra?
- ¿Has estado alguna vez en Granada?
- ¿Has trabajado en el extranjero?
- ¿Has visitado el Museo del Prado?
- ¿Has leído *El Quijote*?
- ¿Has estudiado en la Universidad?
- ¿Has trabajado en una empresa japonesa?
- ¿Has estado en Mallorca?
- ¿Has tenido algún accidente de coche?
- ¿Has visto *Casablanca*? La película, quiero decir.
- ¿Sabes bailar el mambo?

15 Pasaporte de lenguas
A. Freie Antwort.

B. Freie Antwort.

16 Mi currículum
Freie Antwort.

17 Candidatos
- Elvira puede solicitar el puesto de **Nueva instalación hotelera** porque habla varios idiomas.
- Gerardo puede solicitar el puesto de **Multinacional farmacéutica** porque tiene carné de conducir y pertenece al sector.
- Gracia puede solicitar el puesto de **Entidad financiera** porque ha trabajado seis años como directiva en una empresa de productos químicos y le interesa mucho el trabajo en equipo.

18 La sílaba tónica
- tra-ba-**jar**
- mo-**nó**-to-no
- pro-fe-sio-**nal**
- **á**-ra-be
- tra-ba-ja-**dor**
- **rá**-pi-do
- in-**glés**
- me-xi-**ca**-no
- **puer**-ta
- gui-**ta**-rra
- pro-fe-**sión**
- pe-**li**-gro
- ga-**nar**

- **Mé**-xi-co
- tra-ba-**ja**-do
- **mú**-si-co

AGENDA

19 Antes de leer

- In diesem Text geht es um das Thema Reisen und Sie können die Wörter **isla, verano** und **Caribe** finden.

- In diesem Text geht es um das Thema Arbeit und Sie können die Wörter **empresa** und **Recursos Humanos** finden.

- In diesem Text geht es um das Thema Einkaufen und Sie können die Wörter **resistente** und **medidas** finden.

Unidad 8 gente que viaja

1 Primeras palabras

A.
Mögliche Antworten:
- habitación: 2
- aeropuerto: 5
- hotel: 2
- viaje: 2, 3, 4, 5
- transporte: 3, 5
- horario: 1
- agenda: 6
- bicicleta: 3
- mapa: 4

B. Mögliche Antworten: reserva, avión, camping, billetes, pasaporte, maletas, cita, reunión, etc.

2 ¿A qué hora?

A.
1. Se levanta a las siete y media.
2. Antes de desayunar sale a correr durante 20 minutos.
3. A las ocho y media coge el metro para ir al trabajo.
4. Empieza a trabajar a las nueve de la mañana.
5. A las diez y media come un bocadillo y toma un café en un bar, al lado de la oficina.
6. Come con un compañero de trabajo a las dos y media.
7. Después de comer, actualiza su estado y responde a sus amigos en una red social.
8. Sale del trabajo a las seis menos cuarto.
9. Por la tarde sale a pasear con su perro Pancho.
10. A las nueve y media llama por teléfono a su madre.
11. Antes de cenar navega una horita por Internet.
12. Cena a las diez.
13. Después de cenar, estudia un rato alemán.
14. Después de hacer sus ejercicios de alemán, ve las noticias de la tele.
15. Antes de acostarse escribe un par de páginas en su diario.
16. Se acuesta a las once.

B. Freie Antwort.

C. Freie Antwort.

3 ¿Ya ha comido con monsieur Denner?

A.
a. verdadero
b. falso
c. verdadero
d. verdadero
e. verdadero
f. verdadero

B. Mögliche Antworten:
- **Ya** se ha reunido con el Sr. Hulot.
- **Ya** ha visitado la fábrica T. R. U. C.
- **Ya** ha volado de regreso a Madrid y ha tomado un tren para Valencia.
- **Todavía no** ha comido con Andrés Tejada en "Casa Lucio".
- **Todavía no** ha ido a ver la nueva campaña de Publimedia.
- **Todavía no** ha ido a ver *Bodas de Sangre* con Elisa.

C. Mögliche Antworten:
- **Va a salir** a cenar con unos amigos y tomar algo el sábado por la noche.
- **Va a ir** a cenar con Elisa el jueves a las 21:00.
- **Va a estar** cuatro horas en su oficina el jueves por la tarde.
- **Va a tomar** un tren de vuelta a Madrid el viernes por la noche para pasar el fin de semana en casa.
- **Va a hacer** las compras de la semana el sábado por la tarde.
- **Va a prepararse** la maleta para el viaje del lunes el sábado por la noche.
- **Va a ir** a desayunar a su restaurante favorito el domingo por la mañana.

4 Las cosas de Ariadna

A. Respuesta libre.

B.
- **el** neceser
- **las** tarjetas de crédito
- **el** teléfono móvil
- **el** calendario
- **el** mapa de carreteras
- **las** llaves de casa
- **los** billetes de tren
- **las** gafas
- **la** tableta
- **el** DNI
- **el** llavero
- **las** tarjetas de visitita
- **el** dinero en efectivo
- **la** novela
- **el** ordenador portátil
- **las** gafas de sol
- **el** informe del trabajo
- **el** pasaporte
- **la** cámara fotográfica

C. Freie Antwort.

5 ¿Ya lo has hecho?

A.

Mögliche Antworten:

- Visitar la Gran muralla china: Todavía no la he visitado. / Ya la he visitado.
- Subir a la torre Eiffel: Todavía no he subido. / Ya he subido.
- Contemplar las cataratas de Niágara: Todavía no las he contemplado. / Ya las he contemplado.
- Hacerse una foto sosteniendo la torre inclinada de Pisa: Todavía no me la he hecho. / Ya me la he hecho.
- Bañarse en el mar Muerto: Todavía no me he bañado ahí. / Ya me he bañado ahí.
- Pasar el Año Nuevo en Times Square: Todavía no lo he pasado ahí. / Ya lo he pasado ahí.
- Viajar en un tren bala japonés: Todavía no he viajado ahí. / Ya he viajado ahí.
- Navegar por el río Nilo: Todavía no he navegado ahí/ Ya he navegado ahí.
- Ver en el cielo las luces de la aurora boreal: Todavía no las he visto/ Ya las he visto.
- Pasear por las ruinas de la ciudad de Petra: Todavía no he paseado por ahí. / Ya he paseado por ahí.

B. Freie Antwort.

6 Peregrinos

1. Jim
2. Santi
3. seis
4. Jack
5. Jacob
6. Jaume
7. Jacques
8. Jaime y Jack
9. Santi, Jacob, Jacques y Jim

7 El Camino de Santiago

Desde la Edad Media **hasta** hoy, miles de peregrinos cruzan los Pirineos y viajan **hacia** el oeste, hasta la tumba del Apóstol Santiago, en la **ciudad** de Santiago de Compostela.
Los peregrinos van a **pie**, a caballo o en bicicleta, por motivos religiosos, turísticos o **culturales**. Algunos viajan solos y **otros** en grupo, con **amigos** o con la familia. De Roncesvalles a Compostela encuentran iglesias románicas, **catedrales** góticas, pueblos pintorescos, paisajes **muy** variados...; y cada pocos kilómetros, una posada, un lugar donde se puede **dormir** por muy poco dinero, normalmente con camas y duchas.

8 Está a punto de llegar

A.

- ● ¿Ha llegado ya la Sra. Anguera para la reunión?
- ○ Está en la sala de espera. **Acaba de** llegar.

B.

- ● ¿Cuál es la puerta de embarque para el vuelo AZ 60 a Roma?
- ○ La puerta B32, pero **está a punto de** cerrar. Tiene que darse prisa.

C.

- ● PUBLIMEDIA, ¿dígame?
- ○ Soy la Sra. Anguera. Tengo una reunión con el Sr. Pérez a las 12. ¿Puede decirle que estoy de camino en un taxi? **Estoy a punto de** llegar.

D.

- ● Restaurante "Casa Lucio", ¿dígame?
- ○ Quiero reservar una mesa para dos a las 14.30 h.
- ● Lo siento, **acabo de** reservar la última.

9 Antes de viajar...

Mögliche Antworten:

- ANTES: comprar los billetes, planificar el tiempo, planchar ropa, hacer la maleta, cambiar dinero.
- DURANTE: alquilar un coche, hacer fotos, comprar regalos, escribir postales.
- DESPUÉS: deshacer la maleta, clasificar las fotos.

10 La agenda de Renata Yacallé

- Va a cantar en París el trece y el veinticinco de julio.
- Va a cantar en Barcelona del quince al veinte de julio.
- Va a cantar en Los Ángeles el veintidós de agosto.
- Va a cantar en Nueva York el jueves veinticinco de agosto.
- Va a cantar en Sidney el uno y dos de septiembre.
- Va a cantar en Milán el martes treinta de septiembre.
- Va a cantar en Roma el viernes dos de octubre.
- Va a cantar en Venecia el tres de octubre.

11 El martes que viene

A. Mögliche Antworten:
(Unter der Annahme, dass der heutige Tag Dienstag, der 11. Februar 2014 ist.)

- mañana
- pasado mañana
- el domingo
- el martes que viene
- el mes que viene
- el 24 de abril
- el 25 de noviembre
- en marzo de 2016
- dentro de tres años

B. Freie Antwort.

12 ¿Abierto o cerrado?

A.

- LA GAVIOTA: restaurante
- EL CORTE FIEL: tienda de ropa o centro comercial.
- MIKIS: club de jazz.

B.

- LA GAVIOTA: no
- EL CORTE FIEL: sí
- MIKIS: sí

13 Horarios

A.

1. los horarios de llegada
2. richtig
3. falsch

B.

Änderungen:

- Madrid 14:17 – Segovia **15:55**
- Madrid 20:17 – Segovia **22:30**

14 Tres hoteles

- Si quieres un hotel muy lujoso, **el Miraflores**.
- Si te gusta mucho hacer deporte durante tus viajes, **el Nenúfares**.
- Si quieres ver el mar, **el Miraflores**.
- Si quieres salir por la noche, **el Juanito**.
- Si no quieres gastar mucho, **el Juanito**.
- Si te interesa mucho la cocina, **el Nenúfares**.
- Si te gusta nadar, **el Miraflores**.
- Si no quieres estar en el centro, **el Nenúfares**.
- Si quieres una habitación muy grande, **el Miraflores**.
- Si es un viaje de trabajo, en avión, y vas a trabajar en una feria, **el Nenúfares**.
- Si no quieres pasar calor, **el Miraflores**.

15 Una agencia de viajes

A. Freie Antwort.

B. Mögliche Antworten:
- Yo le recomiendo a **Juan Rodríguez Palacios** el viaje a **Guatemala** porque la combinación de naturaleza y monumentos históricos es única.
- Yo le recomiendo a **Ángel Tolosa Díaz** el viaje a **París** y **Disneyland** porque ahí pueden encontrar diferentes actividades y espacio suficiente para todos.
- Yo le recomiendo a **María Zarauz Benito** el viaje a **Cuba** porque ahí tiene las playas y todos los servicios que necesita para tener unas vacaciones soleadas y relajadas a un buen precio.
- Yo le recomiendo a **Berta Ibáñez Santos** el viaje a **Filipinas** porque es un lugar único y los hoteles son de lujo.

16 Reserva

A. Freie Antwort.

B.

● CLIENTE (C): **¿Tienen habitaciones para el día 10?**
○ RECEPCIONISTA (R): Sí, para ese día hay alguna libre.
● C: **¿Y me puede decir el precio?**
○ R: 75 euros la doble y 67 la individual.
● C: **¿Con baño?**
○ R: Sí, sí, todas son con baño.
● C: **Pues, quisiera reservar una doble.**
○ R: ¿Para cuántos días?
● C: **Tres noches, del 10 el 13.**
○ R: Muy bien, del lunes 10 al jueves 13. ¿A qué hora van a llegar?
● C: **Todavía no lo sé seguro, pero entre las ocho y las nueve.**
○ R: ¿De la mañana?
● C: **No, no, de la tarde.**
○ R: De acuerdo, no hay ningún problema.

17 Notas de un viaje

Mögliche Antworten:
- Han ido de Fráncfort a Sevilla en avión.
- Su vuelo de Sevilla a Fráncfort ha llegado con retraso.
- Han ido de Sevilla a Córdoba en tren.
- Han visitado Córdoba con un guía.
- Han alquilado un coche Seat Ibiza en Córdoba.
- Han estado en el Hotel La Lechuza en Málaga.
- Han comido tapas en la Malagueta.
- Han comido tapas muy ricas en el restaurante El cangrejo verde, en Almería.
- Han tenido una avería en Guádix.
- Han pasado una noche en Guádix.
- Han tenido un pinchazo en Montilla.
- Han cogido un autobús de Córdoba a Sevilla.

18 Viajes y acentos

A.

	Mariela Agüero (Argentina)	María Elena Barceló (Cuba)
¿Mar o montaña?	mar	mar
Actividades en la naturaleza	ir al mar o al río, bañarse, caminar, pescar	tomar un barco y recorrer las islas cerca de la Isla Mayor.
Actividades con la gente	charlar, tomar mate	bailar, conversar

19 Diferencias culturales

Freie Antwort.

AGENDA

20 Planificar e improvisar

Freie Antwort.

Unidad 9 gente de ciudad

1 Primeras palabras

A. Mögliche Antworten:
- río: 6
- habitantes: 5
- transporte: 1
- zona verde: 6
- atascos: 1
- mercado: 4
- pueblo: 5
- calidad de vida: 5
- área metropolitana: 3
- contaminación: 4
- edificio: 2, 3

B. Mögliche Antworten: parques, centros comerciales, monumentos, hoteles, etc.

2 Cosas de la ciudad

A.

B.

Mögliche Antworten:
- estación de tren
- calle
- avenida
- ayuntamiento
- monumentos históricos
- escuela
- guardería
- instituto
- plaza
- teatro
- cine
- tiendas de ropa
- cínica
- hospital
- aparcamiento
- museo
- piscina
- iglesia
- autopista
- etc.

3 ¿Qué hay?

Freie Antwort.

4 **Ventajas e inconvenientes de mi ciudad**
Freie Antwort.

5 **¿Qué es para ti lo más...?**
A. Freie Antwort.

B. Freie Antwort.

6 **Una ciudad para estudiar**
Con sus 152 000 **habitantes**, Salamanca es una ciudad española de **tamaño medio**. Está situada a unos 200 Km al oeste de Madrid y a unos 100 km al este de la frontera portuguesa. El Puente Romano, las dos **catedrales**, la **Plaza Mayor**, la universidad y la cantidad de iglesias, conventos, palacios y edificaciones antiguas hacen de Salamanca uno de los conjuntos monumentales de **mayor interés** y belleza de España.
La **actividad industrial** ha aumentado en los últimos años: existen industrias de **embutidos**, textiles, mecánicas y metalúrgicas. Pero la importancia de Salamanca reside principalmente en su carácter de **ciudad universitaria**. La Universidad de Salamanca es una de las universidades más **antiguas** de Europa junto con las de Bolonia y París y sigue siendo, **en la actualidad**, una de las más importantes de España. El gran número de estudiantes, tanto españoles **como extranjeros**, le da a la ciudad su carácter especial: una **vida cultural** intensa y mucho **ambiente**, a todas horas. **El clima** es continental con **inviernos fríos** y veranos calurosos.

7 **Una visita**
Freie Antwort.

8 **Dos hoteles**
Mögliche Antworten:
- El hotel Mirasol tiene más habitaciones que el hotel Benidorm.
- El hotel Benidorm es más barato.
- El hotel Benidorm tiene más piscinas que el Mirasol.
- El hotel Mirasol está más lejos de Alicante que el Benidorm.
- El hotel Benidorm está más cerca de la playa que el Mirasol.
- ...

9 **¿Es muy diferente?**
Freie Antwort.

10 **Millones de habitantes**

País	Habitantes en millones	Cifras
1. China	mil trescientos cuarenta y cuatro	1 344 000 000
2. India	mil doscientos cuarenta y uno	1 241 000 000
3. Estados Unidos	trescientos once	311 000 000
4. Indonesia	doscientos cuarenta y dos	242 000 000
5. Pakistán	doscientos uno	201 000 000
6. Brasil	ciento noventa y seis	196 000 000
7. Nigeria	ciento setenta	170 000 000
8. Bangladesh	ciento sesenta y uno	161 000 000
9. Rusia	ciento cuarenta y cuatro	144 000 000
10. Japón	ciento veintisiete	127 000 000
11. México	ciento doce	112 000 000
12. Alemania	ochenta y uno	81 000 000

11 **Antes y ahora**
Freie Antwort.

12 **Un lugar en el que...**
- playa: un lugar **en el que / donde** se puede tomar el sol.
- zona industrial: un lugar **en el que / donde** hay muchas fábricas.
- etc.

13 **Me gustaría...**
Freie Antwort.

14 **Nada es verdad ni es mentira...**
A. Freie Antwort.

B. Freie Antwort.

15 **¿Qué dice?**
1. habitantes.
2. ruido.
3. aparcamiento.
4. cines.
5. la falta de un trabajo estable.
6. muy tranquila.
7. guardería.
8. calor.
9. discriminados.
10. fábricas.
11. una piscina.
12. los más jóvenes.

16 **Vocales**
- laescuela
- estállí
- sehainstalado
- elcascoantiguo

17 **Tres ciudades de Latinoamérica**
- Oaxaca: ciudad colonial, actividad cultural, enclave arqueológico, playa.
- Buenos Aires: actividad cultural, todo tipo de espectáculos, ciudad que no duerme, salas de teatro y cines.
- Baracoa: mar Caribe, ciudad misteriosa, playas, isla.

18 **¿Qué es una ciudad?**
Freie Antwort.

AGENDA

19 **¿Cómo lo digo?**
Freie Antwort.

Unidad 10 gente y fechas

1 **Primeras palabras**
A. Mögliche Antworten:
- tener un hijo: 3
- primera vez: 3, 4
- viajar al espacio: 4
- guerra: 1
- pasar a la historia: 4
- nacer: 3
- crecimiento económico: 2

B. Mögliche Antworten:
un hito histórico, el pasado, etc.

2 **Fechas importantes**

	primer concursante: correcto	primer concursante: incorrecto	segundo concursante: correcto	segundo concursante: incorrecto
1.ª pregunta	✓			✓
2.ª pregunta		✓	✓	
3.ª pregunta	✓			✓
Total	2	1	1	2

3 **Frases para completar**
1. hablo / **a.**
2. estudió / **b.**
3. trabajó / **a.**
4. pasó / **b.**
5. llego / **a.**

6. bajo / **b.**
7. esperó / **a.**
8. llamo / **b.**
9. cenó / **b.**
10. desayuno / **a.**

4 Continuación lógica

A.

1. c. **La semana pasada estuve en el Museo del Prado.** Vi *Las Meninas* de Velázquez. Me gustó mucho.
2. a. **El domingo fue al Museo del Prado.** Vio *La Maja desnuda* de Goya. Le gustó mucho.
3. i. **Ayer estuvo en la playa.** Pero se olvidó el bañador en casa, así que no se bañó.
4. d. **Ayer fui a una discoteca.** Me encantó la música y el ambiente. Tenemos que ir juntos.
5. g. **Ayer no te vi en clase.** ¿Estuviste enfermo?
6. j. **En 1968 conocí a María.** Y en 1970 me casé con ella.
7. e. **En 1969 conoció a Elena.** Y en 1971 se casó con ella.
8. f. **Anteayer jugué un partido de fútbol en Madrid.** Ganamos 3 a 0.
9. h. **El Real Madrid jugó ayer.** Ganó 3 a 0.
10. b. **¿Ayer? Fui a la playa.** Pero me olvidé el bañador en casa, así que no me bañé.

B.

	VER	ESTAR	IR	CONOCER	JUGAR
yo	vi	estuve	fui	conocí	jugué
tú	viste	estuviste	fuiste	conociste	jugaste
él	vio	estuvo	fue	conoció	jugó

5 Estos días

A. Freie Antwort.

B. Freie Antwort.

6 Vaya lío, Valentina

- No, esta mañana no ha jugado a *squash* con Herminia, jugó ayer.
- No, anteayer no cenó con Alfredo, cenó ayer.
- No, ayer no fue a casa de Gabriel, fue anteayer.
- No, esta mañana ha tenido dos horas de ruso y el lunes tuvo una.
- No, esta mañana no ha ido de compras, fue anteayer.
- No, el lunes no fue a Madrid, fue el martes.
- No, el martes no tuvo una reunión, fue el lunes.
- No, hoy no ha comido con unos clientes holandeses, comió el miércoles con unos clientes belgas.
- No, el martes no tuvo que ir de urgencias al dentista, tuvo que ir el lunes.

7 Buenos propósitos

A.

- dejar de fumar
- visitar a mi hermana en París
- estudiar inglés
- cambiarme de piso
- comprarme una moto
- hacer deporte
- perder peso

B.

- Ha dejado de fumar.
- No ha comido sano.
- Ha ido a un concierto de Macaco, pero no a uno de Estopa.
- Ha visitado a su hermana en París.
- Ha estudiado inglés.
- Se ha cambiado de piso.
- Se ha comprado una moto.
- Ha hecho deporte.
- Ha perdido peso.
- No ha adoptado un perro, sino un gato.

8 Cambios importantes

Freie Antwort.

9 La última vez

Freie Antwort.

10 La primera vez

A. Freie Antwort.

B. Freie Antwort.

11 Imágenes de una vida

A.

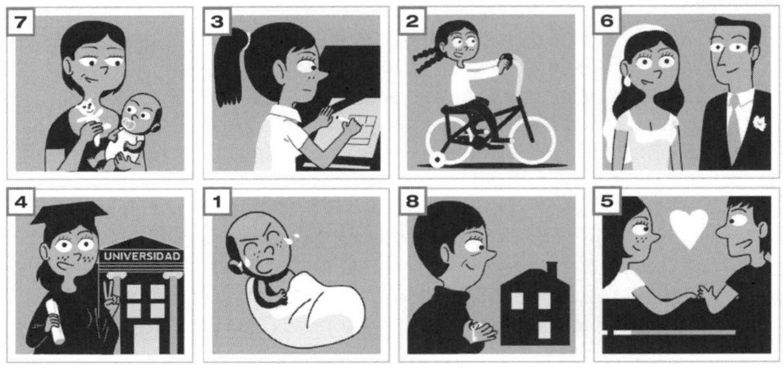

B. Freie Antwort.

12 Un cuestionario

A. Freie Antwort.

B. Freie Antwort.

13 Dos biografías

Juan Antonio Bardem:

- Fue un director de cine español.
- Tuvo cuatro hijos.
- Obtuvo el premio al mejor guion y a la mejor comedia en el Festival de Cannes.
- Escribió un libro de memorias titulado *Y todavía sigue*.
- Tuvo problemas en España con la censura.
- Nació en Madrid en 1922 y murió en la misma ciudad en 2002.
- Fue militante del Partido Comunista de España.
- Trabajó en diferentes películas con su amigo Luis García Berlanga.

Javier Bardem:

- Es un actor muy importante. Ha trabajado en teatro, cine y televisión.
- Ha tenido un hijo que se llama Leo.
- Ha obtenido, entre otros premios, seis Goya, un Globo de Oro, un BAFTA y el premio del Festival de Cannes al mejor actor.
- Ha mantenido siempre en secreto su vida privada.
- Ha sido el primer actor español en ganar un Óscar.
- Nació en Las Palmas de Gran Canaria en 1969.
- Participa activamente en la plataforma "Todos con el Sahara".
- Ha trabajado con su mujer, Penélope Cruz, en diferentes películas.

14 Fechas clave

- En 1492 Colón llegó América.
- En 1789 empezó la Revolución Francesa.
- En 1898 España declaró la guerra a los EE. UU.
- En 1918 terminó la I Guerra Mundial.
- En 1776 se declaró la independencia de EE. UU.
- En 2012 empezó la Guerra Civil Siria
- En 1939 terminó la Guerra Civil Española.
- En 1968 hubo un gran movimiento de estudiantes y obreros en Europa.
- En 2001 estalló la Guerra en Afganistán
- En 2003 comenzó la Guerra de Irak

15 **Mi año**
Freie Antwort.

AGENDA

16 **Mi mejor viaje**
A.
Sie organisiert die Informationen nach den Fragen: **¿Qué hice?, ¿Cuándo?, ¿Con quién?, ¿Cuánto tiempo?** und nach den Punkten: **conclusión, a destacar.**
Außerdem ordnet sie die Ereignisse chronologisch.

B. Recursos para unir ideas y organizar el texto:
En 2010 viajé a Tailanda (THEMA UND ZEITANGABE). Estuve de viaje 1 mes y visité muchos lugares (ZEITDAUER). Fui yo sola (MIT WEM), pero **allí** (ERSETZT „TAILANDIA") conocí a mucha gente interesante. **Primero** (ANGABE ZUR REIHENFOLGE), durante las dos primeras semanas, visité las playas del sur del país e hice un curso de buceo. **Después** (ANGABE ZUR REIHENFOLGE) viajé hacia el norte en tren y en autobús. En el norte visité los templos de diferentes ciudades e hice algunas excursiones por la selva. En la selva vi elefantes salvajes, fue increíble. Pero no monté en elefante, aunque muchas empresas me **lo** (ERSETZT „MONTAR EN ELEFANTE") propusieron, porque a mí me parece algo cruel. **También** (KONJUNKTION) me bañé en lagos con cascadas naturales y probé la cocina tradicional de la zona, ¡incluidos los insectos! No me gustaron nada... Tuve la oportunidad de vivir algunos días en un pueblo de la selva con una familia. Aprendí muchas cosas, e incluso un poquito de la lengua. **Por último** (ANGABE ZUR REIHENFOLGE) pasé una semana en Bangkok, en la capital. **Allí** (ERSETZT „EN BANGKOK") visité algunos de los numerosos museos que hay y muchos mercados. Para mí, visitar los mercados de un lugar es una de las mejores maneras de conocer su cultura. **También** (KONJUNKTION) di un paseo en barco por el río, disfruté de algunos masajes tailandeses y aprendí a cocinar algunos platos típicos en una escuela de cocina. Fue una experiencia inolvidable (ABSCHLUSS).

C. Freie Antwort.

Unidad 11 gente en casa

1 **Primeras palabras**
A.
Mögliche Antworten:
- alquiler: 3
- mesa: 3
- salón: 3
- sofá: 3
- cocina: 2
- ciudad: 1
- lámpara:6
- baño:
- piso: 5

B. Mögliche Antworten: habitaciones, muebles, terraza, estudio, etc.

2 **Cosas de casa**
A.

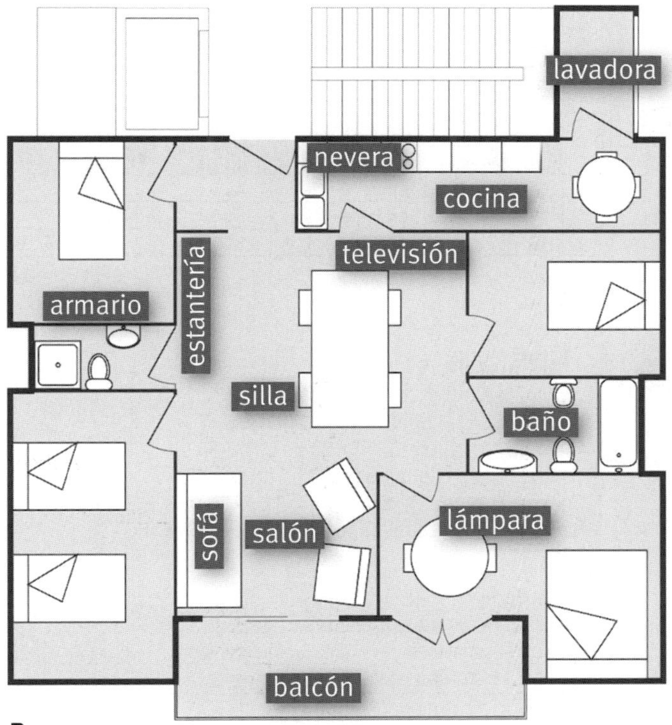

B.
Freie Antwort.

C. Freie Antwort.

3 **Apartamento nuevo**
A. Freie Antwort.
B. Freie Antwort.

4 **Accesorios**
A.
1. perchero
2. cuadro
3. microondas
4. batidora
5. olla
6. taza
7. cafetera
8. vajilla
9. vasos
10. cojín
11. manta
12. cortinas

B. Mögliche Antworten:
horno, mesita de noche, plancha, espejo, etc.

5 **Pisos en el plano**
1. (F) No, no es verdad. Tiene solo un baño.
2. (F) No, no es verdad. Es más grande el de la Avda. América.
3. (F) No, no es verdad. Tiene cuatro dormitorios.
4. (V)
5. (F) No, no es verdad. Solo tiene un dormitorio de matrimonio.
6. (V)
7. (V)
8. (V)

6 ¿Cuál es tu dirección?

	1º Apellido		2º Apellido		Dirección
2	Cano	1	Valdés	3	Avenida de Navarra
4	Díaz	2	Puértolas	2	Paseo de la Estación
3	Cantero	3	García	1	Avenida de los Plátanos
1	Coromina	4	Ciruelo	4	Plaza de la Paja

	Número		Piso		Código Postal		Localidad
4	3	4	bajos	1	44566	4	Madrid
1	187	1	entlo. 1.ª	4	28008	3	Vitoria
3	16	3	1.º dcha.	2	28003	1	Aguaviva (Teruel)
2	46	2	1.ºizq.	3	01007	2	Molina de la Sierra (Madrid)

7 ¿En qué número vives?

A. Mögliche Antworten:
- Sandra García López: nº 2, 1º 2º, 01108.
- Susana Roche Gracia: nº1, bajos b, 34565.
- Isabel Montes Collado: pral. 1º, 08011.
- Marcos Fuentes: Plaza Castilla, 31, 4º 2ª, 09876, Córdoba.
- Benito Villa Salcedo: Calle Guipúzcoa, 08978.

B.

Sandra García
- ¿Cuál es tu segundo apellido?
- ¿En qué número vives? / ¿En qué piso vives?
- ¿Cuál es el código postal?

Susana Roche Gracia
- ¿En qué número vives? / ¿En qué piso vives?
- ¿Cuál es el código postal?

Isabel Monte
- ¿Cómo te llamas de segundo apellido?
- ¿En qué piso vives?
- ¿Cuál es el código postal?

Marcos Fuentes
- ¿Cuál es el nombre de la plaza en que vives?
- ¿En qué piso vives?
- ¿Dónde vives?
- ¿Cuál es el código postal?

Benito Villa Salcedo
- ¿En qué calle vives?
- ¿Cuál es el código postal?

8 Entonces...

- ¿Tengo que coger la línea cinco y bajar en la plaza de España?
- ¿Tengo que seguir por esta calle hasta la avenida de Cervantes?
- ¿Tengo que tomar el metro y bajar en la parada de Hospital General?
- ¿Tengo que coger estas cartas y llevarlas a la recepción?
- ¿Tengo que llamar al hotel y decirles que llegamos (llegáis) esta noche?
- ¿Tengo que ir por esta calle hasta llegar a una plaza y allí girar a la derecha?

9 Riega las plantas, por favor

Mögliche Antworten:
Por favor, riega las plantas del salón. También tienes que cerrar las ventanas al salir. Recuerda que tienes dar de comer al perro dos veces al día. Sácalo tres veces al día: por la mañana, al mediodía y por la noche. Tienes que comprar gel, está a punto de acabarse. Saca el correo del buzón y déjalo en mi mesita de noche. Abre el correo electrónico con el ordenador portátil, el PC no funciona.

10 Consejos de madre

A.
1. congéla**la**
2. límpia**lo**
3. pon**la**
4. cuélga**las**
5. méte**los**
6. cómpra**la**
7. acuésta**te**
8. láva**te**
9. lláma**me**

B. Mögliche Antworten:
1. El polvo, sácalo una vez a la semana.
2. La carne, cómprala en la carnicería.
3. El café, guárdalo dentro de la nevera. Así dura más tiempo.
4. Las plantas. riégalas en la bañera. Así no tienes que fregar el suelo después.

11 Invitados

Freie Antwort.

12 Sigue todo recto

A.

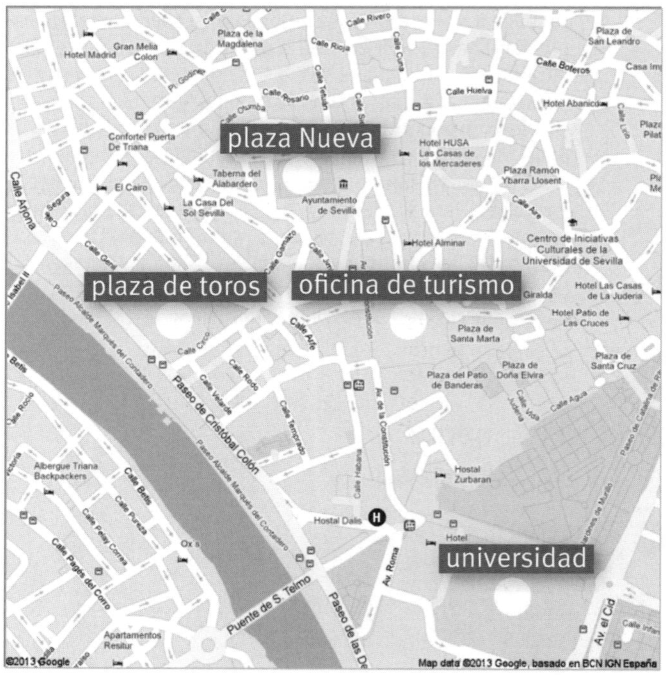

B.

	1	2	3	4
Con una chica	sal gira continúa camina	mira sal gira toma continúa	sal gira sigue gira sigue continúa	mira sal gira
Con una señora mayor	salga gire continúe camine	mire salga gire tome continúe	salga gire siga gire siga continúe	mire salga gire

1	2	3	4	5
Con varios chicos	salid girad continuad caminad	mirad salid girad tomad continuad	salid girad seguid girad seguid continuad	mirad salid girad
Con una pareja mayor	salgan giren continúen caminen	miren salgan giren tomen continúen	salgan giren sigan giren continúen	miren salgan giren

C. Freie Antwort.

13 ¿Cómo lo dices?
Freie Antwort.

14 Abreviaturas
A.
1. Está en un barrio tranquilo y tiene tres habitaciones dobles. Tiene un baño compartido y dos aseos. También tiene un amplio salón con chimenea, una gran terraza y es muy luminoso.
2. Mide ciento sesenta metros cuadrados. Tiene cuatro habitaciones, salón comedor, cocina nueva, baño completo y aseo. Es una finca seminueva. Además, tiene ascensor y parking.
3. Tiene tres habitaciones y un amplio salón con dos balcones. Está en perfecto estado. También tiene una terraza. Está lista para vivir. Mide noventa y cinco metros cuadrados. Cuesta ciento sesenta mil euros. Es un tercer piso sin ascensor.
4. Tiene tres habitaciones, un aseo, un baño, calefacción y aire acondicionado. Da al exterior y tiene ascensor. Está en una zona tranquila. Dispone de un jardín. Cuesta ciento cuarenta mil euros.
5. Tiene dos habitaciones y la cocina está amueblada. Es un piso muy soleado y está en una zona muy tranquila. Es una finca antigua restaurada. Está muy bien céntrico. Cuesta doscientos cuarenta mil euros.
6. Tiene una habitación, un aseo y balcón. Es un piso ideal para parejas. Está en el centro, junto al Ayuntamiento.
7. Piso con tres habitaciones dobles, terraza exterior. Es un piso muy soleado y tiene unas vistas estupendas. Además, tiene calefacción, ascensor, parking y piscina. Es una finca muy moderna.

B. Mögliche Antworten:
- Yo creo que para la pareja de la primera viñeta es ideal el piso 6 porque tiene una habitación y está en el centro.
- Yo creo que para la familia de la segunda viñeta está bien el piso 2 porque es muy grande.
- Yo creo que para la familia de la tercera viñeta está bien el piso 4 porque tiene tres habitaciones y está en una zona tranquila.
- Yo creo que para el marinero de la última viñeta es ideal el piso 7 porque tiene ascensor

15 Se vende casa
A.
- El piso de Plaza de España.
- El piso de Reyes Católicos.
- El chalé de 500 metros.

B. Mögliche Antworten:

a. La pareja joven va a escoger el estudio en la calle Santa Anta porque es pequeño y está muy céntrico.

b. El empresario va a elegir la zona residencial porque tiene 8 habitaciones, piscina y mucho jardín.

16 Claves para buscar piso
A. Freie Antwort.

B. Freie Antwort.

17 Vendo casa
Freie Antwort.

18 Be y uve
A.
Sie klingen gleich.

B.
Sie klingen unterschiedlich. In Beispiel 1 klingt der Laut härter (Plosiv). In Beispiel 2 klingt er weicher (Approximant)

C.
Im Allgemeinen gibt es keinerlei Unterschied bei der Aussprache von **b** und **v**. Beide werden je nach ihrer Position im Wort oder Satz unterschiedlich ausgesprochen:
- weicher zwischen Vokalen,
- härter am Wort- oder Satzanfang oder nach einer Pause.

AGENDA

19 Mapas de palabras
A. Mögliche Antworten:
- **Casa**
- **Muebles:** sillas, mesa, sofá.
- **Características:** luminosa, céntrica, espaciosa.
- **Partes:** dormitorio, baño, cocina.
- **Tipos:** piso, chalé, estudio.

B. Freie Antwort.

20 ¿De tú o de usted?
A. Freie Antwort.

B. Freie Antwort.

Unidad 12 gente e historias

1 Primeras palabras
A. Mögliche Antworten:
- recuerdos: 1, 2, 3, 4, 5
- pasado: 1, 2, 3, 4, 5, 6
- infancia: 2, 4
- anécdota: 1, 4, 6
- biografía: 1, 4
- antiguo: 1, 2, 3, 4, 5
- viejo: 1, 2, 3, 4, 5
- antes:1, 2, 3, 4, 5, 6

B. Mögliche Antworten: adolescencia, madurez, cassette, máquina de escribir, etc.

2 Parecidos pero diferentes
A. Freie Antwort.

B. Freie Antwort.

3 Historias de abuelos
A.
1. (V)
2. (V)
3. (F)
4. (V)
5. (F)
6. (V)

B.
1. **Todavía** había coches de caballos, pero **ya no** había coches de vapor.

2. **Ya** había automóviles de gasolina, pero **todavía no** había automóviles eléctricos.
3. **Todavía** había trenes de vapor, pero **ya** había trenes eléctricos.
4. **Todavía** había cine mudo, y **todavía no** había cine en 3D.

C. Mögliche Antworten:
- Cuando yo era pequeño **todavía** había máquinas de escribir, pero **ya** había mucha gente que escribía en ordenador.
- Cuando yo era pequeño **ya** había internet, pero la mayoría de la gente **todavía** usaba el fax o el correo postal.
- ...

4 ¿Cómo vivían?

A.
- Los egipcios: B
- Los mayas: A
- Los esquimales: C

B.

Texto A
- Vivían: VIVIR
- Estaba: ESTAR
- Tenía: TENER
- Estaba: ESTAR
- Había: HABER
- Tenían: TENER
- Había: HABER
- Adoraban: ADORAR
- Ofrecían: OFRECER
- Era: SER
- Tenían: TENER
- Utilizaban: UTILIZAR
- Eran: SER
- Constaba: CONSTAR

Texto B
- Estaban: ESTAR
- Consideraban: CONSIDERAR
- Llamaban: LLAMAR
- Construían: CONSTRUIR
- Tenía: TENER
- Era: SER
- Creían: CREER
- Preparaban: PREPARAR
- Era: SER
- Tenía: TENER
- Eran: SER
- Realizaban: REALIZAR
- Eran: SER
- Curaban: CURAR
- Interpretaban: INTERPRETAR

Texto C
- Vivían: VIVIR
- Disponían: DISPONER
- Tenían: TENER
- Conocían: CONOCER
- Era: SER
- Construían: CONSTRUIR
- Fabricaban: FABRICAR
- Podían: PODER
- Se protegían: PROTEGERSE
- Tenían: TENER
- Viajaban: VIAJAR
- Se alimentaban: ALIMENTARSE
- Cazaban: CAZAR
- Pescaban: PESCAR
- Creían: CREER
- Controlaban: CONTROLAR
- Creían: CREER
- Tenían: TENER
- Se llamaban: LLAMARSE
- Vivían: VIVIR

5 En mis tiempos...

Freie Antwort.

6 Cambios

A. Mögliche Antworten:
- Antes llevaba barba y ahora no.
- Antes era hippy y ahora no.
- Antes leía a Jack Kerouak, García Márquez y Umberto Eco y ahora lee el último premio Planeta.
- Antes no llevaba gafas y ahora sí.
- Antes no estaba gordo y ahora sí.
- Antes no llevaba traje y corbata y ahora sí.
- ...

B. Freie Antwort.

7 Objetos que han cambiado nuestra vida

A. Freie Antwort.

B. Freie Antwort.

8 Momentos inolvidables

Circunstancias	Hechos
vivíamos estaba estábamos no teníamos tenía no estaba me sentía	fue nació me despertó llamamos fue

9 ¿Cómo se conocieron?

A.

(De izquierda a derecha y de arriba a abajo)
- Historia 3
- Historia 2
- Historia 1

B.

Historia 1:
- De pequeños, eran vecinos y jugaban juntos.
- Él tenía un perro.
- Ella un día estaba regando las plantas.

Historia 2:
- Él sabía que ella hacía teatro.
- Él estaba en un grupo de teatro y necesitaban una chica.
- Estudiaban juntos en el mismo instituto.

Historia 3:
- Él era el sobrino del profesor de ella.
- Él y ella estaban bailando.
- Después de la fiesta fueron paseando hasta el hotel.

C.

Freie Antwort.

10 Nunca olvidaré cuando...

Freie Antwort.

11 Recuerdos en la radio

A.

RECUERDOS	AÑO
El día en que vio por primera vez el plástico.	El año 54 o 55.
En las escuelas daban leche en polvo por las mañanas.	1955.

RECUERDOS	AÑO
De Argentina, vinieron Perón y su mujer.	En el 56.
Cuando mataron al Che.	En el 67.
La muerte de Lutero King.	En 1968.
La muerte de los hermanos Kennedy.	En el 63 John F. Kennedy y Robert F. Kennedy más tarde (en el 68).
La llegada del hombre a la Luna.	El día 21 de julio de 1969.

B. Mögliche Antworten:
- era el año 54 ó 55,
- la vida era muy distinta entonces,
- en la escuela a los niños les daban leche en polvo americana,
- el régimen dictatorial de Franco buscaba reconocimiento internacional,
- Juan Domingo Perón y Eva Perón visitaron España en el año 56,
- los vasos de cristal eran muy caros,
- ...

12 ¿Cómo era la vida en tu infancia?
A. Freie Antwort.

B. Freie Antwort.

13 Hace siete años
Freie Antwort.

14 Vida de artista
Mögliche Antworten:
Paz nació en 1958 en un pueblecito de La Mancha. En aquella época en España **había una dictadura**. Pepe Candel, su padre, trabajaba en el campo. La vida en el pueblo **era muy difícil y aburrida**. Por eso, Pepe y su mujer decidieron irse a Bélgica. Entonces **los dos encontraron trabajo en Bruselas y se quedaron a vivir allí**. Paz tenía en aquel momento dos años **y ya cantaba alguna canción que escuchaba en la radio**. Cuando tenía solo siete años participó en un concurso de la radio y **lo ganó**; a los 21 **la contrató un empresario del mundo de la música**. Así que dejó los estudios y **empezó a actuar por clubes de Bélgica y Francia**. Decidió volver a España y se puso a **cantar en español**. La productora discográfica "Chinchinpum" se fijó en ella y grabó su primer disco, que fue **un éxito**. Muy pronto ocupó el número 1 en todas las listas de ventas. Entonces fue cuando **se casó con su primer marido**. Desde esa época, **es un personaje muy conocido y querido en España**. Actualmente **está casada con su cuarto marido y está preparando su último éxito musical para el próximo verano.**

15 Biógrafos por un día
A. Mögliche Antworten:
- ¿Cuándo naciste?
- ¿Cómo fue tu infancia?
- ¿Qué recuerdos tienes de esa época?
- ¿Dónde vivías?
- ¿Qué personas han sido fundamentales en tu vida?
- ...

B. Freie Antwort.

16 Mi personaje conocido
Freie Antwort.

17 Macondo
A.
(Von links nach rechts und von oben nach unten)
1. Macondo era entonces una aldea de 20 casas de barro y cañabrava.
2. (La segunda imagen no se menciona en el texto. Pertenece a la escena de la ascensión al cielo de Remedios la Bella, un personaje de la novela.)
3. el coronel Aureliano Buendía había de recordar aquella tarde remota en que su padre lo llevó a conocer el hielo.
4. Muchos años después, frente al pelotón de fusilamiento
5. un río de aguas diáfanas que se precipitaban por un lecho de piedras pulidas, blancas y enormes como huevos prehistóricos.

B.
(Von links nach rechts und von oben nach unten)
Mögliche Antworten:
1. En esta ilustración hay un pueblo con pocas casas y algunas palmeras y montañas alrededor.
2. En esta ilustración hay una mujer que está descalza y flota sobre las nubes.
3. En esta imagen está el coronel Aureliano Buendía de pequeño junto a su padre y otro hombre. Está emocionado porque esta fue la primera vez que vio el hielo.
1. En esta ilustración aparece el coronel Aureliano Buendía con los ojos vendados a punto de ser fusilado frente a la vía del tren.
2. Este es el río de Macondo: el agua es muy clara y las piedras de la orilla son blancas y grandes como huevos de dinosaurio.

Agenda

18 Lo realmente importante
Texto 2.
Todo el mundo corría, nadie sabía qué hacer, había mucho ruido... **DE PRONTO VI A JAIME. SUBÍ EN SU COCHE Y SALIMOS CORRIENDO.** Luego, en la autopista, otra vez: controles de policía, atascos de coches, todo el mundo hacía sonar el claxon... **LLEGAMOS A CASA CANSADOS Y NOS FUIMOS A DORMIR SIN CENAR.**

Texto 3.
No tenía noticias de él desde hacía varios días, no me escribía, no me llamaba, yo llamaba a su casa pero nadie respondía, otras veces tenía puesto el contestador automático pero luego no me devolvía la llamada: **COGÍ EL TREN Y FUI A VERLO. LO ENCONTRÉ BASTANTE DEPRIMIDO. ESTUVIMOS JUNTOS AQUEL FIN DE SEMANA Y ME EXPLICÓ SUS PROBLEMAS:** ya sabes, lo de su padre, lo de su novia... **HICE LO QUE PUDE POR AYUDARLE.**